人民日报的诞生

The Birth of
People's Daily

钱江 著

人民日报出版社

图书在版编目（CIP）数据

人民日报的诞生 / 钱江著. -- 北京：人民日报出版社，2018.4
ISBN 978-7-5115-5407-9

Ⅰ.①人… Ⅱ.①钱… Ⅲ.①《人民日报》—历史
Ⅳ.①G219.23

中国版本图书馆CIP数据核字(2018)第077489号

书　　名：	人民日报的诞生
著　　者：	钱　江
出 版 人：	董　伟
责任编辑：	周海燕　孙　祺
封面设计：	观止堂_未　氓
出版发行：	人民日报出版社
社　　址：	北京金台西路2号
邮政编码：	100733
发行热线：	（010）65369509　65369527　65369846　65363528
邮购热线：	（010）65369530
编辑热线：	（010）65369518
网　　址：	www.peopledailypress.com
经　　销：	新华书店
印　　刷：	大厂回族自治县彩虹印刷有限公司
开　　本：	710×1000mm　1/16
字　　数：	400千字
印　　张：	26.75
印　　次：	2018年6月第1版　2018年6月第1次印刷
书　　号：	ISBN 978-7-5115-5407-9
定　　价：	78.00元

Contents 目录

第 1 章　中央要办"大党报" / 002

第 2 章　两报编辑部会师里庄 / 013

第 3 章　华北《人民日报》创刊了 / 028

第 4 章　你们将来要办中央机关报 / 047

第 5 章　里庄，染红激情岁月的地方 / 060

第 6 章　从太行山南北走到一起 / 072

第 7 章　组成"记者团"调研和采访 / 083

第 8 章　培养办报新人的培训班 / 094

第 9 章　华北记者团的任务改变了 / 104

第 10 章　来到中共中央的身边 / 112

第 11 章　彭真和范长江的谈话 / 122

第 12 章　刘少奇对华北记者团的讲话 / 129

第 13 章　毛泽东"空城计"退敌前后 / 140

第 14 章　进出阳泉大转移 / 156

第 15 章　从里庄到东焦村 / 171

第 16 章　奔向平津前线的先遣队 / 180

第 17 章　战火硝烟中出现了女记者 / 190

第 18 章　程家花园内外的故事 / 199

第 19 章　接管华北日报和中央社北平分社 / 211

第 20 章　创办北平版的 41 天 / 224

第 21 章　告别农村根据地 / 242

第 22 章　在刚刚进城的日子里 / 257

第 23 章　创办《北平解放报》和万里南征 / 276

第 24 章　在"大党报"平台上 / 289

第 25 章　进入城市办报的新探索 / 302

第 26 章　升格为中共中央机关报 / 315

第 27 章　报道新政治协商会议 / 333

第 28 章　开国大典：中国人站起来了 / 353

第 29 章　记录新中国诞生的日子 / 371

附录一　人民日报（华北总分社）1949 年春干部名册 / 398

附录二　部分人员待遇花名册 / 407

附录三　早期《人民日报》版面发展沿革 / 409

附录四　参考文献 / 411

关于本书体例和照片的说明 / 414

鸣谢名单 / 415

后记　定格战火染红的报史 / 418

再版后记 / 423

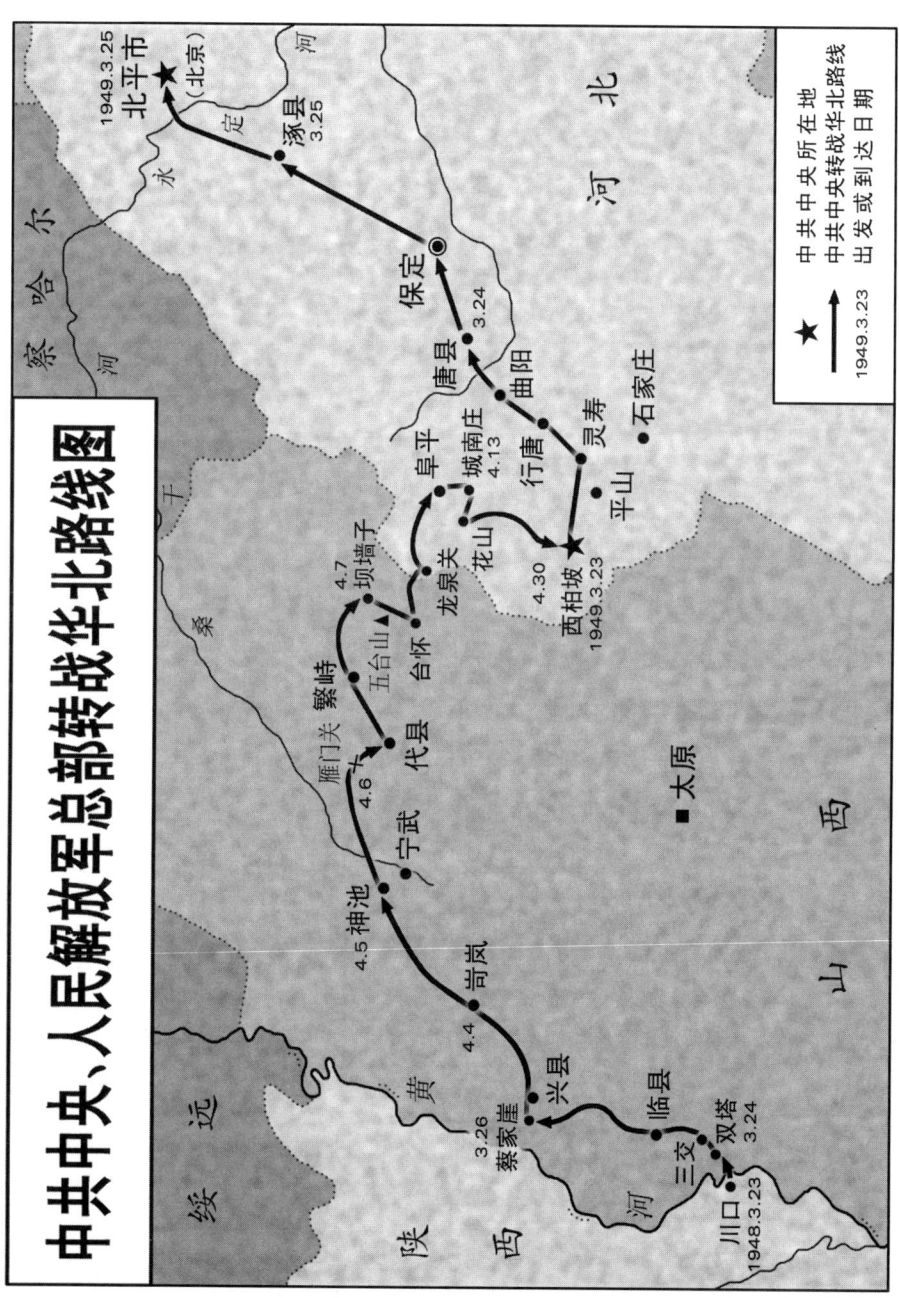

第 1 章

中央要办"大党报"

1948年春天,解放战争形势发生了根本性转折。人民解放军转入战略进攻,胜利捷报接连不断。

一年前的1947年3月,面对胡宗南指挥的数十万国民党军进攻,中共中央机关撤出延安,《解放日报》于3月27日停刊。从那以后,中共中央机关报出现了一年多时间空白。

延安《解放日报》停刊后,中国共产党的领袖们始终没有忘记,一旦形势好转,就迅速恢复党中央机关报。

1947年12月25—28日,中共中央在陕北米脂县杨家沟举行了扩大会议。毛泽东提交的书面报告《目前形势和我们的任务》指出:"中国人民的革命战争,现在已经达到了一个转折点。"[①] 人民解放军将转入全国规模的进攻,解放战争临近战略决战。毛泽东决心,不久后率中央领导机关离开陕北,进入华北解放区,与刘少奇、朱德领导的中央工委会合,重新实现中央的一元化领导,全面指挥与国民党军展开的战略决战。

为加强中央对全国各战场和各解放区工作的统一领导,1948年1月7日,毛泽东为中共中央起草了建立请示制度的指示,要求各中央局和分局

---

① 《毛泽东选集》第4卷,人民出版社1991年版,第1243页。

第1章 中央要办"大党报"

毛泽东在陕北。

书记、各野战军首长,每两个月向中央和中央主席做一次综合报告,作战方针必须随时报告。为了加强党中央的领导,把中央的声音及时地传送到各个战场,恢复出版中央机关报势在必行。在这年春天,如何进一步集中权力于中央,实施对全局工作的统一领导,是毛泽东着重考虑的重要问题。当时,华北两大解放区酝酿合并,为加强中央领导,恢复或创办新的中央机关报提供了极好契机。

1948年2月16日,在河北平山县的刘少奇致电彭真、聂荣臻、薄一波并报中央,提出了合并晋察冀和晋冀鲁豫解放区的建议。他在电报中说:"晋察冀与晋冀鲁豫两区的分界线,原系被敌人封锁分割,故我们不得不打破地理历史及经济诸条件，而依照敌人的封锁线来划分我们的行政与工作区域，这是正确的。但是自正太、德石两路及石家庄元氏之敌完全消灭以后，两区分界线的客观原因与必要，即已完全不存在。"刘少奇在电报中说："我想提议，晋察冀和晋冀鲁豫两区完全合并，邯郸局与五台局合并，成立华北中央局。……共辖7个区党委，此外两个军区司令部、政治部、财经办事处、银行贸易机关、后勤机关、党校、大学、报纸等，亦均合并办理。""如果大家同意，即向中央提议，请中央做出决定，然后实行。"①

刘少奇的提议顺利通过。1948年2月20日，毛泽东复电刘少奇，就合并两大解放区的建议回答说："提议中（央）工委召集彭真、聂荣臻、薄一波、陈毅、邓子恢、康生、饶漱石到中工委所在地开会，讨论你两区合并的提议，及支援整个南线北线的财政、经济、军工干部，成立华北局机构，成立大党校、大军校、大党报诸问题。"这里所说的"大党报"，即指能够指导全局性工作的中央机关报。②

根据毛泽东的复电，中央工委于2月21日发出会议通知。3月3日，刘少奇主持中央工委会议，与会者一致同意合并晋察冀和晋冀鲁豫中央局，成立华北中央局。刘少奇在会议上说：两个中央局合并，两个军区合并，"野战军仍为两个，南、北兵团，其余是大军校、大党校、大报纸、大银行"。"成立华北局不是临时的，而是一直到全国胜利。中央要吸取这种太平区域的管理国家的经验，以便将来管理全国。"③按照这个设想，即将创办的"大党报"也是为不久后掌管全国政权而准备的。

作为对中央工委会议的回应，毛泽东于3月7日以中共中央名义致电

---

① 中共中央文献研究室编：《刘少奇年谱》下卷，中央文献出版社1996年版，第130页。参见《中共中央移驻西柏坡前后》，中共党史出版社1998年版，第416-417页。

② 毛泽东关于提议由中央工委召集彭真等开会讨论晋察冀与晋冀鲁豫两区合并诸问题复刘少奇电。见《中共中央移驻西柏坡前后》，中共党史出版社1998年版，第418页。

③ 中共中央文献研究室编：《刘少奇年谱》下卷，中央文献出版社1996年版，第134页。

中央工委，其中有一段专门谈到"大党报"说："华北局成立后，大党报应如延安《解放日报》那样，是同时代表中央和华北局的报纸，由中央负责，集中新华社（范长江、廖承志两部分）、人民日报、晋察冀日报在一起，有充分条件办一个较好的报纸。其名称似宜恢复《解放日报》。大党校、大军校亦是同时为华北、又为全国训练干部的责任。但现在中央尚无充分把握担负供给经费和管理事务的能力。拟由中央会同华北局规定方针及计划，交华北局办理较为适宜。以上意见请交会议讨论。"①

在这个电报里，由华北中央局直接领导"大党报"的格局清晰可见了。回溯党报发展史，这是有先例的。在抗日战争中创办于延安的《解放日报》即是这样的大党报：它是中共中央机关报，同时又承担西北局机关报的任务。由于战争形势，延安《解放日报》还不能做到在全国范围内发行，它的主要影响力比较集中在西北地区，尤其是在陕甘宁边区的范围内。现在，随着战争局势向好的方向发展，办一张影响力更大的"大党报"具备了条件。

当时，中共中央领导机关还在转战陕北，还没有设置"中央财政"，而华北局已有稳固的解放区，有财政机构，能够承担机关报的出版和发行。值得注意的是，毛泽东在3月7日的电报里表述的关于"大党报"报名的最初设想，是恢复原中央机关报《解放日报》的名字，电文中提到的"人民日报"，指的是晋冀鲁豫中央局机关报《人民日报》。

根据现已发现的文献资料，恢复《解放日报》之说到4月间还很有影

---

① 中共中央文献研究室编：《刘少奇年谱》下卷，中央文献出版社1996年版，第137页。

响，说明中共中央和中央工委领导人都没有就此下一个定论。①

1948年3月21日，毛泽东、周恩来、任弼时率中央机关离开陕北米脂县杨家沟，前往华北解放区。

根据毛泽东的电报指示，这年3月2日至3月27日，中央工委召集了有晋察冀、晋冀鲁豫、华东、华中几个中央局和分局负责人参加的会议，除了讨论土地即土改问题之外，这次会议的中心内容是讨论晋察冀和晋冀鲁豫两大中央局合并的事情，确定华北局的管辖范围即为原两大中央局的管辖区域。会议一度考虑将山东北部的渤海地区也包括进来，因饶漱石、康生的反对而作罢。会议还确定由刘少奇兼任华北局第一书记，由薄一波任第二书记，主持常务工作。这个人事决定在3月6日即得到中央的批准。

这次会议以后，向两大报社的编辑记者传达了关于《晋察冀日报》和晋冀鲁豫《人民日报》合并的决定。根据现存的《人民日报》编辑卞仲耘于1948年4月10日写给丈夫王晶尧的家信记载，4月9日，晋冀鲁豫《人民日报》编辑部正式传达了关于两报合并的指示，宣布晋冀鲁豫《人民日报》编辑部将离开武安县河西村，前往河北中部。信的原文为："我们昨天才正式宣布走。我们和你们（指新华社总社）仍相隔40里，我们距石家庄只30多里，据说靠近河边。报社和《晋察冀日报》合并，另出一种新

---

① 当时在晋冀鲁豫《人民日报》担任编辑的卞仲耘，于这年3—4月多次与调到新华总社工作的丈夫王晶尧通信，谈到晋冀鲁豫《人民日报》即将移驻新的地方。
收到卞仲耘4月10日的信后，王晶尧有一封回信，信中说："10日的信11日上午收到了。……你说《人民日报》和《晋察冀日报》合并，另出一新报，是什么报？是（否）说得很确实？因为在这里听说，磐石同志是搞华北总分社。总分社和总社不一起，晋察冀报和解放报合并，编地方版。不知究竟是什么情况。因为一般看起来，既有了《解放日报》，石家庄又有《石家庄日报》，似乎无须办出第三种报。即使出第三种报，也必然是地方性的。"不知什么原因，这封信没有写完，也没有寄出，却被作者保留了下来。
卞仲耘在1948年4月18日致王晶尧的信中说："报社走据说至少在两月以后，因为解放日报出刊，只出4版，那里有老解放报的人，又有晋察冀，还有后方的《新华日报》的人。"从上述来往信件内容来看，可见当时众说纷纭。那时王、卞在新华社和晋冀鲁豫《人民日报》还是一般编辑，了解情况有限，但从他们的通信中可以推断，当时究竟是恢复《解放日报》还是创办一张新命名的报纸，还在未定之中。
进入5月以后，恢复《解放日报》之议渐渐不见提起。王晶尧于1948年5月6日致信卞仲耘说："昨天（1948年5月5日）知道华北局还要出报纸，想你们已经知道了。"他没有提及这份新创办报纸的名字。实际上，在这时使用《人民日报》做报名已成定局。

第 1 章 中央要办"大党报"

1948年5月，在西柏坡的高级将领，左起：薄一波、蔡树藩、李先念、粟裕、彭真、朱德、陈毅、聂荣臻。

报，等新报弄妥后再去。据说《解放日报》不久就要出刊。我们传达时说，每个人都要去，各有自己的岗位。不要有自己各自打算，一切服从组织决定。"①

这一段表述与后来华北《人民日报》的创刊地平山县里庄的地理位置是基本吻合的。卞信中"等新报弄妥后再去"一句意思不够清晰，从作者长期值守编辑部工作的角度来推测，可能是说该"新报"由报社派先遣人员与《晋察冀日报》的人员合作先办起来，打下基础，晋冀鲁豫《人民日报》

---

① 引自王晶尧保存的卞仲耘家书。

007

大队人马再行前去。

4月初,驻在河西村的晋冀鲁豫《人民日报》编辑部多次宣布,约两个月后动身前往新驻地。从这个情况判断,中央工委已在3月底的会议上确定,新的"大党报"将在6月中旬左右创刊。而且,这个精神已经向晋冀鲁豫人民日报编辑部透露了。

4月12日,毛泽东到达河北阜平县。随后,周恩来、任弼时、陆定一等人和中央机关去平山县西柏坡与刘少奇领导的中央工委会合,毛泽东打算前去苏联,暂住城南庄。后来他取消此计划,也来到西柏坡。

毛泽东在阜平城南庄暂住的时候,由邓拓任社长,王亢之任总编辑的《晋察冀日报》编辑部驻在城南庄以南不远处的新房子村。在毛泽东酝酿创办"大党报"的这段时期,邓拓曾到城南庄,随同刘澜涛等人向毛泽东做工作汇报。那天,邓拓到得早了一些,和毛泽东有短暂的交谈,这也是他们之间仅有的一次短暂单独会面。①

4月30日至5月7日,由毛泽东主持,中央书记处在城南庄召开扩大会议,陈毅、粟裕、李先念、聂荣臻和薄一波等人参加。会议着重讨论了三个问题:一是把战争引向国民党统治区;二是发展生产,减轻人民负担;三是加强中央权威,适当缩小地方权力。会议采纳华东野战军负责军事指挥的副司令员粟裕的建议,华东野战军精锐兵团暂缓渡江,先集中兵力在长江以北和中原黄淮地区大量歼敌。

会后的1948年5月9日,中共中央和中央军委发布了《关于改变华北、中原解放区的组织、管辖境地及人选的决定》。决定说:"为了更有利于革命战争向南发展和华北解放区集中力量进行生产节约支前起见,特决定:……(一)晋冀鲁豫及晋察冀两解放区合并为华北解放区。(二)晋冀鲁豫及晋察冀中央局合并为华北中央局,以刘少奇兼华北中央局第一书

---

① 2005年8月25日在北京访问陈春森的记录,参见张成林《难忘的三年》,见晋察冀日报史研究会编:《人民新闻家邓拓》,人民出版社2005年第2版,第413—414页。

第1章 中央要办"大党报"

晋察冀日报部分成员1948年春摄于河北阜平县新房村晋察冀中央局驻地。左起：李振清、刘治平、秦志堂、赵冀英（赵继英）、葛二林、杨有云、康永起。

记。……（五）华北局成立后，中央委托华北局办理大党校、大军校、大党报和华北大学。"

决定宣布，刘少奇兼任华北局第一书记，薄一波、聂荣臻任第二、第三书记；晋冀鲁豫军区和晋察冀军区合并为华北军区，聂荣臻任司令员，薄一波任政治委员，徐向前、滕代远、萧克依次分任第一、第二和第三副司令员。①

华北解放区是当时最大的解放区，有人口4379万人，耕地面积16336万亩，人均约4亩，在正常年景下粮食可以自给有余。

5月20日，华北局举行了成立后的第一次会议，刘少奇到会讲话，他指出："毛主席提出把战争引向蒋管区，建立华北局同这个部署有关系。今后华北的方针是建设，它的工作带有全国意义。除非世界形势大变，美国进来，石家庄被占（这是不可能的），华北要长期建设，要搞规划，逐步走向正规化。"

刘少奇说：华北是个中心，这一特点决定了华北解放区最巩固，故中央才搬到这里来。我们从陕北出发，落脚华北。今天又从华北出发，走向

---

① 中共中央文献研究室编：《毛泽东年谱》第3卷，中央文献出版社1993年版，第309页。

全国,故华北工作带有全国性的意义。①

会议研究了这几个"大"字头单位的领导人选。决定刘澜涛任党校校长,叶剑英任军校校长兼政委,萧克任副校长,朱良才任副政委兼政治部主任。张磐石任新的"大党报"社长。吴玉章任华北大学校长,范文澜、成仿吾任副校长。②

根据这个决定,张磐石要前往平山,负责两大报合并的主要工作。

根据张磐石回忆,这次由刘少奇主持的华北局会议,是在平山县烟堡村的一片野地里召开的。刘少奇正式宣布《晋察冀日报》与晋冀鲁豫《人民日报》合并,确定张磐石负责新的大党报,邓拓另有任用(调任华北局政策研究室主任)。可能就在这次会议上,与会者再次确认,即将创刊的"大党报"就叫《人民日报》。

两大报合并后,在新的《人民日报》总编辑、副总编辑人员构成上,来自晋冀鲁豫《人民日报》的负责人占了四分之三,张磐石任总编辑。之所以形成这样的格局,分析起来有这样两个比较重要的因素。首先是两大区合并而成华北局,由来自晋冀鲁豫的薄一波负责常务工作,他长期在晋冀鲁豫工作,熟悉晋冀鲁豫机关报《人民日报》负责人和该报的编辑记者,了解他们的工作特点。第二个原因是晋冀鲁豫《人民日报》编制完整,不但拥有一整套办报人才,社长张磐石还担负邯郸新华广播电台的领导工作,承担过组建陕北新华广播电台接替台,包括组建"临时新华总社"这样全局性的工作。晋冀鲁豫《人民日报》的许多编辑、记者经受了这方面的锻炼后,他们的视野更加开阔,对中央政策更加熟悉。这是《晋察冀日报》不曾有的条件,也是其他各大区机关报都难以比拟的。

华北局会议后,新任华北局宣传部部长周扬马上召集张磐石、邓拓商

---

① 金冲及主编:《刘少奇传》下卷,中央文献出版社1998年版,第608页。
② 薄一波:《七十年奋斗与思考》上卷,见《战争岁月》,中共党史出版社1996年版,第492—493页。

议工作。周扬再一次明确地对张磐石说,新创刊的《人民日报》总编辑是你,社长也是你。

邓拓当即向张磐石表示:"我就把《晋察冀日报》交给你了。"①

---

① 阙邦火:《毛主席为〈人民日报〉题写报头——访老社长张磐石》,人民日报社社史资料征集办公室编:《人民日报社社史资料选编》第4期,2005年1月31日出版。

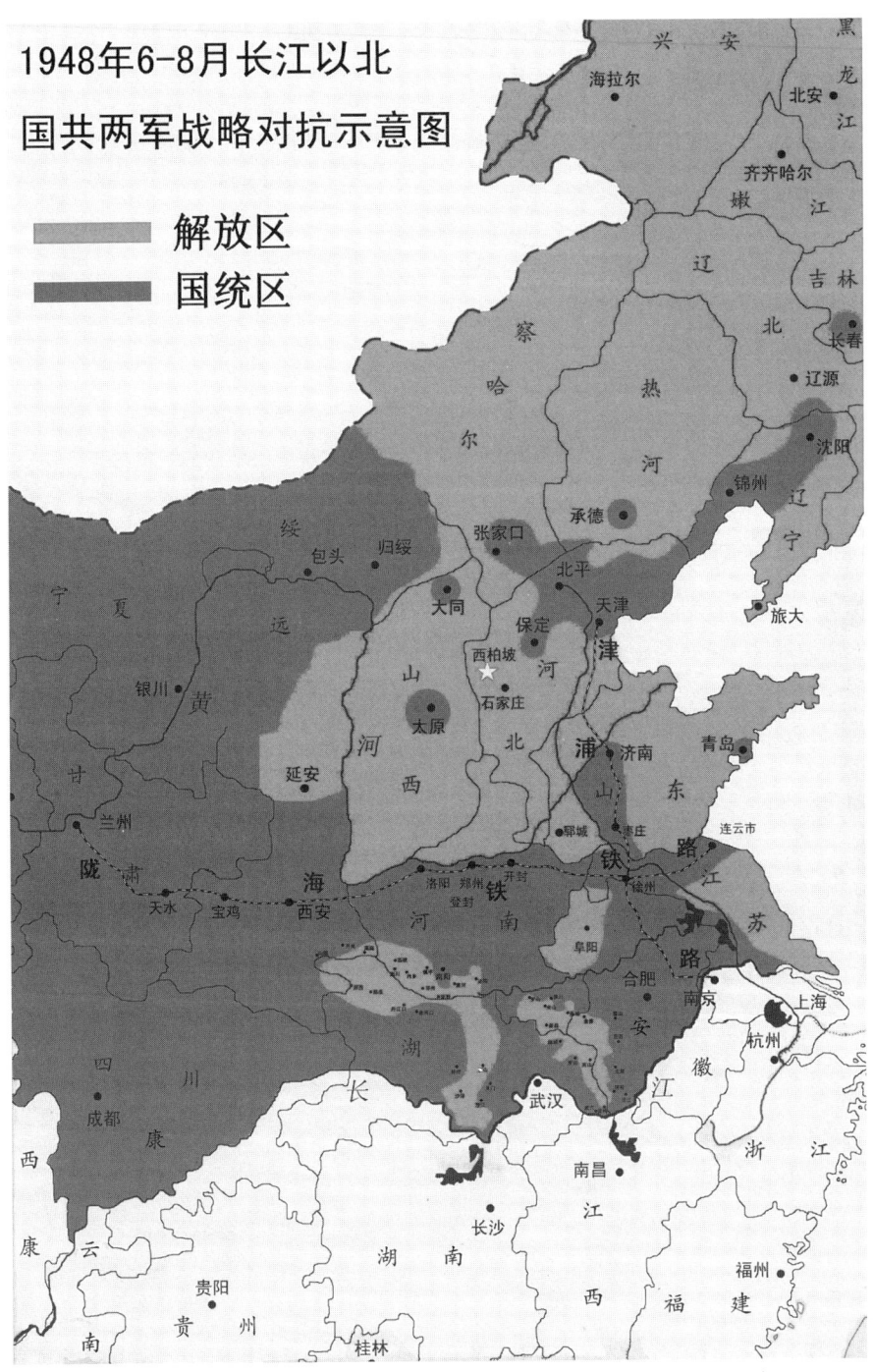

注：当时长江以南的白色区域亦为国民党政府统治区，且较长江以北更稳定一些。

第 2 章

两报编辑部会师里庄

要办"大党报"了。随着一声令下,《晋察冀日报》和晋冀鲁豫《人民日报》两大报社的人员分别向南和向北迁移,到河北省平山县里庄会合。

这两家报社都是在战火中发展成长的。晋冀鲁豫《人民日报》的前身,可以追溯到 1939 年 1 月 1 日创刊的华北《新华日报》。该报驻地主要在太行山中段,长期跟随八路军前方总部,因此是侵华日军进攻的重点。由于战争环境险恶,华北《新华日报》成员付出了重大牺牲,仅在 1942 年 5 月一次"反扫荡"战斗中,就有总编辑何云等 46 人壮烈殉国。此后又有十几人牺牲。

《晋察冀日报》创刊于 1937 年 12 月 11 日,起先叫《抗敌报》,为隔日刊,1940 年 11 月 7 日改为《晋察冀日报》。它是敌后根据地中创办时间最长的战略区机关报,历时整整 11 年。他们的办报经历同样标炳史册,先后有 38 人在战斗中牺牲,另有 18 人在工作岗位上殉职。

两家报社在战斗中牺牲和在工作中殉职的上百名新闻烈士,用自己的青春和生命为日后《人民日报》的创建铺垫了道路。

新华北局和华北人民政府的驻地在河北平山县,这里原为晋察冀解放区,《晋察冀日报》要先一步搬到平山去,一边出报,一边为迎接晋冀鲁豫《人民日报》的队伍做好准备。

抗日战争中的《晋察冀日报》社长邓拓。

5月初，《晋察冀日报》24岁的总务科长赵冀英（后改名赵继英）找到社长邓拓，向他提出要求，希望离开报社，去战斗部队打仗。他说，自1940年参加革命以来，一直在机关、在报社，没有上战场打过仗。现在眼看革命战争要胜利了，再不打仗就没有机会了。

邓拓闻言微笑，说，你现在不要参军打仗了，有一个新任务来了。我们晋察冀解放区就要和晋冀鲁豫解放区合并，我们两家报纸也要合并。你要到新的地点去，号房子，做准备。

邓拓讲了一番话，其中有一点赵冀英的印象特别深。邓拓说，你先一步到里庄安排，要安排好，要让南边（晋冀鲁豫）来的同志住得好一些。

总之，先南后北，把好条件优先给晋冀鲁豫的战友。①

邓拓讲这番话的时候，晋察冀日报的先遣队马上就要出发了。印刷厂副股长刘丙位（后来改名刘炳威）的回忆使先遣队出发的日期变得相当清晰。在明确了组成先遣队的任务后，晋察冀日报印刷厂党支部开会讨论，决定谁参加先遣队打前站。结果决定由副厂长蔡善卿和印厂新任副股长刘丙位前去。②

蔡善卿是从延安来的老资格印刷专家，他知道23岁的刘丙位正在和驻地麻棚村的农家姑娘张元花谈婚论嫁，于是爽朗地说，既然你就要去平

晋察冀日报后勤部人员。前排左起：赵冀英、宇文平，后3人不详。

---

① 2006年6月7日在北京访问赵继英的记录。
② 刘丙位，新中国成立后改名刘炳威，1925年生，1945年参加革命。新中国成立后调铁道部，后到铁道出版社工作。

山，跟我来，把婚姻大事定下来了再走。

他带着刘丙位散会后就来到了张元花的家，当下向张元花的父母提亲，确定刘丙位与他们的女儿订婚。蔡善卿告诉张家父亲，订婚之后，刘丙位马上就要到"南边"去工作。见到心上人和自己订婚了，张元花喜出望外，提出了一个要求，再过两天，就是农历三月二十七，是城南庄赶集的日子，要刘丙位陪她赶一回集再走。

刘丙位对心爱的姑娘叹了口气说，不行啊，我们明天就出发了。

果然，就在第二天，晋察冀日报经理部副部长刘景汉，带领赵冀英（总务科长）、蔡善卿（印刷厂副厂长）、于忠（电台台长）、穆成仁（排字股股长）、刘丙位（印刷股副股长）共七八个人，徒步前往平山县里庄打前站。

刘丙位记得很清楚，他们在途中歇了一晚，于农历三月二十七来到上级指定的驻地里庄。根据历法推算，这一天是公历的5月5日。

刘丙位认为，当时将里庄指定为驻地，主要因为那里靠近华北局和华北军区领率机关。①

赵冀英回忆，他们来到里庄时，当地政府已有初步安排。先遣人员的当务之急，是看过地形后马上建造牲口棚，因为里庄没有这么多的牲口棚。两个报社的人马前来，单是晋察冀日报就有20多头牲口，再加上晋冀鲁豫来的，按里庄现有条件怎么也是不够的。

修牲口棚的同时要改造伙房。因为里庄的庄户人家小，没有大锅大灶，大队人马前来需要预先准备。还有就是为安装印刷机械做好房屋准备。这些工作急急忙忙完成，大队人马就紧跟着来了。②

刘丙位的回忆可以互为印证。作为印厂机械师，他在里庄走了一遭，发现副村长的家比较大一些，可以装机械。因为副村长做棉花生意，有一间大屋子专门用来囤积棉花。一开始，副村长为腾房显得有些不乐意。只

---

① 2006年6月7日在北京访问刘炳威（刘丙位）的记录。
② 2006年6月7日在北京访问赵冀英的记录。

1948年春,晋察冀日报财务股成员的办公情况。

见赵冀英上前做思想工作说:"我们这些人都是出来投身革命的,我们为革命舍得一切,可是我们不能把家里的房子也背出来参加革命呀。现在我们到了这儿,就要麻烦您先将就些日子,我们都是为了革命成功嘛。"副村长听赵冀英说得在理,也就痛快地答应腾房子了。①

先遣人员出发不久,邓拓、王亢之带领《晋察冀日报》编辑部于5月下旬自阜平搬到平山里庄。这次搬迁,他们把所有印刷设备都带来了,《晋察冀日报》在里庄照常出报。原《晋察冀日报》印厂的设备都是从张家口撤退出来的,在当时堪称先进。两报合并后,印刷设备基本上都用原先《晋察冀日报》的。

1948年的春天,《晋察冀日报》编辑部人员虽有较大调整,仍然兵强马壮,正值办报事业的高峰。在毛泽东来到城南庄前后,邓拓任报社社长,王亢之任总编辑。这时,编辑部部长张春桥和周游、陈道、李肖白等已去石家庄创办《石家庄日报》。副部长王子野调中央局工作。杨永直、邵红叶、李千峰、黎韦等新近到晋察冀日报工作。

当时,报社的编辑、记者一部分在前线,一部分到农村参加土地改革,为此又调进十几位各县做政策研究和宣传工作的干部,如邢军、张布克等到报社当编辑记者。当时编辑委员会的成员有邓拓、胡开明、王亢之、范

---

① 2006年6月7日在北京访问刘炳威(刘丙位)的记录。

瑾、马健民、杨永直、李希庚、陈春森、张帆、黎韦、邵红叶、李千峰。当时编辑部门负责人是编辑部部长杨永直,副部长陈春森;通讯部(相当于采访部)部长范瑾,副部长邵红叶。新华社晋察冀总分社前线分社负责人是丘岗、李希庚、张帆、杜导正。

此时的邓拓,就要向自己为期10年的办报生涯告别了,就要和朝夕相处的战友分手了,他兢兢业业地工作,为晋冀鲁豫办报战友的前来做好准备。

《晋察冀日报》对于两报合并的反映多于晋冀鲁豫《人民日报》。5月26日,《晋察冀日报》在头版头条刊登了两大解放区合并、两大战略区机关报合并,创办《人民日报》的消息:

(本报讯)中共华北中央局决定:新华社晋冀鲁豫总分社与晋察冀总分社合并,成立华北总分社。晋冀鲁豫边区《人民日报》与晋察冀边区《晋察冀日报》合并,出版《人民日报》。

这是目前已知的第一篇关于华北《人民日报》即将出版的消息。同一天的晋冀鲁豫《人民日报》也刊登了两大解放区合并的消息,全文如下。

适应华北新形势的需要本区与晋察冀合并
华北中央局电贺解放临汾大捷

(新华社华北某地21日电)为了适应华北新形势的需要,业已完全联成一片的晋察冀解放区和晋冀鲁豫解放区,现已实行合并。中国共产党晋察冀中央局和晋冀鲁豫中央局合并后,成立了中国共产党华北中央局。晋察冀人民解放军和晋冀鲁豫人民解放军合并后,成立了华北人民解放军两解放区的野战军,各为华北人民解放军的一个野战兵团。晋察冀边区政府和晋冀鲁豫边区政府，亦决定合并，成立联合行政委员会。

5月中旬，在武安河西村的晋冀鲁豫《人民日报》编辑部人员中纷纷传说，"月底就要搬家了。"各种准备工作加紧进行。①

在河北涉县西戌村的新华广播电台编辑部于5月19日宣布，5月23日，将由设在平山的电台接替播音，在西戌的人员从5月25日起经邯郸向平山迁移。②

1948年夏，张磐石在里庄。

接到两社合并，创办新的"大党报"的命令，张磐石于5月下旬和报社行政负责人郭渭赶往平山县里庄。张磐石和先一步到达的晋察冀日报负责人邓拓、范瑾会面，商谈两报合并事宜。商谈完毕，张磐石要郭渭赶回武安"搬家"，张磐石本人不再返回，留在平山。③

郭渭于5月29日回到邯郸，恰好与搬迁中的新华广播电台编辑部人员相遇，其中就有不久前被留在电台编辑部的原《人民日报》编辑王晶尧。

---

① 见卞仲耘1948年5月14日致王晶尧的信。
② 见王晶尧1948年5月19日致卞仲耘的信。
③ 2003年3月17日在北京访问郭渭的记录。

郭渭告诉王晶尧，晋冀鲁豫《人民日报》编辑部人员将在6月中旬赶到新驻地。①

当时的决定是，晋冀鲁豫《人民日报》不停地办到新的"大党报"创刊前一天，两报要做到相互衔接。后来张磐石回忆说："由于革命形势发展得快，人民日报三次出版都是在准备不足的情况下进行的。（当年）在邯郸出版（创刊）是邓小平责令，无论如何5月15日必须出版；平山出版又是一次严令，不论困难严重到什么程度，也须在6月15日出版。"他参加了5月20日的华北局会议后即到宣传部与周扬会合，商议起草华北《人民日报》的创刊社论。

几乎紧随着社长张磐石和秘书长郭渭，晋冀鲁豫《人民日报》采访部负责人李庄带领编辑李原、何燕凌等离开驻地河西村北上。命令下达得很快，说走就走，李庄甚至来不及和结婚一年多的妻子赵培蓝，还有刚刚出生的女儿见上一面，就和战友们出发了。②

何燕凌回忆说，当时的心情非常兴奋。晋冀鲁豫《人民日报》编辑部有一张编辑们自己制作的大地图，标示各大战略区的军事状态，解放军每解放一个地方，就在地图的相应位置插上小红旗。眼看小红旗越来越多，编辑们心里知道，战争的胜利即将来临了，他们原来都没有想到胜利来得竟是如此之快。

何燕凌回忆，随同李庄前往里庄的先遣小组人很少，只有几个人，具体的名字已经想不起来，唯有前往里庄的路上有两件趣事，一生都难以忘怀。

他们几个人从武安的河西村出发，搭便车先到了邢台。他们已经好几年没有到过大地方了，邢台算得上是一个热闹所在。李庄对何燕凌说，中午我请你吃茴香饺子。何燕凌是第一次领教没有一点油水的茴香饺子，结

---

① 见王晶尧1948年5月29日致卞仲耘的信。
② 李庄：《难得清醒》，人民日报出版社1999年版，第126页。

第 2 章 两报编辑部会师里庄

1948年6月14日《晋察冀日报》终刊号1版。头条位置是邓拓撰写的《本报终刊启示》。

果印象不佳,从此避而远之整整半个世纪。

接下来,他们到了石家庄,发现住处有一个拨号电话。李庄马上说,附近有一个熟人,应该打电话告诉他我来了。于是这两位围着这个拨号电话机研究了起来。战争年代,李庄几乎都在太行山度过,用的都是摇把电话。何燕凌本是上海复旦大学新闻系学生,但在当年是一个普通学生,也没有用过拨号电话。抗战后期,他到重庆读书,接受中共南方局的领导从事学生运动。他去八路军办事处时,那里用的也是摇把电话。所以这两个人不知道应该先拿起话筒还是先拨号?最后他们认为不必拿话筒,先拨号就行。谁知拨了半天也没有动静。李庄终于忍耐不住了,说,有这点时间,我跑去已经把熟人找着了。

李庄果然很快找来熟人,顺便询问拨号电话是怎么回事?经人家点破,在场者捧腹大笑。

6月10日前后,李庄、李原、何燕凌赶到里庄,接手华北《人民日报》创刊号的筹备。他们发现,先一步赶到的《晋察冀日报》的同事已经将一切准备工作做好了。他们为此非常感动。①

对李庄来说,他印象特别深的是见到了闻名已久的邓拓。邓拓当时"三十几岁年纪,比我想象的年轻许多,平易、儒雅、热情——初次见面的印象一直到他18年后返归道山丝毫没有改变。"②

6月8日,华北中央局常委举行第4次会议,讨论了办"大党报"的问题。

会议讨论了《人民日报》创刊社论《华北解放区的当前任务》应写的内容,明确为:1.为什么要将晋冀鲁豫、晋察冀两大区合并为统一的华北解放区;2.华北解放区的内部条件与外部条件;3.两大解放区合并的好处;

---

① 2003年3月12日在北京访问何燕凌、宋琤的记录。何燕凌在接受访问时说,他觉得当年从武安到平山的同行者应该还有几人,由于年长岁久,究竟是谁记忆不清了,可能有杜波和刘希龄。

② 李庄:《难得清醒》,人民日报出版社1999年版,第126—127页。

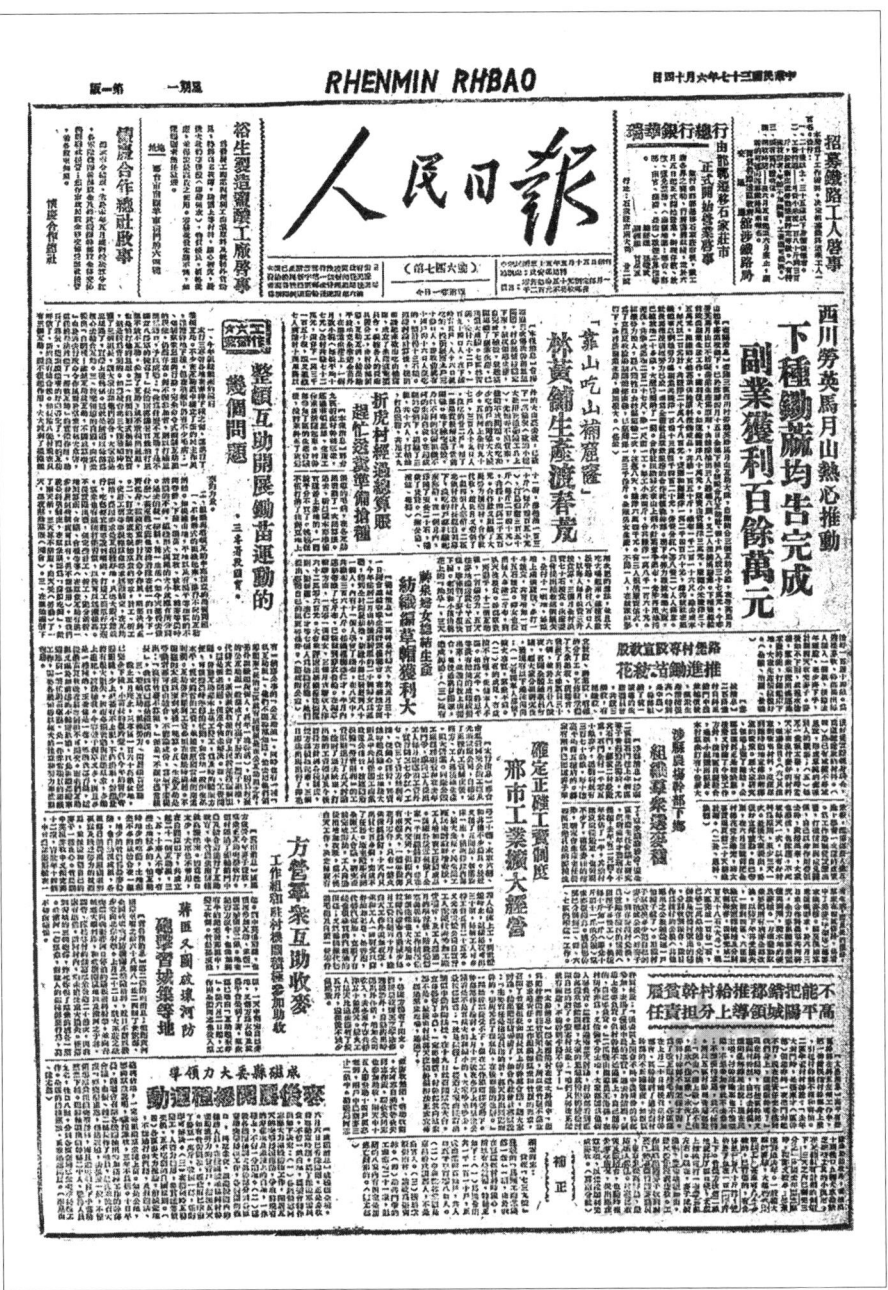

1948年6月14日晋冀鲁豫《人民日报》终刊号1版。

4. 华北解放区任务和工作方针。会议又一次明确，这篇社论由周扬（原晋察冀中央局宣传部部长，新任华北局宣传部部长）、张磐石（原晋冀鲁豫中央局宣传部副部长，新任华北局宣传部副部长）执笔。①

实际上，新的《人民日报》的创刊社论早已确定由周扬、张磐石负责起草，这时应该已经有了初稿。

1948年6月中旬，《晋察冀日报》和晋冀鲁豫《人民日报》两报负责人在里庄相会，组成新的编辑部。张磐石任社长兼总编辑，王亢之（后任《天津日报》总编辑、天津市委副书记）、袁勃（后任《云南日报》总编辑）、安岗任副总编辑。

6月13日深夜，《晋察冀日报》在里庄排出了最后一期报纸版样，上面刊登的《终刊启事》是邓拓亲笔起草，经原晋察冀解放区司令员聂荣臻审定。② 全文如下。

本报奉命与晋冀鲁豫《人民日报》合并，即日终刊。今后在中共华北中央局统一领导下，另行出版《人民日报》。这是由于晋冀鲁豫与晋察冀两大解放区的内部与外部条件完全成熟而形成了统一的华北解放区的结果，而两大解放区的合并与统一的华北解放区的成立，则是我党中央与毛主席的正确政策在实践中获得光辉的成功和我国人民解放战争胜利发展的结果。目前在华北4400万人口的广大区域内，已开始建立统一的党、政、军的领导机构，以便更有效地领导全华北人民从事各种建设，并以一切力量支持内线与外线各路解放军的胜利进攻，以达到解放全华北和全中国的伟大目的。在此新的形势下，本报过去作为晋察冀一个地区的报纸，现在结束它的历史任务，是极为光荣的。

---

① 薄一波：《70年奋斗与思考》上卷，中共党史出版社1996年版，第466页、493—494页。
② 2003年3月14日在北京访问左录的记录。

第 2 章　两报编辑部会师里庄

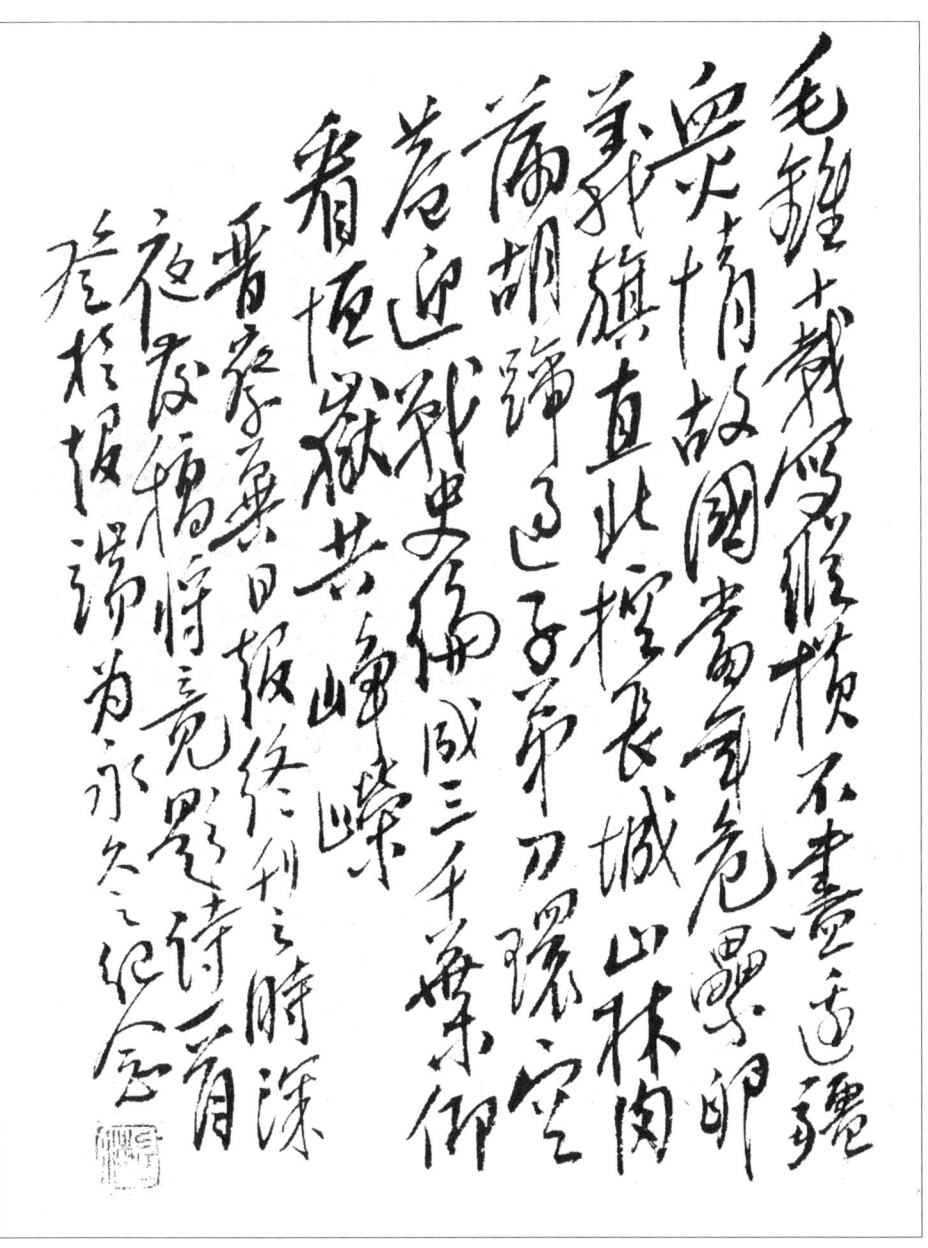

邓拓《晋察冀日报》终刊诗手述。

本报自1937年12月11日创刊迄今，历时10年又6个月零8天，随着晋察冀解放区的创建、发展和它今天在人民解放战争胜利发展的局面下合并为华北解放区的全部过程，本报始终成为党领导人民并与人民结合的战斗武器，即使在过去日寇最残酷的"扫荡"时期，亦能坚持出版，这只有在党的坚强领导和人民的热烈支持下才有可能。晋察冀人民之所以爱护本报，也正反映和说明了人民爱护我党，一时一刻不能离开我党的领导。本报对于晋察冀人民在十余年来的抗日战争与人民解放战争中的伟大贡献，致以崇高的敬意，并望继续为今后华北的建设和全国的胜利做更伟大的贡献。只要我们愈努力，胜利就愈快，对人民切身的利益也就愈大。

晋察冀和晋冀鲁豫两大解放区的党和人民，过去斗争的经验都是极为丰富、极为可贵的。这些经验都必须在今后的工作中加以总结和吸取，转化为新的力量。我们相信今后依靠华北中央局的统一领导，一定会使华北解放区的各种工作，在原有基础上，更加提高一步，全面正确实现我党中央的政策方针和毛主席的思想，完成中央所给予的任务亦即华北人民的要求，更有力地领导全体人民，建设华北，使之成为今天支持全国人民解放战争的一个战略基地和将来建设新民主主义国家之坚强基础。

本报因终刊在即，对各地通讯员与读者垂询问题，不及一一致答，深表歉意。除有关政策与业务问题者移在《人民日报》解答外，更望各地同志今后积极向《人民日报》投稿、通讯、商讨问题，使报纸与群众的联系更加密切起来。①

---

① 晋冀鲁豫《人民日报》在6月14日出版最后一期报纸时没有刊登类似《终刊启示》这样的通告。

第2章 两报编辑部会师里庄

邓拓写下了终刊启示,犹感思绪万千,言之未尽,提笔写下一首七律《晋察冀日报终刊诗》。

毛椎十载写纵横,不尽边疆血火情。
故国当年危累卵,义旗直北控长城。
山林肉满胡骑过,子弟刀环空巷迎。
战史编成三千页,仰看华岳共峥嵘。①

---

① 邓拓离开《晋察冀日报》后,调华北局政策研究室担任负责工作。他在这个岗位上工作时间不长。1948年5月15日,中共中央决定彭真兼任中共中央政策研究室主任。6月,研究室成立。10月,彭真正式到职,即调集干部,首先成立政治、经济两大组,邓拓即于此时调任经济组组长,李哲人接替邓拓在华北局政研室的工作。1948年12月,中共中央决定彭真组建北平市委,邓拓参加了接管北平的工作。

第 3 章

华北《人民日报》创刊了

新创刊的《人民日报》将是在解放区影响最大的报纸,而且将发展为全中国影响最大的报纸。

薄一波在回忆录中述及,6月8日的华北中央局常委第4次会议,再次确认两报合并后诞生的"大党报"定名为《人民日报》。还讨论了创刊号社论的主要内容。以此推测,在这次会议上,与会者很可能形成一致的意见,应该请毛泽东主席题写新的报名,以示重视,表明与原《人民日报》的不同。①

《人民日报》在发展沿革中用过3个毛泽东字体报头。晋冀鲁豫《人民日报》于1946年5月15日在邯郸创刊的时候,编辑部请远在延安的毛泽东题写报头。因时间来不及,就由自己的编辑动手应急,从各种毛泽东手书中集字而成"人民日报"4字。后来任中央机关报《人民日报》总编辑的李庄当时是晋冀鲁豫《人民日报》的出色记者,他走遍邯郸,找不到会制作铅版的制版师傅,只好请人木刻制版,将毛泽东的集字做成由右向左的横幅报头,用在创刊号和随后的报纸上。②

这个集字报头只用了一个半月。毛泽东于6月间在延安题写了由左向

---

① 薄一波:《70年奋斗与思考》上卷,中共党史出版社1996年版,第494页。
② 2002年10月30日在北京访问李庄的记录,参见李庄的多种回忆录。

右的横幅《人民日报》报头，由薄一波带到河北武安，编辑部美工再将这个亲笔题词木刻成新的报头，刊用在7月1日的晋冀鲁豫《人民日报》上并沿用下来。

现在，要创办华北《人民日报》了，又是薄一波向来到了西柏坡的毛泽东提出要求，请他题写新的《人民日报》报头。

毛泽东是在取消了访问苏联的计划后，于5月27日从阜平县花山村来到平山西柏坡，与中共中央其他领导人会合的。为新创办的《人民日报》题写报头，是他来到西柏坡后不久即完成的题字之一。

毛泽东一连写了4行"人民日报"共16字，交给薄一波转人民日报编辑部。题写的时间应在6月8日以后，但最迟不会晚于6月12日。①

当时负责《人民日报》版面设计的编辑是何燕凌，27岁，原晋冀鲁豫《人民日报》时事版编辑。他拿到了毛泽东题写的报头仔细端详。

毛泽东将"人民日报"4行共16字写在一张大约16开大小的白色土纸上，原字写得并不大。对写得比较满意的字，毛泽东本人在一旁做了圈点。何燕凌从经过毛泽东圈点的字中，选出"人民日报"4字，有的放大一些，有的略作缩小，拼制成自左向右的横排报头。这在当时印刷文字竖排的情况下，是不多见的。做这样的排列，与原晋冀鲁豫《人民日报》的报头则是一致的。

---

① 薄一波在他所著的《70年奋斗与思考》上卷中说，毛泽东为《人民日报》题写过3次报头。他写道："它（指《人民日报》）成为党中央的机关报后，毛主席又重写过一次。一直沿用到现在的《人民日报》的报头，是毛主席第三次写的。"（见薄一波：《70年奋斗与思考》上卷，中共党史出版社1996年版，第494页。）

人民日报档案室收藏了毛泽东于1946年6月在西柏坡为《人民日报》题写的报头2页计4行16字（复制件）。按何燕凌的回忆，他选出毛泽东圈定的字组成"人民日报"4字制版，使用到现在，没有在1949年8月又选用毛泽东新题报头的印象。人民日报档案室亦没有收藏薄一波提到的毛泽东"第3次"写成的题字。

从中央档案馆提供的毛泽东手书"人民日报"来判读，现在使用的《人民日报》报头应是1948年夏毛泽东手书的报名，只是略加修版，在字迹大小上有所变化。何燕凌觉得，薄一波关于毛泽东，曾在1949年8月为升格后的中共中央机关报再次题写《人民日报》报头可能是误记。因为如果有毛泽东的新手书，肯定会在《人民日报》正式升格为中共中央机关报时使用。何燕凌当时是负责《人民日报》1版的版面编辑，对毛泽东题写新报头的事情一定会知道的。

谨将上述情况记录在此，留待进一步研究。

毛泽东1948年6月在西柏坡手书人民日报报头原件1。

为了使报头舒展一些，何燕凌去除了当时报头普遍采用的外包4条黑色线框。他将报头放在报纸中央，因此报头的两边还是有两道黑色的竖线。这样的版式，使报纸上出现两个"报眼"。

半个多世纪后回忆往事，何燕凌认为采用这种版式在一定程度上受了欧美报纸横排版面设计的影响。他参加革命以前在上海复旦大学新闻系读书时，接触到较多的欧美报纸，由于采用拉丁文字自左向右横排，所以报头上端总是空白的，显得比较舒展。华北《人民日报》是一张崭新的报纸，何燕凌在设计版式时希望有一种新的气息。①

版式设计好了，创刊日期迫近，因此马上将新设计的版样拿到薄一波处审定。薄一波看了以后认为很好，还提出一个意见，认为不必把报头放在正中，可以放到报纸的左上方去。这样，两边的竖线也可以不要了，显得更加舒展。但他没有坚持自己的意见，而是批准了何燕凌的设计。

按张磐石的回忆，新的报头题字在刻板后送了几份给毛泽东本人审阅。毛泽东在其中的一张上画了圈，表示认可，而且还说："'人民日报'这4

---

① 2003年3月12日在北京访问何燕凌、宋琤的记录。

个字,两头两个字要大一些,中间的两个字要小一点才好看。"①

华北《人民日报》的报头就这样确定下来了。这回报社的设备条件好多了,将毛泽东手书制成了铅版。这个报头字体一直使用到今天,整个报头的布局设计则使用到1956年7月1日。②

毛泽东1948年6月在西柏坡手书人民日报报头原件2。

毛泽东题写的"人民日报"报头真迹,制版后又回到何燕凌手里,何燕凌将这两纸手迹放进他用旧制版纸自制的纸夹,完好地保存下来。那时的人民日报还没有设立档案室,何燕凌不仅保管了毛泽东题写的报头,此后还有一些经过毛泽东审阅修改的稿件,用过之后,何燕凌也精心收藏起来。定都北京之后,人民日报建立了档案室,何燕凌将保存的所有毛泽东手迹交给了档案室,后来移存中央档案馆。

6月14日,担负起华北《人民日报》创刊号1版拼版的,主要是来自原晋冀鲁豫《人民日报》印厂的工人。

当年的排版工范守田回忆,1948年的春天,他18岁,参加革命到报

---

① 阚邦火:《毛主席为〈人民日报〉题写报头——访老社长张磐石》,人民日报社社史资料征集办公室编:《人民日报社社史资料选编》第4期,2005年1月31日。

② 1956年7月1日,《人民日报》改版,将报头从中间位置移向左侧。从2003年2月1日起,"人民日报"4字套红印刷。

1948年6月,毛泽东在西柏坡题写《人民日报》报头的办公桌。

社印厂已经3年了,是排字房学徒工的领班。1948年6月初,也可能是6月上中旬之交,原晋冀鲁豫《人民日报》印厂的周景融带队,赵铁柱、田忠元、曹友林、田治松、范守田乘火车到邯郸,换乘大卡车经石家庄到里庄。这时《晋察冀日报》的同行先一步到达,由原《晋察冀日报》印厂排字股长穆成仁带领,已将排字房安排停当。晋冀鲁豫《人民日报》的排字人员常和英、赵铁柱、范守田(还有一人的名字难以记忆了)共4人在到达后编成一组,即着手为创刊号和以后的报纸1版排字。在创刊前一天,以张磐石为首的几位报社领导来到排字房,慰问了排字员工,大家为首长的到来热烈鼓掌。

创刊号1版的版面编辑是何燕凌。何燕凌做事认真,画版样的时候认真计算字数,版面画得非常准确,排字工人很喜欢给他的版面排字。创刊号版面并不复杂,尽管这样,还是由老练的排字工常和英主拼,范守田当

经过制版的毛泽东手书《人民日报》报头。这个报头一直沿用到今天。

副手,结果很顺利地完成了。

6月15日,华北局机关报《人民日报》创刊的那天,排字房的领导买了酒菜,开了一个小型晚会作为庆祝。①

华北《人民日报》于1948年6月15日创刊。创刊号上发布了华北解放区正式组成的消息。

晋冀鲁豫、晋察冀两大解放区合并
华北解放区正式组成

(本报特讯)晋察冀与晋冀鲁豫两大解放区已正式合并为华北解放区。由中共晋察冀中央局和晋冀鲁豫中央局合并成立的党的

---

① 2003年3月14日在北京访问范守田的记录,张志峰协助整理了文稿。参见范守田:《人民日报印刷厂的变迁》,《人民日报社社史资料选编》第1期,2004年10月15日。

1948年6月15日,华北《人民日报》创刊号1版。

领导机关——中共华北中央局,已于五月二十日成立。晋察冀军区和晋冀鲁豫军区亦已合并为中国人民解放军华北军区,统率华北各野战兵团和广大地方武装,为肃清蒋介石匪帮在华北的残余势力,最后解放整个华北而战。

两区政府已联合办公,共同处理华北的行政事务,并即将召集两区人民代表机关,商讨完全合并的步骤和方法。

在抗日战争期间,八路军在敌后孤军奋战,整个华北被敌分割,中国共产党适应当时客观形势的需要,为了加强独立作战的力量,领导八路军及广大人民,以南北太行为中心,创建晋察冀与晋冀鲁豫两大解放区,粉碎日寇无数次进攻,终于取得最后胜利。日本投降后,蒋介石匪帮发动反人民内战,在日寇掩护之下,进入石家庄及正太、平汉两线若干地区,实行了日蒋"换防",因之两大解放区依然处在被分割状态。华北人民解放军在人民革命战争中不断获得伟大胜利,收复正太、平汉两线失地,解放石家庄、元氏,彻底粉碎了蒋匪的分割,两大解放区乃完全联成一片。今后为了更能集中力量,齐一步伐,发展生产、加紧建设,以完成支援前线争取胜利的任务,特决定两大解放区合并为华北解放区。华北局领导者们坚决相信:在中共中央和毛主席正确领导下,依靠华北人民的高度觉悟和华北解放区丰富的人力物力,只要自己不犯错误或少犯错误,一定能够完成生产、整党、建政、支前、肃清境内残余敌人的任务。彻底干净消灭蒋介石匪帮及阎匪锡山、傅匪作义等反动势力,进一步建设新民主主义的华北。

创刊号上的社论《华北解放区的当前任务——代创刊词》无疑是重要的历史文献,这是一篇长文。

华北解放区的当前任务
——代创刊词

晋冀鲁豫与晋察冀两大解放区现已合并为一个统一的华北解放区。这两大解放区，山川毗连，政治、经济、文化、历史及人民的风俗习惯，均大体相同。在抗日期间，遭受日伪的军事分割；日本投降后，又遭受蒋介石匪帮的军事分割，曾不得不分为两个独立的解放区及许多更小的独立单位。这种分割，对于人民的政治、经济、文化的生活和建设，都是十分不利的。现在，由于人民解放战争的不断胜利，华北形势已经发生了根本变化，两大解放区已完全联成一片。两区的统一合并，不但需要，而且是完全可能的了。因此，中共晋冀鲁豫中央局和晋察冀中央局及两个军区，在中共中央及革命军事委员会的指示下，已合并为中共华北中央局与中国人民解放军华北军区。同时，两个边区政府亦实行联合办公，并准备迅速召集两区人民代表机关，商讨完全合并的步骤和方法。从此，两个解放区的一切工作，均将在一个完全统一的领导和计划之下进行。这不独对于华北人民今后的政治、经济、文化生活有极大利

1948年6月15日，《人民日报》创刊号1版右上角的启事。

益，而且对于动员与组织华北四千四百万人民成为统一的力量，更有效地去支援全国人民的解放战争，亦将有极大的利益。

华北解放区的成立，还只是晋察冀与晋冀鲁

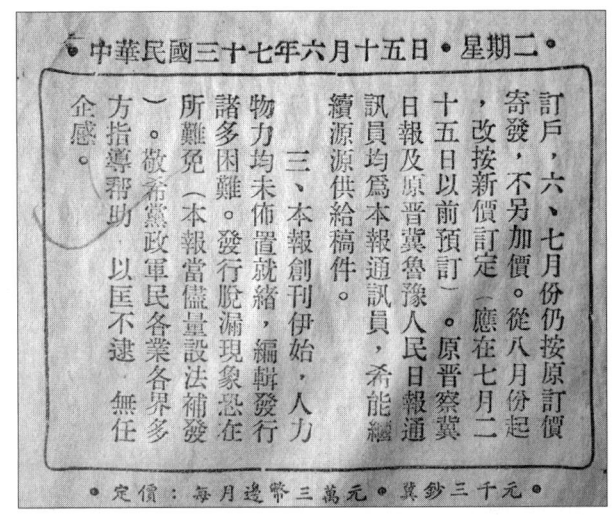

1948年6月15日，《人民日报》创刊号1版左上角启事。

豫两大解放区的合并，它与东北、西北、华东、中原各大解放区处于兄弟的地位，但它在地位上是联系其他各兄弟解放区而成为各解放区的中心。故它的地位，在战略上就特别显得重要。所以两个解放区的合并，对其他各兄弟解放区，无疑的亦将发生有利的影响。但是，在今天，它和各兄弟解放区暂时还受到蒋介石匪帮的军事分割，还不能实行全国各解放区的完全统一。然而，我们坚信，在最近的将来，在人民解放军进一步胜利的条件之下，蒋介石匪帮的军事分割是要不断地迅速地被粉碎的，全国各解放区的完全统一，亦将为期不远了。我们热烈地盼望，并将尽一切努力促进这个时期的早日到来。

华北解放区，幅员广大，物产丰富，今天已有四千四百万被解放了的人民，在它的辖境内有一万六千五百万亩可耕土地，有二百七十九个县，十二个市，有一百万以上经过锻炼的共产党员与几十万勇敢善战的华北人民解放军；它的基本地区，乃是经过八年抗战又经过将近两年内战锻炼的老根据地，人民曾经实行过

1948年3月,《晋察冀日报》印刷厂铸造股人员合影。前排左1是辛凤如,余者不详。

减租减息、合理负担和民主的政治训练。在日本投降后,又普遍地进行过土地改革,实现了耕者有其田,因此,人民就有了相当高的政治觉悟。人民反帝、反封建、反官僚资本主义及彻底消灭蒋介石匪帮的意志是坚定不移的。这就是说:华北解放区的内部条件,是十分优越的。而外部的,即周围的条件,也十分好。它处于各个解放区的中心,四面都有强大的兄弟解放军正在东北、西北、中原与华东各个战场上,向蒋介石匪军实行进攻,他们不但粉碎了蒋介石企图把战争深入到解放区内部,以便破坏解放区的阴谋,而且把解放战争发展到了蒋管区,把蒋管区变为新的解放区。这就使得华北解放区的基本地区,获得了相对安定的环境和条件。因此,在这里,也就可能比较有计划地、有步骤地去进行各种建设工作。显然,这种环境与条件的获得,是不容易的,是十分值得宝贵的,是经过了长期流血斗争的结果。直接的自然是依靠华北解放区内部党政军民十年来的长期艰苦奋斗，但从总的方面来说，主要的乃是全体解放军和全国各解放区人民共同奋斗的结果。试想，如果没有其他各兄弟解放区和解放军，特别是野战军的英勇作战，华北解放区这种环境的取得与保持，乃是不可能的。因此，我华北人民应该向其他各兄弟解放区的人民及其解放军表示深深的感谢和敬意，并准备毫不放松地十分有效地利用这种比较安定的环境和条件，迅速恢复和发展生产，进行各种可能的与必要的建设，以便继续给各兄弟解放区的人民和军队以最大可能的支援。华北的人民是会懂得：支援他们就是支持我们华北人民自己。

在这样比较巩固、比较安定的条件下，华北解放区的任务与工作方针，应该是什么呢？除开在接敌区游击区继续动员人民向国民党匪帮进行坚决的军事斗争，并配合人民解放军坚决消灭国民党匪军，扩大解放区以至完全解放华北的乡村和城市而外，在一切基本地区，则是要迅速地进行恢复和建设，以便更有力地支援全国的解放战争和改善华北人民生活。而各种恢复与建设工作，又须以恢复与发展农业和工业生产为中心，以便争取华北人民的生产能够在现有的水平上迅速提高一步。一切基本区的土改与整党工作及关于民主政府与人民团体的建设工作，均应以此为唯一的中心目标。这就是华北解放区的基本任务与工作方针。为了实现这一个基本任务，就必须进行下列各项具体工作：

（一）必须用极大的努力去恢复与发展农业生产。目前，华北解放区内部的大部地区，封建与半封建制度已经彻底消灭，无地少地农民已分得应有的一份土地。在这些地区，农村工作的基本方向，应该从土地改革方面转到团结各阶层人民全力恢复与发展生产方面去。在土地改革尚未最后完成的地区，当然还有必要

1948年,《人民日报》创刊地河北平山县里庄旧址院门(钱江2002年9月14日摄)。

在适当时机实行局部的土地调剂,但同样也要把工作中心放在生产上面去,领导各阶层人民在现有土地上,积极生产,保证谁种谁收。为了使农村各阶层人民安定地并且是有信心地去提高生产,就应毫不迟疑地确定地权,颁发土地证,并用法律切实保障各阶层人民在土地改革中所分得的土地财产,以及今后生产所得的财产,不受侵犯;就应废除已经不适用了的过去的农业累进税则,迅速制定并公布新的农业税则及其他负担标准;就应在后方实行适当的精兵简政,并改善战勤办法,以调整与适当地减轻人民的人力物力与财力负担;除此以外,还必须用极大的努力在自愿与等价交换这两项必须遵守而不可违反的基本原则上,去大量发展农民的生产互助组织,并组织广大妇女群众去参加生产。同时要尽可能地发放农业生产贷款并切实改善贷款方法,以增加农业生产工具、牲畜和肥料及兴修水利等。

（二）必须用极大的努力去恢复与发展基本区的工业生产。县以上的民主政府和党委，应将提高工业生产的任务与提高农业生产的任务摆在同等重要的地位，而不仅是以提高农业生产为重心。所有一切可以和能够恢复与建设、又为人民生活与战争所需要的机器工业、手工工业、家庭副业及各种运输事业，均必须尽一切努力去恢复和建设，而将重点放在那些最重要的企业上。为此，就必须迅速改善公营企业的经营管理方法，端正职工运动的政策，规定公私兼顾及劳资两利能够刺激生产发展的进步的工资制度和等级，整理工商业税，有计划地分配原料，推销成品，并保障职工生活必需品的供给，废除一切不必要的统制，稳定金融，实行正确的出进口计划，并尽可能发放一切必要的工商业贷款。

（三）为了保障各阶级人民安定地进行生产和各种营养，建立与保障安定的社会秩序和建立民主政府的、党的、人民团体的及经济文化机关的经常的一定的工作制度、乃是十分必要的。为此，就必须建立作为各级权力机关的各级人民代表会议，首先是县、区、村（乡）人民代表会议，并由各级人民代表会议选举各级政府委员会；在各级政府委员会内部又建立适当的分工制度，建立能够防止与反对公务人员中官僚主义化的人民监察机关，建立能够保障社会秩序安定及人民公私财产的人民司法机关及公安机关。为此，就必须制订各级人民代表会议及各级民主政府的组织法及其他各种法律及条例。为此就必须筹备选举和召集华北解放区的全区人民代表大会。为此，就必须适当地缩小地方权力，肃清存在于我们工作中的某些严重的无纪律状态或无政府状态，克服某些干部中的地方主义与经验主义，使我们各方面的政策及一切重要问题的决定权，完全集中于统一的领导机关。为此，就

毛泽东 1948 年在西柏坡。

必须进一步改善我们党，各级党的领导机关及干部和党员与人民，特别是与劳动人民的联系，就必须继续完成整党工作，继续克服党内成份不纯，特别是作风不纯的严重现象。这种整党工作从去年开始以来，已有极大的成效，党内不纯的严重现象，已有很大的克服，但因为在某些地方的整党工作中发生了若干偏差，并且时间还很短，所以还有许多在整党中所必须进行的工作，特别是整理农村支部及机关与工厂支部的工作，还没有做完。今后必须纠正过去整党中的偏差，完全正确地去完成这些工作，以便在党内分清是非善恶之后，团结全党全军像一个人一样，全心全意地去为人民服务，并领导着全体人民胜利地前进。

（四）为了保障上述各项工作的顺利进行，并促进革命战争在华北及在全中国的迅速胜利，必须加强华北的军事斗争，并在人力、物力、财力上加强支援其他战线的野战军和人民。为了这个目的，华北野战军的战斗力必须继续提高，以便不只是能够进行运动战，继续歼灭蒋介石、傅作义、阎锡山的军事力量，收复华北广大的乡村，而且能够进行阵地战，配合各兄弟解放区的力量，解放华北的一切大小城市，然后，再进而去解放全国各地的乡村和城市。为了这个目的，就必须有计划地征集华北的人力、物力和财力，并且有计划地有效率地使用这些人力、物力、财力到华北的、中原的及西北的前线上去。这就是我们华北的党，华北的民主政府，华北的人民解放军和华北的人民最光荣最伟大的历史任务。全中国人民和将来必然幸福生活的我们的后代，对今天华北人民的巨大努力与重大牺牲，均将寄以深深的感谢和永远的纪念。

这就是两大解放区在合并以后的，即华北解放区的基本方针和具体任务。相信我们经过了八年抗战和两年内战锻炼的，在我们伟大领袖毛泽东同志和党中央领导下的华北的共产党员和干部,必将谦虚谨慎、戒骄戒躁并且是克勤克俭地和华北四千四百万人民一起,去百分之百的完成这些任务的。虽然我们还处在中国革命战争的最紧张的关头,但是伟大的新民主主义的国家建设工作,就已经在我们这里部分地开始了。庆祝两大解放区的合并及华北解放区的成立!新民主主义的国家建设工作万岁!

1948年夏在平山。左起:王定坤、杜波(前)、张磐石、袁勃、安岗(张磐石保存,张志钢提供)。

华北人民日报社长兼总编辑是张磐石,副总编辑袁勃、安岗、王亢之。创刊当日的《人民日报》对开2版,发行约4万份。

从《代创刊词》的内容来看,华北《人民日报》属大战略区党委机关报的特点是相当明晰的。创刊之后,报社采访部(即新华社华北总分社)发出通知,要求全体记者"逐字逐句地研究"创刊号社论,指出"这是工作方针,也是报道方针"。①

在实际工作中,华北《人民日报》又被赋予了中央机关报的职责。因此,1948年6月15日后来被确定为中央机关报《人民日报》创刊日,从那天起编排期号,一直延续到今天。

---

① 萧航:《华北记者团的前前后后》,见新华社新闻研究所编:《新闻业务》活页版第26期,总第1769期,1983年5月3日。

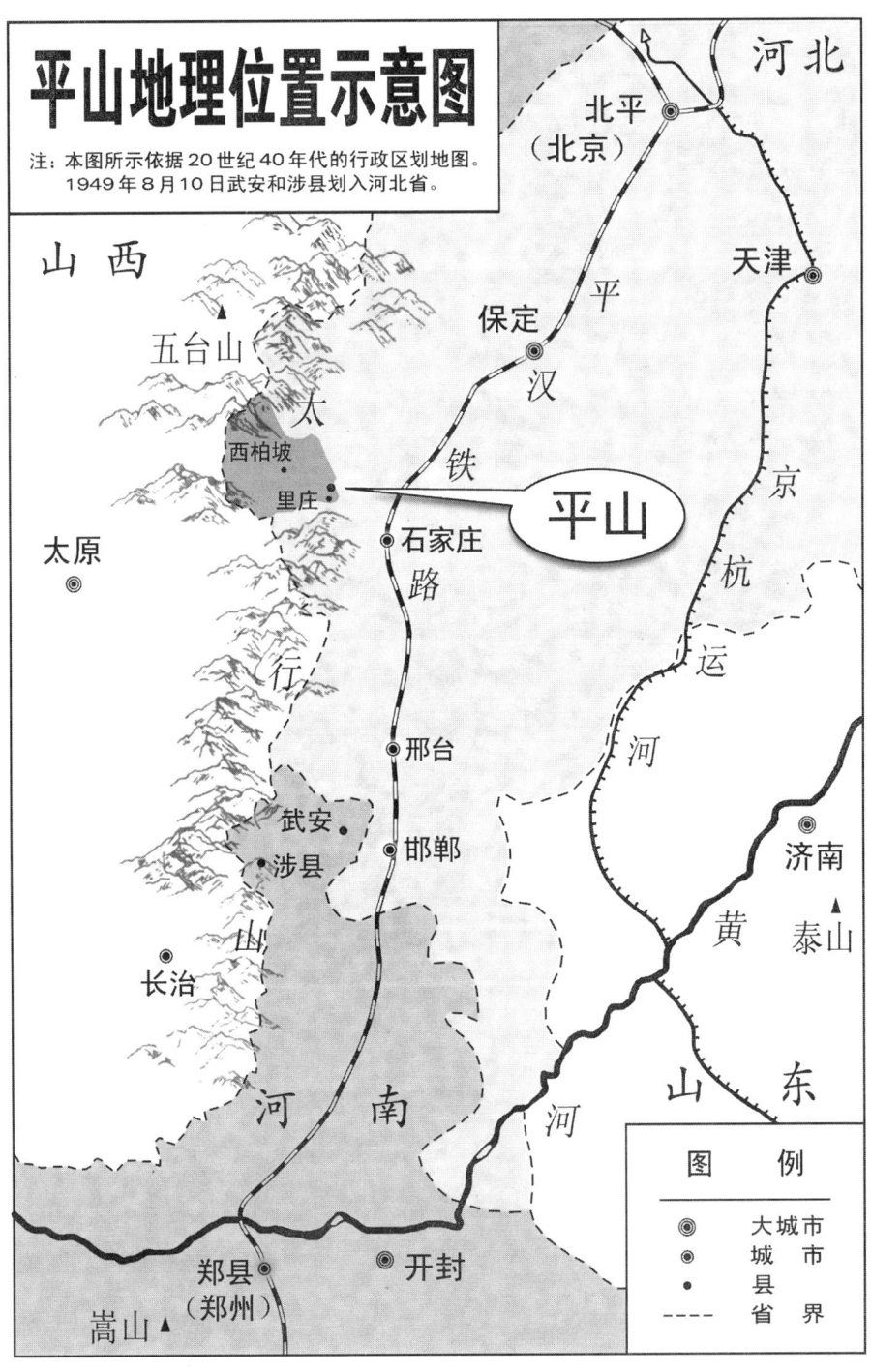

第 4 章

你们将来要办中央机关报

华北《人民日报》创刊了，它的发行区域覆盖整个华北地区，它在创刊之日的发行量超过了晋冀鲁豫《人民日报》和《晋察冀日报》日前发行量的总和。① 创刊次日，《人民日报》在 1 版显著位置上刊登了以中共中央宣传部名义，在 6 月 16 日发布的《重印〈左派幼稚病〉第二章前言》。

这是一篇长文，中心意思是加强中央的一元化领导，主要内容是：

> 毛主席最近指示全党干部研究列宁《左派幼稚病》一书的第二章。他说："请同志们看此书的第二章，使同志们懂得必须消灭现在存在于我们工作中的某些严重的无纪律状态，或无政府状态。"毛主席这个指示，对于我们当前的大革命，极端重要。由于人民解放军的胜利，我们中国共产党已在拥有一万万六千万人口并在某种程度上联成一片的地区当政；没有疑问，随着革命的继续胜利，我们党行将成为统一的全国人民民主政权的领导政党。但是，要保持已得的胜利并继续胜利和达到全国规模的胜利，集

---

① 1948 年 6 月上半月，晋冀鲁豫《人民日报》的日发行量约为 25000 份，《晋察冀日报》的日发行量约为 5000 多份（见晋察冀日报史研究会编：《晋察冀日报史》，人民出版社 1993 年版，第 536 页）。

1948年6月16日,《人民日报》1版头条位置刊登了以中宣部名义发布的《重印〈左派幼稚病〉第二章的前言》。前言的主旨是加强党中央的一元化领导。

中的革命纪律,便具有头等的决定的意义。

……

坚持党的铁的纪律,巩固党与群众的联系,这是毛泽东同志的一贯的思想原则与组织原则。一九二九年古田会议的决议案与一九三七年"反对自由主义"的提纲,便是毛泽东同志为这种原则而写作的。毛泽东同志在有名的整风报告中,关于党风问题,首先严厉地斥责了党内的闹独立性。为要求党内统一意志、统一行动、统一纪律和集中领导,一九四一年党中央还特别发出关于增强党性的决定;一九四二年党中央又发出关于抗日根据地领导一元化的决定;党七次大会又通过了新修改的党章以及刘少奇同志关于修改党章的报告。全党同志必须明了,如果我们党不能实现毛泽东同志的这些原则,如果我们不能实现全党的统一意志、统一行动与统一纪律,那么,我们就不能实现对于全国革命人民的统一领导,就不能克服革命阵营内部的各种动摇,就不能战胜敌人的各种反抗，就不能把四万万五千万人民的中国团结成为统一的国家。过去由于长期游击战争与革命根据地被分割为许多独立单位的分散的环境，在各个单位中，又有着不同的敌情、地形和政治经济条件的差异，因此，我们就不能不高度地发展地方性，不能不高度地发展各个独立单位的地方自治权，因而也就高度地发扬了各个单位的地方积极性与创造性，克服了当时极为复杂的困难，把中国革命推向了全国规模的胜利。这在当时是完全正确的和必要的方针。但是，正由于这样，也就在我们不少的同志中造成了一种分散主义或地方主义的习惯，造成了党内某些严重的无纪律状态或无政府状态，而这些则是错误的与有害的。现在的情况，已经很大地改变了。全国的革命形势，要求我全党全军在一切政治上、军事上、经济上的政策完全统一，而行政制度与行政机构也要求逐渐实行必要的与可能的统一，要适当地缩小各个地方的及各个兵团的自治权，要将全国一切可能统一的和必须统一的权力统一于中央的领导之下，而在各个地区和各个部分，则须统一于中央委托的领导机关——中央局及前线委员会的领导之下，以便集中力量进行全国规模的解放战争和着手政治、经济与文化的各种新建设。因此，在过去曾经是正确的高度发展地方自治权的方针，现在已经不能完全适用了；而那些在过去就是错误的在许多同志中存在的地方主义与工作中的无纪律状态或无政府状态，就特别表现其对于当前统一斗争的重大危害性，就更加不能容许其继续存在和发展。事实证明：党内过去存在或现在还没有克服的无纪律状态或无政府状态，各自为政和各行其是的地方主义与经验主义，已经给人民的革命事业造成了许多严重损失。犯这种错误的同志，大都是对于中央的路线和政策不细心研究，不认真执行，对于带政策性、原则性的问题，粗率地、不细心地

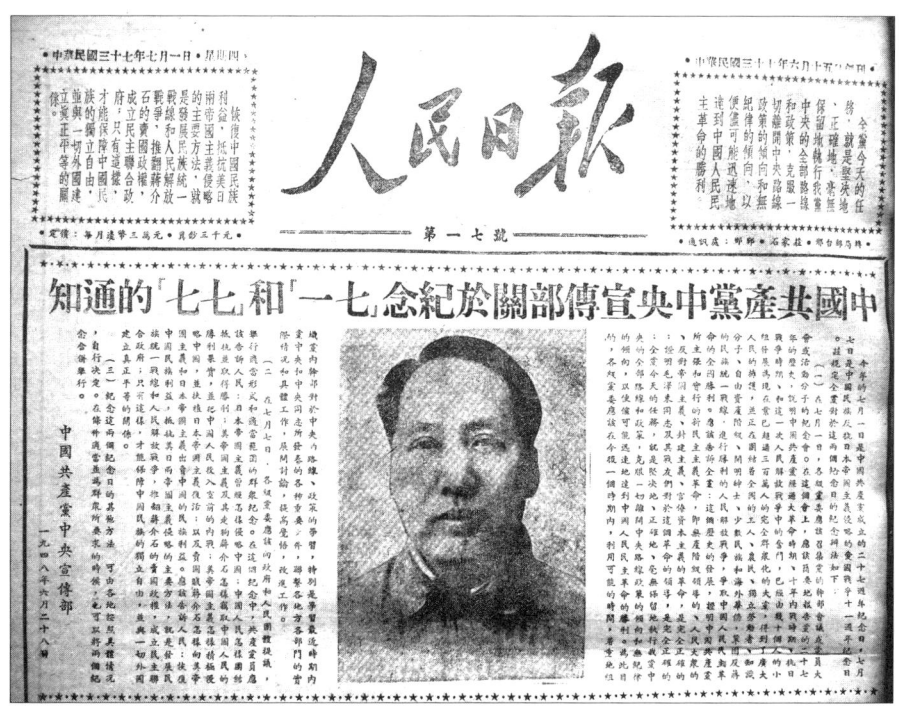

1948年7月1日,《人民日报》1版头条刊登了中宣部关于纪念"七一"和"七七"的通知。连续刊登中宣部的文件,显示出此时的《人民日报》已经具有"大党报"的特性。

擅自处理,事前既不请示,事后又不报告,以至在某些行动中和宣传中直接违反党中央和上级的决定,造成错误,而且不能迅速纠正。这种缺乏党性没有纪律的现象,是党和人民的利益所不能容许的。至于那些有意向党闹独立性的人,故意歪曲中央的指示,改变中央政策的性质,以便在工作中去发挥其个人的或少数人的欲望,其更不能容许,自不待说了。现在重印列宁这一章著作,同志们——特别是一切负责的同志们,必须认真阅读,并参看前述毛泽东同志的著作和党中央的文件,为消灭现在工作中的某些严重的无纪律状态或无政府状态而进行必要的与适当的斗争。在目前的政治形势之下,展开这样一个斗争,使全党全军达到真正的统一，乃是完全必要的。

……我们中国共产党在毛泽东同志的领导下，经历二十七年的革命烈火的锻炼，与世界历史上稀有的复杂而丰富的革命经验，并由许多工作所证明：它是充分具备了这样的三个条件的。毫无疑问：我们全党干部一定能够接受毛泽东同志的指示，迅速地克服现在工作中的某些严重的无纪律状态，或无政府状态，地方主义，或经验主义，而达到全党的政策与纪律的完全统一，以便迎接全国人民革命的胜利，以便在新民主主义的鲜明旗帜下，团结一切民主阶层和民主党派，建立民主联合政府，战胜反动力量，统一全中国。

中共中央宣传部
一九四八年六月一日

这个"前言"的核心思想，表明了中共中央对于加强统一领导的重要性的认识。这正是创刊"大党报"的重要意义之所在，表明了中共中央要集中一切力量，与国民党军展开大决战的决心。这个"前言"能够说明，当时的华北《人民日报》将逐渐担负起中共中央机关报的作用——将决策权集中于中央。

1948年春天，国共两军为中国的命运展开大决战的形势日趋明朗。4月10日，毛泽东在一份党内指示中就明确地说："将全国一切可能和必须统一的权力统一于中央。"他说："中国新的革命高潮的到来，我党已经处在夺取全国政权的直接的道路上这一形势，要求我们全党全军首先在一切政治上的政策及策略方面，在军事上的战略及重大战役方面的完全统一，经济上及政府行政上在几个大的区域内的统一，然后按照革命形势的发展进一步地考虑在军队的编制和供应上，在战役行动的互相配合上，以及在经济上在政府行政上（那时须建立中央政府）做重大的统一。……各地领导同志必须迅速完成在这方面的一切必要的精神准备和组织准备。"①

6月15日创刊之后，华北《人民日报》的种种报道中贯彻了这样的思想。要认识新创刊的《人民日报》的性质，研究创刊次日——1948年6月16日的《人民日报》1版头条位置刊登的"前言"是非常重要的。如果说创刊当日的《人民日报》确实将华北局机关报纸的特性充分地表现了出来，那么创刊次日的《人民日报》版面则将中共中央机关报的特性体现得非常明了。它确实如毛泽东曾在电报中说的那样，一方面是华北局机关报，另一方面表现为一张"大党报"，即中共中央的机关报。随着解放战争不断走向胜利的进程，这一特征体现得越来越鲜明。

按照当时的分工，新创刊的《人民日报》由刘少奇负责。由于报纸是华北局机关报，所以实际上的日常事务是由华北局副书记薄一波来负责的。薄一波回忆说，1948年6月3日，毛泽东在批转一个文件时写了按语，要求："中央局（分局）及区党委（省委）对于自己的报纸，必须于每天出版之前，由一个完全懂得党的正确路线和正确政策的同志，将大样看一遍，改正错误观点，然后出版。各地领导同志，必须以严肃的科学的态度对待宣传工作。"遵照这个指示，《人民日报》创刊后，审读大样是薄一波的经常工作。②

要华北《人民日报》承担起中央机关报的任务，毕竟是需要一个过程的。安岗回忆，新的《人民日报》创刊后不久，他是主持日常编务工作的副总编辑，有一天接到胡乔木亲自打来的电话，要他到中共中央所在地西柏坡去一趟。

向张磐石等人报告情况后，安岗骑马去了西柏坡。胡乔木对安岗说，今天要你来，是要你认识一下我们党的领导同志，今后你就要和他们多打交道了，所以要熟悉他们。胡乔木强调说，你现在办的《人民日报》，在

---

① 转引自《胡乔木回忆毛泽东》，人民出版社2003年第2版，第517页。
② 薄一波：《70年奋斗与思考》上卷，中共党史出版社1996年版，第493—494页。

第 4 章 你们将来要办中央机关报

周恩来在西柏坡办公。

我们进了城以后,就是中共中央机关报。

当夜无事,第二天上午中央负责人开会,安岗没有见到他们,中午时分,胡乔木将安岗引到餐厅。这时,中央领导同志进门来了,第一个进来的就是刘少奇副主席。胡乔木即向刘少奇介绍了安岗。

刘少奇的第一句话让安岗听了暗暗吃惊。刘少奇问他:"你是哪个山头的?"

安岗说,参加革命之初,我是干太行山阳泉煤矿游击队的,我是游击队的指导员。

刘少奇又问:你怎么办起报来了?

安岗回答:就我的文化来说,我不过是一个中学生。但是,从 1938 年

053

我就接受朱总司令的任务,在太行山办起了《胜利报》,一直办到现在的《人民日报》。

刘少奇听了觉得有意思,笑了起来说:这很好,新闻工作者光有文化不行,还要在各种斗争的考验中去锻炼成长。现在,你们的任务更大了,你们要准备办全国的报纸,要做很好的准备。①

在西柏坡饭厅吃饭的时候,安岗见到了许多中共领导人,许多人都是头一次见面,其中包括周恩来。刘少奇、周恩来等人在饭桌上讨论说,进了北平,全国解放以后我们将采取什么样的政策来把中国的事情办好?周恩来谈到了"国家资本主义",谈到了列宁和俄国的情况。这些,安岗都听得很清楚,他回忆说:

> 从饭桌的谈话中间使我感觉到当时的党中央有很浓厚的理论空气,他们谈论的是解放大城市以后,我们的政策的理论根据。这一点对于我来说是一个刺激,我当时就想到我们的思想还是停留在实际工作和具体问题上,没有在政策上、理论上、观念上研究些新的问题,以适应北平解放的新形势。少奇同志提醒我们要早做准备,准备什么,我从这里找到点答案。②

安岗的感触是,去了一趟西柏坡,像换了一个人,再回里庄的时候,就觉得自己不能再像在晋冀鲁豫那样,经常将主要精力去研究驻地附近几个自然村庄的"三查三整"问题,或是一个基层的问题。今后,《人民日报》的主持者要研究如何对待资本家和工商业的政策问题、市场问题,以及大城市的各种经济问题了。总之,要站在更高的层面上看中国。

这是一个深刻的变化。

---

① 2002年8月21日在北京访问安岗的记录。
② 安岗:《入城之前》,见《人民日报回忆录》,人民日报出版社1988年版,第47页。

晋察冀日报电务部发报台人员。前排左起：马半农、傅小乐、马德真、王进增。后排左起：李英才、杜润三、陈秀德、马继如、何瑞亭。

创刊时的华北《人民日报》设编辑部和采访部。编辑部负责编辑稿件、制作标题、撰写社论、画版、校对。当时，《人民日报》编辑部的主要编辑有：徐兑、林韦、李克林、何燕凌、宋琤、艾方、田流、吴象、杜展潮、刘晓晞、罗林、耿西、冷冰、朱波、卞仲耘、赵培蓝、穆扬、江夏等。

《人民日报》专设采访部，即专职记者部。当时的新华社华北总分社即人民日报采访部，这个部门的工作人员具有人民日报和新华社的双重身份。采访部主任由人民日报副总编辑安岗兼任，安岗还兼任新华社华北总分社主任。采访部的副主任是邵红叶和李庄。采访部下设采访科，李千峰任科长，萧航任副科长。

《人民日报》在里庄创建之初，由于汇聚了两大日报的办报人才，显得人员很多。日常办报用不了那么多人，大部分人即转入集中学习，为今后党报的大发展做准备。

采访部记者采写的文稿，主要由《人民日报》刊登。由于这样的编制，采访部（总分社）还负责领导辽阔的华北解放区区域内诸多新华分社。由于各个分社所在地和工作很不同，采访部（总分社）指挥协调和编辑来稿的任务颇重，因此在报社创刊不久即决定设置专人负责编辑各分社的来稿，汇编成《总分社通讯稿》，供人民日报编辑部选用，选其精粹向新华总社发稿，每日一册。这项工作由李庄负责。

当时《人民日报》上来自各战略区的消息，主要由新华社前线记者和人民日报兼职记者自各地发来。

《人民日报》的发行遍及整个华北地区，覆盖地域极为广阔，原来的记者配置即显得不够。因此，凡在华北、中原各战场的新华社分社或各战略区前线报纸的记者中，都指定一人或数人兼任人民日报记者。当时在晋鲁豫前线的军事记者陈勇进、姚力文就是在这样的情况下成为人民日报记者的。

新创刊的人民日报社秘书长是来自《晋察冀日报》的马健民，主管行政事务，郭渭改任副秘书长。总务科长是石洋兰，总务科的干部还有邢兆兰、马映泉。①

由于两报合并，新的《人民日报》电务部人员激增，当时计有报务员、译电员、机务员和其他工作人员七八十人，是电务部人员最盛的时期。各部门负责人是：

主任：何瑞亭（原《晋察冀日报》电务部主任）

副主任：高飞（即高晴普，原晋冀鲁豫《人民日报》电务科长）

收报科科长：左禄（晋察冀），副科长：邸禄申（晋察冀）

通报联络科科长：张连德（晋冀鲁豫），副科长：温笑清（晋察冀）

译电科科长：安文一（晋冀鲁豫），副科长：伊之（女，晋察冀）

机务室主任：于忠（晋察冀）

电务人员训练班，主任：韩增福（晋察冀）

报务员、译电员有：李英才、张连达、刘幸福、赵景星、刘芳洲、马

---

① 2003年9月26日在北京访问郭渭的记录。

《晋察冀日报》后勤人员合影。左起：苏励、张受恩、赵冀英（赵继英）、张耀、李明英（女）、左珊、吴玉荣（女），她左边的两位名字不详。前排右1是耿玉云，后排右1是刘星江，右3穿背心者是李德让。

继如、王进忠、董钟毅、张国柱、刘世杰、井三友、刘雁行、梁桂荣、梁清和、郝菊鲜、杨林芳、牛善美、唐顺忠、赵全明、张一峰、靳泽、冯玉成、丰敏、刘淑芳、李如、杜润、李锋瑞、佘丽娟、苏琴、马玲、贾春义、郝廷蟠、郭凤华。

机务员有：阎进、朱敏、宋儒贤等。

不久后通联科副科长温笑清病逝，该职务出缺。

数月后何瑞亭、左禄、李英才调往太原前线，高飞接任电务部主任。[①]

华北《人民日报》电务部的无线电技术人员，大多数是原两报电务部门自己培养出来的，有许多是多面手，能收能发能译（指由电报码到中文的互译）。其中少数人能够收发英文电稿。

此时的华北解放区虽已连成一片，但战争还在激烈进行，在辽阔的新

[①] 要整理出华北《人民日报》工作人员的名单是相当困难的，至今未发现比较系统的记载。唯有对电务人员名单的记载还比较全面，因此加以引用。

解放区交通不便，邮政事业来不及系统地建立起来。为了全面报道华北地区的情况，还主要依靠电讯方式提供稿件。为此，华北《人民日报》在里庄架设了4部电台，配备30余人，几乎是不分昼夜地工作，每天平均接收一万字左右为报社提供的稿件。

当时华北解放区下辖太行、太岳、冀南、冀鲁豫、北岳、冀中、冀晋、冀热辽等行政区，每个行政区都有报社（新华分社），人民日报电务部除与他们密切联系外，还与华北野战军的第18和第19兵团电台保持联系，及时接收来自各方的战报。

当时华北《人民日报》的主要稿源来自新华社总社。当时新华社总社已由河北涉县迁至平山西柏坡附近，工作进入正轨，每日发稿量比较大。张连德回忆说，粗略估计，当时的《人民日报》上，由电务部抄收的新闻稿件约占报纸版面的1/3以上，有时达到3/5。

电务部使用的收发报机基本上都是自己装制的，用手摇马达发电保证收发报机的运转。这些手摇发电机多是缴获来的，比较陈旧，质量欠佳。收发报机和手摇发电机经常发生故障。为装制、修理这些机件，电务部专门设立了机务室。这个室里的几个工作人员，都没有受过专门训练。但是他们勤于学习、大胆实践，摸索和掌握了一定技术，能够基本保证机器的正常运转。

新创刊的华北《人民日报》编辑部设在里庄，排版车间（当时称"排字房"）也在里庄，印刷厂则设在北焦村，距当时的石家庄市区4—5里。

《晋察冀日报》带来了较为先进的印刷机，以柴油机为动力，这比以前用人力操纵平版印刷机效率高多了。印刷厂还有了照相制版设备和技术，使新的《人民日报》上出现了越来越多的照片，丰富了报纸版面。

由于有了稳固的、幅员辽阔的解放区，《人民日报》的物资供应比以前充裕多了。印刷和发行报纸需要大量纸张和油墨，《人民日报》继续依靠以前《晋察冀日报》和晋冀鲁豫《人民日报》留下的纸张供应渠道，而且可以统一调配了。当时主要的新闻纸供应厂是金龙洞造纸厂、阳原造纸厂、曲阳造纸厂、高平造纸厂、源泉造纸厂,还有"一大"造纸厂,以及供应油墨的石家庄油墨厂。

报社印刷、发行事务的总负责人是王友唐。他长期在晋冀鲁豫《人民日报》工作,是一位理财高手,善于经营。负责物资供应的殷德宇是他的重要助手,负责到仍为敌占区的天津采购原材料和机器。有一次,他甚至到日本采购印刷用品。

根据档案记录,创刊时的华北《人民日报》发行4.4万份。具体分布大致为:太行区42个县10462份,占总发行数(下同)23.52%;冀南区41个县8272份,18.6%;太岳区26个县5773份,12.98%;冀鲁豫区57个县3691份,8.91%;北岳区28个县8532份,19.16%;冀中区34个县,2340份,5.6%;平西区和冀热辽区17个县,每日76份,1.54%;石家庄市2190份,4.92%;中央和华北局机关2280份,5.13%。

在战争环境下,要发行这些报纸充满了艰辛。凡中共中央和中央机关、华北局、华北军区各单位,由报社派交通员直接投送,其余部分,主要是靠人背马驮来实现投递。在最初发行的报纸中,只有8000余份可以在当天看到,其余的要推迟2—3天,有的要4天以后才能读到,甚至有7—15天后才能看到的。①

创刊一个月后的7月间,《人民日报》发行47000份。

---

① 赵国臣、吴述俭:《人民日报发行工作40年回顾》,见《人民日报回忆录》,人民日报出版社1988年版,第363—364页。

第 5 章

里庄，染红激情岁月的地方

1948年5月初，位于平山县城以南约8华里的里庄被确定为未来"大党报"的驻地。邓拓率领《晋察冀日报》全体人员，在5月下旬进驻里庄。

里庄，本是河北平原上一个普通村庄，当时有二百余户人家，千余口人。

里庄原本归山西省井陉管辖。据《平山县志》《平山地名志》《井陉县志》记载，并据实物考证，里庄约建村于明初洪武年间（1368—1399），因距山西井陉县城75里，故得名"七十五里庄"。清朝后期简称里庄。村庄初始规模仅为两条短街。

在历史上，里庄是一个贫穷的乡村，农民大多耕种谷子、绿豆、荞麦，还种些高粱，小麦种得很少。村庄附近没有什么水利工程，基本上靠天吃饭。到民国时，村里基本上都是土坯房，只有少数几户人家有砖砌的房屋四角和砖砌的院门。

1937年"七·七"事变，日本发动全面侵华战争，里庄沦陷敌手，日寇在里庄村北修筑了一座小炮楼。

在日寇侵占下，不甘沦陷的里庄人起而反抗，很早就有了共产党组织。1937年，里庄人康新春首先加入中共组织，他是里庄的第一位共产党员。同年，发展了康二娃、康秀山入党并成立党小组，康新春任组长。当时，党组织秘密活动，主要做地下抗战工作。到 1945 年 8 月抗战胜利，全村累计发展党员 23 名。

在八年抗战中，里庄人康红妮（康红儒）、李庆林等 40 人参加了八路军，8 人成为抗战干部。其中 3 人牺牲在抗日战场上，多人负伤。1939 年，里庄抗日村长康顺典被日军抓走杀害，村民康经策、康青妮、李二棒等 9 人被日寇残杀。村里随后秘密成立了民兵游击组、农救会、妇救会、儿童团。

在抗日战争时期，由聂荣臻等创建的晋察冀边区曾将平山县的城东区与井陉、获鹿、正定各一部分区域合并，成立建屏县。里庄划归建屏县。

1945 年抗战胜利，同年 10 月晋察冀边区撤销建屏县，恢复原平山、井陉、获鹿、正定县建制，里庄划归平山。与此同时，又成立了新的建屏县，直到 1958 年撤销。所以当地将先前设立的建屏县称为"建屏（东）"，后成立的称为"建屏（西）"。①

抗战胜利后，里庄成为解放区。1947 年 3 月底 4 月初，聂荣臻将军的指挥部设在与里庄西距约 20 里的平山县封城村，发动了正太战役。1947 年 3 月 18 日，中共中央和解放军总部机关撤离延安。枣林沟会议后，刘少奇、朱德率中央工作委员会机关东渡黄河，于 1947 年 5 月 3 日进入平山，进驻平山县西柏坡。平山县从此成为解放区的核心区。1948 年 5 月 27 日，毛泽东也来到西柏坡村，中共中央领导机关从此在这里办公，指挥全国范围内的解放战争。

在解放战争中，里庄始终在共产党、解放军的控制下，是老解放区。解放战争时期，里庄村共有 22 名青壮年参加解放军，6 人作为干部抽调到新解放区开辟工作。里庄有 12 人参加了解放石家庄战役、太原战役等支前担架队和远征担架队。其中参军后在战场上牺牲的烈士有 12 人。

---

① 随着平山县城逐渐扩大，进入 21 世纪的时候，里庄已成为县城的边缘，有便捷公路可通。据 2005 年调查，里庄村有居民 554 户，1784 人，拥有土地 1600 多亩，以农为主。

人民日报创刊地：平山县里庄村头（钱江摄于 2002 年 9 月 14 日）。

在里庄向外输送的干部中，邢克亮曾任河南兰考县委副书记兼组织部长，李永祥曾任建屏县（西）副县长。在抗战中参加八路军的里庄人康红儒，在解放战争中成为炮兵团长。

解放战争期间，又有李发玉、李治安、邢克义等 18 人加入中国共产党。1946 年里庄进行了土地改革，康二娃任党支部书记，康秀山、康新春、李永祥任支委。村里还成立了贫农团、妇联会。贫农团主任是康成成，妇联会主任刘联娥。在土改中，里庄仅有 1 户被定为地主，1 户被定为富农，其他均为中农、贫下中农。

1947 年到 1949 年，康习昌任党支部书记，康四狗任村长。他们迎接了邓拓和张磐石率领《晋察冀日报》和晋冀鲁豫《人民日报》的队伍进驻里庄。

"大党报"——《人民日报》选择里庄为创刊地，与靠近中共华北局、华北军区和华北人民政府驻地有关。

5 月 20 日，晋察冀和晋冀鲁豫两区政府合并后实行联合办公，驻地王子村。里庄就在王子村以西2里处,鸡犬之声相闻。里庄东距华北局和华北军区驻地烟堡村3里,这三地距离呈三角形。此外,里庄邻近平(山)井(陉)公路,交通运输方便。里庄村子较大,基本上可以容纳报社全部人员。里庄村民普遍出身贫苦,成分单一,在政治倾向上拥护共产党,自然也是选择报社驻地时认真考虑过的。

当时,中共中央驻在西柏坡是保密的。西柏坡位于平山县偏北的山区中,华北党政军领导机关驻扎在平山县城东南一带,两地相距近百里之遥。从这一点上看,新华社紧靠中共中央驻地,而《人民日报》紧靠华北局驻地,颇能说明当时这两大新闻单位的区别。

《晋察冀日报》副经理刘景汉奉邓拓之命,带领赵冀英等人先期来到里庄,由村民康忠智引领,看地形、建牲口棚、号房子,安排印刷机械的安装。①

两大报社先后二百多人进驻里庄,把里庄住得满满的。特别是晋冀鲁豫《人民日报》的队伍前来,满载纸张和各种用具的大车从村里排到了村外。安装机器时,报社工作人员从村民家借来铁锹、镢头和推土车使用。生活用具基本上都是村民提供的。

里庄村有一半以上人家住进了报社人员和家属。村民们为报社人员和家属提供了最好的房子,房东自己往往挤住在偏房,或全部或部分搬到其他人家暂住。报社进驻里庄期间,村民为报社人员提供了几乎全部生活用具,如炊具、炕桌椅凳、铁锹、扫帚、土车、水缸等。

报社在里庄设立了一个小灶、一个中灶和两个大伙房。小灶供张磐石就餐,在中灶就餐的有陈化敏等数人。一个大灶供编辑部人员就餐,另一个是印刷厂工人就餐的食堂。印刷厂占的院落最大,房东李祥妮一家搬到了另一户人家的一个闲院里暂住。②

---

① 引自平山县党史办公室宋紫峰2005年所做的实地考察材料。
② 2006年9月29日访问当时任人民日报通讯员的吴英禄的记录。

里庄旧民居,这里住过《人民日报》编辑部人员。

在里庄,印刷厂安置了3台平印机,印刷少量《人民日报》。印厂的主要工作是为《人民日报》排版,打成纸型后运往设在石家庄郊区的北焦村印刷厂大量印刷。此外,设在里庄的印刷厂还印刷书刊文件。厂长陈化敏,工务员穆成仁,会计左珊,出纳王春霄。

印刷厂24小时都有人上班、值班,开动两个印刷机印报。《晋察冀日报》社带来的日式印刷机出报速度快,效率比另一台高出一倍以上。两家报社都带来了大批纸张,在里庄设有专门的纸库。

印刷厂所在院落里摆放了五六张木桌,工人将纸摞在木桌上,用两头有把的铁刀裁切纸张,然后才能上机印刷。印刷机印报由一台柴油机带动。但是柴油机常出故障,报社在里庄找了10多名青壮年轮流手摇印刷机,以保证正常出报。

第 5 章　里庄，染红激情岁月的地方

《人民日报》在里庄初创之时，生活条件相当艰苦，吃饭以小米为主，开始时一日两餐（一些承担繁重体力工作的工人除外），主要是小米稀饭或是小米捞干饭，偶尔吃上一顿馒头。打饭时，由一名炊事员用小铁锤敲击悬挂在树上的一小截铁轨。报社人员就餐时每人有打饭专用的小木牌一个，一个人两个粗磁碗。打上饭以后，只要不是阴天下雨，大家喜欢来到伙房院外的大树下，三五人一摊儿围蹲着吃。到这年秋天以后，供应情况好转，逐渐转为一日三餐，细粮也增多了，但仍以粗粮为主。

里庄东头有个碾粮的场院，报社进驻后，在那里支起了一个篮球架。报社的青年工作人员大部分在里庄打过篮球。

两大报社人员刚刚进驻里庄的时候，由于人员多，住房比较紧张。当时还认为可能要在里庄住相当长的时间，为此计划在村东空地上盖十余排整齐划一的房屋，所用土坯由里庄村民打制。因集中挖土太多，原先的村东头至今还留有一个明显的大土坑。在垒房屋地基的时候，因缺少石料，遂将村中一直保留的观音庙和关帝庙一起拆除。谁料房子刚刚垒完土坯墙，还没有上梁覆盖顶部，突遭连续多日的大雨，土坯墙在雨中化为泥浆，全部塌毁，后来这个建房计划也就不再提起。

由于报社入住里庄，很多村民为报社直接服务。康保全为报社大伙房做饭、挑水、打杂；李圆圆推木轱辘架耧车为报社送报；另有邢连福赶大车为报社送报，当时用大车从报社直接装车送报的仅此一人。

华北《人民日报》创刊时，经理部设在里庄，经理王友唐，副经理是来自晋察冀的刘景汉。经理部秘书殷德宇、成坊，干事陈汉生，会计郭铭，收发何发荣、勤务员王广锁。他们中的一部分人开始住在里庄的一个院落里。时当盛夏，那年的夏天特别炎热，怕热的年轻人干脆睡在屋顶上（里庄的农居一般都是平顶，农家在屋顶上晾晒粮食）。次日清晨醒来的时候，

《人民日报》在里庄创刊时的排字房。

大家都是一脸的露水。①

经理部随后发现,在里庄不便于开展发行工作,应该充分利用大城市的便利条件。于是经理部很快迁往石家庄南大街18号。

在石家庄,经理部的设置正规化了一些,设立了会计室,主任程庆丰,总会计张耀秋,会计牛延川、秦淑英,出纳李俊文,会计室统管全报社各部门财务管理。负责向上级单位报销和编制报表。根据上级拨款,负责从冀南银行取款(冀南银行钞票),进北京后改用人民币,银行改为人民银行。经理部后设广告科,工作人员有方景尼、穆戈栋。发行科会计是郭铭。

---

① 郭铭、张培林:《回忆党报〈人民日报〉的发行》,见人民日报社社史资料征集办公室编:《人民日报社社史资料选编》,第1期。

材料厂厂址在石家庄新华路,主要生产油墨、墨水,厂长田锡河,副厂长徐广义。

晋南纸厂厂长陈达,副厂长石志军。阳泉纸厂厂长杜庆云。

邯郸办事处设在火磨街,由官桂芳(进北京后调到外经贸部工作)和张宝宗负责,还有赵梦五、李书玉(会计)、李庆云、李华柱、陈宪斌、耿斌路、单淑英等人在这里工作。

石家庄北焦村人民日报印刷厂厂长刘威,副厂长蔡善卿、牟沛霖,工务科负责人是鹿松林,还有刘德顺,会计张桂云,出纳耿良。

材料科段玉印(负责人),马松珍(后又做工会工作),张锡春。医务室赵健生(负责人)、周玉江。

当时,《人民日报》在里庄村打成纸型后,快速运送到石家庄北焦印刷厂印刷3万至4万份。运送纸型的郭世楷、郑维然是当地农民,他们没有休息日,无论刮风下雨,不分昼夜地骑自行车,尽快把纸型从平山里庄送到石家庄北焦村印刷厂。他们夜间运送报纸时只能靠手电筒照明。有时下雨路滑,摔倒爬起来再跑,也毫无怨言。后来报社迁入北京,这两位却没有来,留在了石家庄。

照相制版车间:方文郁(负责人)、郝继耀、郝继昌。排字房:周景融(负责人)、曹幼林、张树义、崔凤季、潘玉达、梁新顺(刻字)、田中元(打版)。铸字房:辛凤儒(负责人)。印刷机器房:王友彬(负责人)、曹德贵、刘炳位、曹龙泉、乔永贵、张文俊、曹广兴、常胖英等,有6台平版印刷机,1948年年底发展到9台机器,都用电动马达。

木工组有李锦秀(负责人)和赵土种。厂部勤务员赵雷书。伙房炊事员常明亮、李勤堂。发报房:赵国臣(负责人),李怀田、张沛林、霍培芳、付亚珍、张书贤等。裁纸装订:宁效贤、曹改英(牟沛霖的妻子)等。

除了编辑部工作人员,里庄还有一支养病治疗和哺育婴儿的队伍,以女性为主。这里有两个原因,一是经历长期战争后,两个编辑部都有一些人员身染重病，或是相当瘦弱。里庄相对和平稳定的环境为他们提供了休养的好条件。原《晋察冀日报》编辑部副主任陈春森是休养人员中为数不多的男性之一。

陈春森是抗日战争爆发后即参加革命的老新闻战士，《晋察冀日报》的早期编辑之一。1947年年底，他参加了由周扬带队的一支土改工作队，到冀中解放区参加农村土地改革。在这期间，陈春森患了严重的脑炎，不得不停止工作。华北《人民日报》创刊后，陈春森即来到里庄治病、休养。

原晋冀鲁豫《人民日报》女编辑宋琤在来到里庄后身体不好，又要照顾孩子，领导上安排她休养一段时间。她回忆：

> 从原来的晋冀鲁豫《人民日报》到里庄的大约有10来个女同志，《晋察冀日报》也有一些女同志，加起来至少有20多个人。我们这些女同志差不多都在这一两年前后生了孩子。我的孩子只有1岁多。到里庄以后，许多孩子先后生病，所以带孩子的年轻女同志来到里庄后大都没有安排工作。因为这时两报合并，人员显得比较多，领导就安排这两家报社带孩子的年轻女同志集中休养、学习。在里庄，我认识了原《晋察冀日报》的女编辑杨沫，她是和丈夫——《晋察冀日报》秘书长马健行一起来到里庄的。两报合并后马健行担任秘书长。杨沫的身体不好，就在里庄养病。那时候由于生活艰苦、动荡，女同志中的病号显得比较多。
>
> 里庄的生活条件不如我们在晋冀鲁豫的武安河西村，一开始很少吃到肉，也没有什么新鲜蔬菜，几乎天天吃萝卜条，土豆成了比较稀罕的东西。生活虽然很艰苦，但是我们都知道，我们马上就要迎来全国胜利了，这是胜利来临之前最后的艰难。所以大

第 5 章　里庄，染红激情岁月的地方

人民日报创刊地里庄村头的水渠桥（钱江摄于 2012 年）。

家的心情很振奋。①

这时的短暂养病生活并不是白白度过的。杨沫后来写出了著名长篇小说《青春之歌》。还有一位是袁静，她是小说《新儿女英雄传》的作者之一。她们亲身经历了长期的革命战争岁月，亲眼目睹许多战友在黎明前倒下，没能看到胜利的曙光喷薄而出。在里庄，许许多多动人的故事在人们中间传播、碰撞。来到里庄的这个群体中，在不远的将来有几人写出多部极具影响的长篇小说，应该说是顺理成章的事情。

在里庄，报社编辑部的油灯总要燃到次日凌晨。报上胜利的消息越来越多，胜利的规模越来越大。里庄的人们都知道，他们这里最早知道胜利

---

① 2003 年 3 月 12 日在北京访问宋琤的记录。

人民日报驻地里庄小学于1948年送给人民日报的木匾至今还在里庄保存着。

的消息。

1948年的夏天非常炎热，李庄和何燕凌常在晚上到村外的水渠里洗澡，然后乘凉聊天片刻。他们聊天的主题通常是前线传来的胜利消息，也曾交谈，不久后可能进军北平，新中国就要在我们这一代人手中诞生了。那时我们会做些什么？①

在充满希望的日子里，人民日报又添了一对新人，他们就是从河西村过来的刘希玲和陈玉秀。7月1日前，刘希玲选择党的生日作为自己成婚的日子。一旦想定，他给此时在东焦村的司药陈玉秀写了一个纸条，通知她，自己将在7月1日赶到东焦村举行婚礼！

陈玉秀接到纸条大吃一惊，心说，刘希玲这个人也太主观了，怎么也不征求我的意见就要和我结婚。话又说回来，刘希玲早已在陈玉秀心中占

---

① 2005年9月8日在北京访问何燕凌的记录。

据了牢牢的位置,既然事情已经决定,婚礼就在选定的日子高高兴兴地举行了。

  这是一对由战争玉成的美好婚姻。在武安河西村办报的日子里,刘希玲和陈玉秀没有交谈过一次。他们凭着自己的直觉认定彼此心心相印,将携手共度人生。他们在奔向胜利的日子里结婚了,婚后共同生活了31年,非常美满。年过80岁的陈玉秀对本书作者说,感谢在河西村的日子使她见到了刘希玲,他们"先结婚,后恋爱",感谢首长和战友帮助他们缔结了美好婚姻![1]

---

[1] 引自2007年4月陈玉秀自成都寄给本书作者的回忆材料。陈玉秀回忆说,她和刘希玲的婚姻是非常美好的,她至今常常回忆起和刘希玲共同生活的日子。应该提及,陈玉秀在东焦村接到刘希玲的纸条时,完全忘记了自己已经在刘希玲起草的结婚报告上签字同意了,这个故事详见本书作者在《晋冀鲁豫〈人民日报〉纪实》一书中的记述。

第6章

从太行山南北走到一起

华北《人民日报》创刊了。两大报社编辑部合并到一起,编辑记者加上后勤、印务人员将近300人,自然头绪繁多。在里庄,要说张磐石是最忙碌的人,大家都很认同。

张磐石(1905—2000)是晋冀鲁豫《人民日报》和华北《人民日报》的重要创办人之一。他出身于山西寿阳县一个普通农民家庭,在少年时代就对人生充满了理想,有一颗追求真理之心。他于1925年毕业于太原第一师范学校,当时已经算是较高的受教育程度了。1929年9月,他去日本留学,在就读大学预科期间,系统地阅读了马克思主义经典作家的著作,接受了马克思主义,确立了毕生奋斗的目标。1931年"9·18"事变发生,他马上从日本回国,投身抗日救亡。他于回国次年在北平加入共产党,从此成为一个职业革命家,曾任中共天津市委代理宣传部长。

1934年秋,由于叛徒出卖,张磐石在天津被捕入狱,经受了3年铁窗生活的严峻考验。他在保定狱中坚持学习、锻炼身体,保持了昂扬的精神状态。1937年"七·七事变"后,由于侵华日军日渐逼近保定,加上国共合作的大背景,张磐石被释放出狱,并立即投入了抗日统一战线工作。

1939年2月,张磐石来到太行山敌后根据地,从事文化出版工作,不久后转入《新华日报·华北版》编辑部。他曾被派往战斗非常残酷的冀南平原根据地办报，担任《冀南日报》总编辑，经历过频繁战斗的考验。

1942年春，在延安的中共中央组织部向北方局党委发来对张磐石狱中经历的审查结果，证明他坚持了革命气节，完全可以信赖。张磐石随即被调回太行山根据地，担任中共北方局宣传部秘书。此后，他在党内的地位迅速提升，不久担任了中共太行区党委常委、宣传部长。

1946年春，张磐石担任新成立的晋冀鲁豫中央局宣传部副部长，受命创办中央

1948年秋，张磐石在河北省平山县（张磐石保存，张志钢提供）。

局机关报《人民日报》，担任社长兼总编辑。他克服种种困难，按指定日期于1946年5月15日在邯郸创办《人民日报》。创刊一个月后，大规模内战爆发，他带领人民日报全体人员撤退到武安县南文章村，随后又撤至太行山麓的河西村，始终坚持了《人民日报》的正常编辑出版。在将近两年时间里，张磐石几乎都是在人民日报驻地武安河西村和晋冀鲁豫中央局驻地冶陶度过的。

战争岁月使人迅速成熟起来。两年过去，张磐石麾下的办报队伍壮大了。在来到河北平山的时候，他们已经不再是匆匆集合起来、担着一肩行李急行军走下太行山的新闻新军。来到平山的人民日报队伍是从五湖四海汇聚到一起的，他们中间有张磐石这样在土地革命时期投身革命的老战士，

更多的是经历过抗日战争战火考验的"三八式"干部,后来又有了许多有着国统区生活经历、接受了高等教育后投奔解放区的知识分子,还迎来了有着南方战斗经验的新四军战士……巍巍太行山南北纵横八百里,《人民日报》在太行山的宏伟身躯中孕育、磨炼和成长。风卷红旗出太行,张磐石从中共中央领导人处得知,他创办起来的华北《人民日报》,不仅要在新中国成立后成为中共中央机关报,还会分出几支人马,创办几家重要的省报,覆盖辽阔的华北地区。

肩负人民日报这样的担子,工作中有多少甘苦,他本人最清楚不过了。但是他很少谈及自己,年轻的战友们对张磐石的经历大都知之不详,直到战争烽烟散去,又经过共和国艰难创业的数十载风雨,生命年轮绵密地进入晚年,年逾八旬的张磐石才着手撰述回忆录,回顾自己波澜起伏的一生。①

在创办华北《人民日报》的日子里,张磐石留下了若干生活照片。其中一张照片,他身着白衬衣,一身夏天的打扮,显然是刚到里庄不久拍摄的。还有一张是在冬天拍摄的,张磐石身穿军大衣,手里竟拿着一个网球拍子。这时,他的驻地应为获鹿县东焦村,也许在村中某处,有一块可以打网球的场地。

人民日报副总编辑王亢之、袁勃、安岗都比张磐石年轻一些,他们都是在抗日战争爆发之初投身革命的,是典型的"三八式"干部。

王亢之,摄于1950年前后。

---

① 关于张磐石的历史介绍,请参看本书作者所著《晋冀鲁豫〈人民日报〉纪实》一书的第2、第3章等有关篇章。

袁勃和安岗①这两位副总编辑，是跟随张磐石从晋冀鲁豫过来的，袁勃兼任编辑部主任，安岗兼任采访部主任。从《晋察冀日报》来的王亢之主要协助张磐石处理有关行政事务。

王亢之（1915—1968），1915年10月2日出生于河北省深泽县城关一个大地主家庭。他家是深泽城里有名的书香世家，也是城中首富，被称为"王宅半边城"。王家在清朝康熙年间，建宗祠、置义田、购书楼，名动一时。乾隆年间又重修宗祠，增其旧制，广置祭田。光绪年间，王家在深泽城中修建过街牌楼，牌楼两面分别书写"三省名宦""四世乡贤"。王家还建过"香泉书院"，延请名师开馆讲学。到近代又出资创办"县城高等小学"。辛亥革命后世事巨变，王氏家族各支于20世纪20年代相继破产。王亢之父亲的这一支很快没落，将大片田地变卖，留下了一所三套院老住宅和若干亩园地。

尽管家族没落，王亢之少年时代忧患虽多，生活温饱还是有基本保证的。他的小学时代在家乡度过。由于家中藏书甚多，酷爱读书的王亢之阅读了大量古典文学名著。他不满于社会黑暗、人民困苦、国家饱受列强宰割，他希望在书中找到一条争得人生自由、国家中兴富强的道路。

1931年，王亢之考入河北省立北平高级中学（原北平第十七中学）。这是一所传播马克思主义思想较早的学校。20世纪30年代初期，即有部分教师在课堂上公开宣传马克思主义学说，印发讲义供学生阅读。入学以后，王亢之很快受到了进步教师的熏陶，接受了马克思主义，认为只有通过革命才能救中国。

王亢之是1935年"一二·九"学生运动"的积极参加者。在12月9日当日，北平6000名青年上街游行，要求抗日救亡，王亢之就在行进的队列中。国民党军警出动救火车向游行示威者喷射水龙，王亢之全身湿透，

---

① 关于袁勃和安岗的历史介绍，请参看本书作者所著《晋冀鲁豫〈人民日报〉纪实》一书的第4章等有关篇章。

1948年春《晋察冀日报》部分成员。左1周明、左2赵冀英（赵继英），前排右1沈达，后排右1张文昭。余者不详（邓壮提供）。

棉衣结冰。他坚定顽强地前进，结果被冲上来的警察打伤。当晚，在一位医生的家里，王亢之换下了冰冻的棉衣，治疗了伤口，又返回学校参加斗争。

1936年2月，抗日救亡组织——中华民族解放先锋队成立，王亢之是第一批加入者。此时，北平高级中学校长已经易人，王亢之于当年4—5月和同学一起组织罢课，提出驱逐新校长的主张。6月，当局通缉北平高中罢课运动的组织者康世恩、王亢之等，该校大部分学生一度离校，以示抗议。王亢之避居天津数月后，又返回北平进入大同中学读书。

1937年"七·七"事变爆发，王亢之返回家乡深泽，投入抗日救亡运动。他于1938年8月加入共产党，随后任中共深泽县委青委书记、县委宣传部长。1940年9月，王亢之奉命创办中共冀中七地委机关报《新民主报》。到1942年年初，冀中各敌后根据地报纸集中为新的《冀中导报》，王亢之任发行部长。

不久，华北日本侵略军发动"五一大扫荡"，冀中抗日根据地遭受最大的困难。在《冀中导报》暂时停刊期间，王亢之创办了冀中七地委机关报——油印3日刊《黎明报》，兼任社长。

在敌后抗战最艰苦的岁月里，王亢之率领办报的战友坚持出报，曾几度被敌人包围又突围而出。王亢之甚至在一次战斗中被敌人俘虏,好在当天就机智地逃脱,回到了自己的队伍。他收拢四散的战友,又将报纸办了下去。

1943年6月26日,报社队伍来到河北定县西赵庄,傍晚得到敌人"扫荡"的消息,即刻决定转移。夜深之后,他们奔出村外,发现已经被敌人包围。王亢之命令立即隐蔽,和报社的工作人员分别钻进了3个地下密堡。这3个密堡都有小洞口和大地道相连。第二天,敌人发现了大地道,进而发现了王亢之藏身的地方。王亢之等人急中生智,用头顶开秘密地洞的盖子跑了出来,躲入一个小屋的麦糠堆,结果没有被日军发现。在这次反扫荡中,报社的电台损失了。王亢之召集战友们继续战斗,很快恢复了报纸的出版。

1944年秋后,形势明显好转,《黎明报》发展为石印两日刊。

1945年6月15日,《冀中导报》复刊。冀中区党委书记林铁任社长,王亢之任副社长。复刊之初,报纸为石印8开4版,3日刊,发行全冀中区各个村庄,每期发行3200份。到8月13日改为铅印日报,8开2版。抗战胜利后的10月1日,该报改为8开4版的日报,每期发行达22000份。

1947年秋末,参加了晋察冀中央局土地会议之后,王亢之于12月调《晋察冀日报》,任总编辑,邓拓任社长。半年之后,华北《人民日报》创刊,王亢之调任《人民日报》副总编辑。来到新创办的人民日报工作后,王亢之曾因土地改革运动中家庭成分一事受到委屈,一次又一次地做检查。但他投身革命的意志没有任何动摇。他坚持自己的信念,坚信组织上一定能够理解他的忠诚。他遇到的问题不久就解决了。[①]

平津战役开始后,王亢之受命组织创办《天津日报》。他迅速来到河北霸县,于1948年12月25日宣布成立《天津日报》筹备组,确定天津

[①] 李麦、朱其华:《王亢之生平》,见《王亢之纪念文集》,天津人民出版社2001年版,第130页。

1948年春,《晋察冀日报》印厂部分成员,但是今天已经难以知晓他们的名字。

市委宣传部长黄松龄兼任社长,王亢之任副社长,主持报社日常工作。王亢之从此离开了《人民日报》。①

在新的《人民日报》岗位上,活跃着一批像王亢之那样来自《晋察冀日报》的编辑、记者,同样从战争的血海中拼杀出来,具有丰富的新闻从业经验。来自晋察冀的李千峰担任了华北《人民日报》采访科长,来自晋冀鲁豫《人民日报》的萧航任副科长。几年前,李千峰是延安《解放日报》记者,在解放区新闻界颇有声望。

李千峰(1920—2005),1920年7月出生于山东平阴县一个农民家庭。他少年时代爱好文艺,阅读了大量文艺作品,走上了追求进步的道路。1936年在青岛市立中学读书时,李千峰参加了"中华民族解放先锋队"。1937年冬天,他在家乡附近的肥城县参加了中共组织的游击队,1938年春天到陕西安吴的青训班学习,和李克林是同学。同年5月,他在青训班

---

① 王亢之率领创办《天津日报》的人员主要是从原冀中解放区各家报纸如《冀中导报》、《新保定报》、冀察热辽《群众日报》中抽调的。主要干部有朱九思、范瑾、邵红叶、董东等人,还包括后来成为著名作家的孙犁、方纪等。在解放天津战役中,这支办报队伍在霸县胜芳镇集结。1949年1月15日,解放军攻克天津,王亢之即率队进入天津,直达罗斯福路(现和平路)大公报社址,开始新的工作。他于1949年1月正式办理调离人民日报的手续。

新中国成立后不久,王亢之任《天津日报》社社长。1954年任天津市委宣传部长,1956年任天津市委副书记。1966年夏,"文化大革命"爆发,王亢之于1968年3月1日被迫害致死。1978年1月,经中共中央批准,为王亢之平反昭雪,恢复名誉。2001年,天津人民出版社出版了《王亢之纪念文集》。

加入中国共产党，毕业后留校担任连队指导员。1939年9月，他被选送到延安中央党校学习，学习期间担任了新华通讯社通讯员。

1941年5月，李千峰调到延安《解放日报》编辑部工作，开始了新闻记者生涯。他在《解放日报》工作了将近6个年头，参加了延安以及陕甘宁边区党、政、军、民的许多重要活动，写了大量新闻报道。1943年前后，他到陇东采访，认识了年轻的县委干事姚文——与他同龄的安徽姑娘。

姚文是因抗日战争爆发、所在中学搬迁入川而在嘉陵江畔完成中学学业的。中学毕业后，她于1938年千里北上来到延安，在县委机关工作过，上过中国女子大学和中央党校，又回到县委工作，随后调到地委办报。她和李千峰相识后不久，在延安结成连理。

抗日战争胜利后，1946年年底，受《解放日报》派遣，李千峰率领一个记者组奔赴山西前线采访，姚文也和他一起离开延安。这个记者组完成了在山西的采访后进入张家口，并入了邓拓领导的《晋察冀日报》，又一同撤向太行山地区。在《晋察冀日报》，李千峰担任了采访科的负责工作。①

范瑾是新创办的《人民日报》编辑部里为数不多的女性中层干部之一，这年只有28岁，却已有丰富的革命经历。她是浙江绍兴人，1919年出生，原名许勉文，从小在南京长大，少年时在南京中央大学实验学校读书，1936年考入南京中央大学地质系。范瑾考入大学只念了一年书，抗战就全面爆发了。中央大学内迁，18岁的范瑾却独自经武汉到延安，进入抗大学习，于1938年加入中国共产党。

1939年8、9月间，范瑾作为八路军总政治部前线记者团的成员来到晋察冀敌后根据地。几个月前，冀中区党委已决定恢复由于战争环境险恶一度停刊的《导报》，改名为《冀中导报》。范瑾的到来，为冀中区党委遴

---

① 李千峰在中华人民共和国成立前夕调任新华社总社特派记者、新华社编委。1954年任《人民画报》总编辑；1954—1960年兼任外文出版社副社长；1964—1979年任《人民日报》记者部主任、人民日报编委；1979年任国家农委研究室副主任，《农民日报》社社长；1995年离休；2005年2月20日在北京病逝。

1938年12月下旬,八路军总政前线记者团来到晋察冀,军区司令员聂荣臻会见了他们。前排左起:雷烨、韦明、聂荣臻、林朗。后排左起:范瑾、沈蔚、李力克。

选报纸负责人提供了合适的人选。9月,冀中区党委任命范瑾为《冀中导报》社长,之后又兼任冀中通讯社社长。《冀中导报》是在日本占领军的眼皮底下编辑和发行的,导报的编辑记者队伍时常与敌人遭遇,投入面对面的厮杀。

范瑾担任《冀中导报》社长3年。导报在复刊时油印,不定期发行,到1940年夏天改为石印8开4版3日刊。范瑾始终在平原坚持工作,她和大家一起吃大锅饭,行军自己背背包。在反扫荡中,她曾经急行军一口气跑上十几里路。行军中到达目的地,有些年轻编辑倒头就睡,刚刚20岁出头的年轻姑娘范瑾却坚持着到处检查,了解宿营情况。

在激烈战斗的间隙，范瑾作词，董历作曲，为自己的新闻战士创作了歌曲《平原的文化兵》，歌词写道：

> 平原的文化兵，
> 勇敢年轻又强壮，
> 拿起铁笔钢板当刀枪。
> 高举新文化的大旗，
> 辉耀着田野和村庄，
> 月夜里能进攻，
> 青纱帐里好风光……

血火浸染的战斗岁月里范瑾收获了爱情，她和冀中区党委书记黄敬恋爱了，结为夫妻。

范瑾担任社长时期的《冀中导报》，改变了过去总是跟随冀中领导机关活动的方式，逐渐建立了很多"堡垒村"或"堡垒户"，隐蔽在其中办报。敌人前来扫荡，编辑记者们或是马上转移，或是马上收藏编辑印刷用品，扛起锄头牵上牲口，和老百姓融为一体。待到敌人一走，这些新闻兵立即拿起笔来编报。

1942年春天情况突变，侵华日军总司令冈村宁次调集5万兵力，加上9万伪军，从5月1日开始，对冀中抗日根据地进行空前残酷的大扫荡。对敌人此次扫荡的严酷性，冀中区党委、军区虽有防范准备，终因敌我力量悬殊，抗日军民遭受了很大的损失，《冀中导报》编辑记者也遭受了伤亡。敌扫荡开始后，范瑾率领《冀中导报》的5名编辑，跟随冀中军区机关转移到了外线，后来转入了晋察冀边区的领导机关。范瑾也在那里进入了由邓拓领导的《晋察冀日报》，不久后担任编辑部主任。她是晋察冀日报中职务最高的女性。①

随着两报合并创建"大党报",范瑾来到了人民日报,而且回到了她熟悉的冀中平原上。平津战役打响后,她随丈夫黄敬参加了接管天津的工作。

在里庄,还有许多像李千峰、范瑾这样来自太行山北部的编辑记者。新的《人民日报》主要就由来自太行山一南一北这两支新闻队伍组成,有一些碰撞是难免的,更多的是并肩工作,共同努力。战争中的友谊很快就建立起来。他们看到,胜利正在不远处招手。

---

① 新中国成立后,范瑾先后担任《天津日报》总编辑、《北京日报》社长。"文革"中她受到迫害,"文革"结束后,她担任北京市副市长等职。

第 7 章

组成"记者团"调研和采访

1948年6月10日,晋冀鲁豫《人民日报》接到北上命令。根据张磐石的指示,新华社晋冀鲁豫总分社决定,由若干名记者组成"北上记者团",选择冀南、太行和冀中地区的3个点,采访土地改革、整党和生产情况。

从前后连贯关系来判断,"记者团"的组成与刚刚结束的"土改工作团"可能有某种联系,因为工作团在武安县九区(包括十里店村)帮助土改的同时,也在《人民日报》上发表了多篇土改报道。让通常单独行动的记者组成"团",带有集中集体智慧的含义。

原任晋冀鲁豫《人民日报》地方组组长的萧航是北上记者团成员之一。他在日记中写道,记者团于6月14日到达邢台,一部分在市内开展采访,一部分准备下乡。

6月16日,任务发生了变化。从武安河西村来到邢台的安岗一见到萧航就告诉他,马上将所有"北上记者团"的成员收拢,在邢台的工作不再继续,也不在石家庄停留,记者们径直前往新的人民日报采访部所驻的获鹿县东焦村,领受新任务。

原来,新的《人民日报》创刊后,中央政治局委员、书记处候补书记彭真下达指示,要人民日报完成有关土地改革的调查研究任务。记者团赶到东焦村后,明确了新任务。人民日报领导决定,记者团采用"集中研究,

"分散活动"的方式，像一个调查组（当时的语汇称"检查组"）那样进行调研，检查地方执行政策的情况。

这次，记者团的人员定为9人，除萧航外，决定刘山、陆灏去冀晋地区，贾毅、杜展潮、林里去冀中。6月25日，已到彭真处工作的邓拓专程赶到东焦村，向记者团明确工作任务。他介绍了冀中和北岳（即太行山区北部）的情况，那里是他长期工作的地方，情况相当熟悉。

邓拓说，记者团先以了解生产的情况为主，其他问题也要注意，特别是土地改革遗留的悬案，比如"搬石头"的情况（指土改中出现的过"左"行为）及其对生产的影响等。这些材料，可以作为领导机关的参考。

他说，这次下去，调查面要宽，又要有重点。要深入研究重点问题，时间不妨长一点，多看看。

邓拓还谈到了新闻业务工作的一些问题。他说，有时候，"客里空"是逼出来的。你到一个地方，他拿一大堆不真实的材料给你，你相信了，表达出来，我们当了"客里空"。所以说，即使是县区领导机关的材料，也不一定都能反映真实情况。这一点要注意。

已经是华北局政策研究室主任的邓拓交代了任务还不算，自1948年5月起刚刚兼任中央组织部长的彭真还要亲自对记者团谈一次，这可能与彭真当时还负责解放区的土地改革工作也有关系。

6月26日下午，记者团9名成员来到彭真的办公室。既然要领取指示，萧航等人打算先听彭真谈完，再提出一些问题请彭真解答。

没有想到一见面，彭真就要萧航先说说已经确定下来的采访计划。萧航他们没有准备，一时间答不上来，觉得很窘，硬着头皮说了几句。彭真说，既然没有成型的计划，有什么问题，说说也可以。萧航把事先准备的几个问题提了出来。

一、在宣传上，如何对待会门、迷信活动以及谣言之类的问题？二、在组织生产的过程中，如何处理土地改革遗留下来的悬案？三、目前有些地区的混乱情况，是地主富农反攻造成的，还是另有原因？四、在目前情况下，如何在报道上执行华北局关于团结生产的方针？

彭真回答说，这里有一个问题：有一部分干部，要整透才能团结，不然就是无原则的迁就。对一些撤了职的干部，要根据群众、干部、领导三方面的意见，研究一下撤得对不对。

彭真说，记者不好当。稿子署名张三李四，是某一个人写的，可是稿子代表的是人民的利益，代表着党的政策，一个字也不能马虎。党的政策和人民的利益是一致的。你们下去，头一条要有阶级观点。无产阶级立场不等于贫农立场，更不等于农民立场。绝对平均主义，不是无产阶级思想。要从政治上区别阶级。看雇农，不仅要看他的出身，还要看他的思想行动是不是代表雇农利益。雇农中有人受地主影响，贫农中有二流子。不要以为越穷越光荣。叫花子很穷，可是不能领导中国革命。听到中农的意见，要分析一下，是什么中农的意见，有的中农，侵占了土地改革的果实，叫他退，他说"侵犯了中农的利益"。你说你反映了中农意见，你可要小心点！地主的意见，在土地改革当中十之八九是错的。但是有时候也有一两句是对的，不能一听是地主的意见就骂人。有的地主说，抗日战争当中，出公粮我跑在头里；打蒋介石，我拥护；搞土地改革，我不反对，你们何必斗我？这个意见是对的，他是开明地主。所以看人既要看他是什么阶级成分，也要看他代表什么阶级的利益说话。要拨开重重云雾，看到事物的本质。这就叫站稳立场，也就是对事物做阶级分析。现在的稿子，缺乏阶级分析，观察得不深刻。

彭真说，分析方法包含了两个内容，一是阶级分析，二是全面分析。一部分有错误的报告、稿子，它之所以错误，是因为观察的片面性。有些干部，到村子里问了一两户贫农，发现他们对当前的工作不太满意，于是用乘法一乘，以为全村贫农的多数都不满意了，这还得了！事物的质是由量积累起来的，决定质的东西，是量的积累。要弄清事物的量，个别还是一般，少数还是多数？有人用"一般"这个概念表示含糊、模棱两可，这是不对的。所谓一般，是大量普遍存在的东西。把局部当作全体，一林只见一木，这是观察的片面性，绝不能粗浅到这种程度。当然，到了一个县，不必把全县每一个村都调查一遍，只找成功的和失败的典型调查一下就可以了。要了解人体构造，不必解剖所有的人，解剖一个正常的人就差不多了。典型的作用就在这里。普遍调查不可能，那是行政范围的事。你们要找各种类型的代表村，调查一下。如果时间来得及，每类地区可以再分几类。团结生产是方针，从斗争转到团结，从土改转到生产，看有些什么问题需要解决。如果那里的问题已经解决，要看他们用什么方针方法解决的。这样的材料，可以帮助我们决定政策。对下面的情况，你们可以提出看法。一个人的意见，或是几个人讨论的意见，或是有分歧的意见，都要注明。你们观察问题的时候，凡是应当肯定的首先要肯定，然后对应当否定的加以批判。这是方法。

彭真提醒记者们，要有时空观念。他说，有的同志没有时间观念，有的同志没有空间观念。说地主扫地出门，什么时候的事情？如果是现在发生的事情，那就是现行政策的问题了。写政治性的文章，不写时间，我们的儿子会笑话我们说："你们提倡人拉犁！"

彭真再三嘱咐记者们，要收集能够帮助党决定政策的材料，材料要正确可靠。

收集哪些方面的材料？彭真说，如果我们不说要什么，你们也没有一个计划，碰到什么收集什么，这是经验主义的方法。现在要解决四个方面的问题：土地改革、生产、建政、整党。这几个方面的政策，我们都有初步意见，但是还不放心，因为材料不够，这就是要求你们收集材料的范围。你们不要管我们是什么观点，如果迎合我们的观点去找材料，那是政治投机，是"客里空"。我们需要的是真实的情况。将来记者要有两个任务：一是写稿，二是调查研究，以帮助领导机关决定政策。还要说一句，研究和

1948年8月,华北人民政府成立,董必武当选为主席,他在人民政府成立大会上发表就职讲话。

叙述不一样,研究的时候要无遗漏地占有材料,叙述的时候只要突出几点。

彭真在结束谈话的时候说明,这是我想到的几点意见,至于报社的任务,由磐石同志谈。我的观点,有的和中央局的同志交换过意见,有的没有,还不稳当。对我们的意见,不要迷信,不要以为我们的意见一定对。组织观念不包括迷信在里面,我们提倡自觉。

从彭真处回到驻地,记者们深感彭真对调查研究问题讲得深刻,指出了调查过程就是分析的过程,材料的占有可多一些,要一层一层地分析,写出深刻的调查报告。

记者团马上开会,决定做好出发准备。冀南、冀中两个地区去5人:萧航、陆灏、林里、贾毅、杜波。太行、北岳两个地区去5人:陈泽然、杜展潮、萧甲、刘山、任冰如。到了目的地后请当地县委派干部协助。

次日，记者团继续开会，讨论了如何将新闻报道与调查研究相统一的问题。下午开会的时候，副总编辑袁勃、安岗、王亢之都来了。

安岗布置工作说，记者团主要是完成彭真同志交给的任务，调查材料中有可以报道的，要写成新闻通讯。由于人少任务多，报馆不再提报道任务了，以完成彭真同志交代的任务为主。冀南、冀中两个地区以衡水县为中心。总分社将电告这两个地区的分社，派记者参加调查。时间暂定1个月。

安岗转述了张磐石的意见，提醒大家不要到处拿框子硬套。南面（晋冀鲁豫）来的记者，容易以太行区的经验衡量其他地区的工作，而不从当地的实际情况出发，这是最需要注意的问题。

在讲话中，安岗转述了毛泽东最近针对报纸工作讲的一句话："不能轻视办报。"安岗说，我们办报的人一定要做好工作，才会不被轻视。这次记者团如果做得好，可以创造新闻工作配合全党工作的新经验。

6月30日，萧航这一组5人来到了河北的衡水，这是冀南五地委所在地，区委书记是刘格平。两天以后，新华社冀中分社派来王西一、王天章参加"记者团"的工作。

在整个7月里，记者团始终在做调研。到7月15日，萧航负责的一组向彭真送交了5份材料，记者团的调研认为，对于近期开展的土地改革工作，各分区的县（区）提供的材料大体上是可靠的。

记者团此次调研到7月底告一段落，萧航于7月30日到石家庄，准备向彭真当面汇报情况，然后率队报道即将在这里召开的华北临时人民代表大会。

8月1日，邓拓代表彭真前来听取了萧航的汇报。邓拓对记者团的工作表示满意，他说，这次记者团的收获很大，所写材料对判断情况有帮助。对有的地区，过去认为很右，其实不然。对寄来的材料，彭真同志看过之后，所有中央局的负责同志都要看。这批材料将成为这次全国土地会议之

1948年9月26日，华北人民政府部分成员和工作人员在平山县王子村合影。前排左起：于力、贾心瑞、杨秀峰、蓝公武、董必武、薄一波、谢觉哉、聂荣臻、陈谨昆。

后的第一批比较可靠的材料，可以发表。

邓拓在谈话中还提出，新闻采访（当时称"外勤工作"）同中央局的调查研究工作如何结合，你们可以多想想。

至此，这个奉彭真之命组织的记者团结束使命，另行组织采访华北临时人民代表大会的记者团，投入新的工作。

由于战争还在进行，特别是国民党军还掌握着制空权，华北临时人民代表大会在夜间举行。会前的8月2日，华北人民政府副主席杨秀峰召集各代表团负责人开会，宣布8月4日开预备会，并规定记者访问代表必须通过代表团负责人，否则代表可以拒绝接受采访。为了防空，会议期间的讨论学习都安排在野外，以便出现紧急情况时人员便于疏散防空。

这天上午11时，记者团开会确定访问代表名单和会内会外采访分工，

1948年8月22日《人民日报》1版（局部）。

一般由集体采访，一人执笔。当天晚上，代表大会预备会在石家庄电影院举行。宋劭文主持，平杰三报告大会筹备经过，然后由代表们讨论大会议事规程，至午夜12时30分休会。

在战争形势下，对这次华北临时人民代表大会没有做实时报道，8月10日《人民日报》1版刊出《太行选举人民代表，拥护成立华北人民政府》的消息后，几乎整整一个月，《人民日报》上没有出现有关华北临时人民代表大会的消息。直到9月4日，《人民日报》1版才刊出有关会议的全程消息《中国民主史程上划时代的一页，华北召开临时人民代表大会，民主选举委员组成华北人民政府，经相近讨论通过许多重要决议，董必武等廿七人当选政府委员》。

消息称："新华社华北31日电：……华北临时人民代表大会8月7日

在华北某地隆重揭幕。大会先后历时13天，于19日闭幕。大会通过了许多重要决议案，并选举了华北人民政府委员，组成了华北统一的人民政府——华北人民政府。"

此后，《人民日报》的有关报道延续到了10月下旬，总共发出了20余条消息，其中10月19日在1版刊出的《华北人民政府各部会院长人选》名单，就是这次代表大会的重要成果。

华北人民政府各部会院长人选

（本报特讯）华北人民政府委员会，依据华北临时人民代表大会通过的"华北人民政府组织大纲"的规定，于上月二十日选举董必武委员为政府主席，薄一波委员为第一副主席，蓝公武委员为第二副主席，杨秀峰委员为第三副主席。政府各部、院长、各会主任、银行总经理、秘书长、局长等人选于二十二日经政府委员会一致通过，正式任命，计：

民政部长蓝公武（兼），副部长雷任民。

教育部长晁哲甫，副部长刘皑风。

财政部长戎子和，副部长吴波。

工商部长姚依林，副部长林海云。

农业部长宋劭文，副部长张冲。

公营企业部长黄敬，副部长刘鼎、徐达本、赖际发。

交通部长武竞天，副部长刘建章、张文昂、黎亮。

卫生部长殷希彭。

公安部长许建国，副部长杨奇清。

司法部长谢觉哉，副部长郭任之。

华北财政经济委员会主任董必武（兼），副主任薄一波（兼），

1948年10月19日,《人民日报》1版报道了华北人民政府成立的消息。

黄敬（兼）；委员兼秘书长方毅；委员曾山、贾拓夫、姚依林、南汉宸、戎子和、杨秀峰、宋劭文、武竞天、赵尔陆。

华北水利委员会主任邢肇棠，副主任徐正、王化云。

华北人民法院长陈瑾昆。

华北人民监察院长杨秀峰（兼），副院长黄松龄、于力（董鲁安）。

监察委员张曙时、张慕尧、王复初、王承周。

华北银行总经理南汉宸，副经理胡景澐、关学文。

秘书长陶希晋，副秘书长金城、董越千。

劳动局长栗再温，副局长赵国强。

华北人民政府是各解放区中最大的政府组织，它除领导有 5000 多万人口的华北地区外，还根据中央赋予的任务，统一领导和管理华北、华东、西北 3 大区的经济、财政、贸易、金融、交通和军事工业。因此，它是新中国中央政府的雏形。

人民日报记者团对华北临时人民代表大会的采访活动在 8 月 19 日大会闭幕当天就结束了。全体人员马上返回驻地里庄，组成第三个记者团集中学习，准备在 9 月下乡，对解放区的土改和整党进行报道。[①]

[①] 本章关于记者团的内容，主要取自萧航的长篇回忆文章《华北记者团的前前后后》，见新华社新闻研究所编：《新闻业务》活页版，总第 1769 期。

第 8 章

培养办报新人的培训班

创办华北《人民日报》有一个明确的目的，就是为新中国成立后的中央机关报进行干部准备，还要抽出骨干力量，去解放后的北平、天津这样的大城市创办党委机关报，甚至还包括向华北地区的一些大报派出骨干。比如，《石家庄日报》就是在两大报合并前夕，由《晋察冀日报》抽出力量创办的。要完成这样的任务，《人民日报》的队伍需要大大扩充。这一点，刘少奇向安岗当面指示得非常清楚。华北《人民日报》创刊时，集中了原两大解放区的两大日报，版面却缩小为每日 2 个版，编辑记者即显得富裕多了，但他们很快就要走向四面八方办报，人员又显得不足了。报社很快做出安排，将一些身体较弱的人员集中起来休养、学习。另一方面，报社领导人加紧实施培训计划，招收大批青年知识分子，特别是在解放区经过正规学习的年轻人。

华北《人民日报》创刊后不久，大约在 7 月底，安岗前往驻在河北正定的华北大学，争取从那里招收青年学生，充实人民日报的队伍。当时，原晋冀鲁豫边区的北方大学在校长范文澜带领下，早已从河南林县迁到河北邢台，不久前又迁至正定，与原晋察冀边区的华北联合大学合并，成立了新的华北大学。《黄河大合唱》的词作者——原北方大学艺术学院院长张光年此时已转任华北大学艺术学院院长。

安岗找到了张光年，要他支援学员办报。张光年一口答应，即向艺术学院文学组（相当于中文系）学员们宣布，《人民日报》需要我们的学员，谁愿意去《人民日报》工作，都可以报名。

院长一声号召，当下就有师于等20多人报名。

师于，原名杨全才，河南新野县上凤鸣村人，1924年10月出生在一个普通农民家庭，兄弟4人，他是老大。父母很看重儿孙教育，尽管家境清寒，也供长子早早地上了村学。1937年抗日战争全面爆发使这个家庭饱经动乱。师于是1940年高小毕业的，怀着抗日救国热情，他参加了国民党军，在一个工兵连代理文书。两年后，他决心继续求学，正好搬迁到甘肃的国立十中前来招生，师于一试即中，考中了公费生。这所中学从校长到骨干教师都是豫北人，以招收河南流亡学生为主，师于因此感到亲切，获得录取后长途跋涉来到甘肃清水县读书。1945年春，他考入设在甘肃天水的国立五中，算是进入高中读书了。这年夏天，日本战败投降。师于坚持读完了第一个学年，于1946年6月"复员"回到故乡，不久后被分配到专为"复员"学生开办的禹县中学继续上高中。

这时的师于已经是一个进步学生运动的积极参加者，是学校壁报的主办人之一。来到禹县，他接连不断地和同学一起闹学潮，憧憬着未来的美好世界。1947年6月，一个同学通知师于，立即到解放区去参加革命。师于放弃了期末考试，马上赶往郑州秘密集合，他们一行7个青年学生经新乡进入解放区辉县，随后赶到林县行署。当时中共已在为全国解放后进行和平建设储备力量，就将这批学生分配到晋冀鲁豫解放区主办的北方大学艺术学院学习，当时校址在河北邢台。

来到林县，就是正式参加革命工作了。师于和同伴一起北上邢台，实际上就读的是中文系。然而他们在教室里上课的时间并不多，而是持续不断地参加土改运动。待参加了"土改复查"以后，他们随同学校和华北联合大学合并。听到张光年院长动员学生参加《人民日报》的工作，师于感到很合自己的心意，马上就报名了。他从此在人民日报工作了一生。①

陈大可也是报名者之一。他于1923年出生在浙江温州，是北方大学同学中为数不多的南方学生之一。他早年在家乡读书，1944年考入在南昌的国立中正大学就读经济系，积极参加进步学生运动。他在将近毕业时离开南昌来到北平求学，准备到附近的解放区去。在北平生活了一段时间后，经一位地下党同学介绍，陈大可和一个名叫于时的同学一起离开北平前往冀中解放区，辗转来到华北大学学习，和师于同班。②

师于，1947年摄于禹城中学。

穆扬是这个班上的另一名报名者。他是山东济南人，1926年生，从小在泉城长大，抗日战争胜利后考入北平中国大学中文系。他倾向进步，积极参加学生运动，很快就受到各方面的注意。将近一年后，1946年4月，穆扬在进步同学（可能是中共地下党组织成员）介绍下来到晋察冀解放区首府张家口，进入华北联合大学中文系学习。这也成为穆扬正式参加革命的日子。当时，著名文学家丁玲、艾青都是该校文科负责人，陈企霞是穆扬的班主任。

几个月以后，解放战争全面展开，晋察冀野战军撤出张家口，穆扬随校进入冀中解放区，又经几度迁移，后来并入了华北大学。③

报名者都获得了批准，他们于9月3日离开正定前往里庄。张磐石、

---

① 2003年5月20日在北京访问师于的记录。
② 2007年10月16日在北京访问陈大可的记录。
③ 2007年10月19日在北京访问穆扬的记录。

第 8 章 培养办报新人的培训班

穆扬在解放前的学生时代的留影。

安岗热情地欢迎他们,让他们组成了一个培训班,住到里庄以南约10里的东焦村,由游柳塘带领,先学时事政治,再学新闻业务。培训班就这样开学了。来到东焦村,当年的杨全才舍弃原名,改用了"师于"这个名字。

人民日报在东焦村办培训班的消息很快传到了新华总社。这时的新华总社会聚了众多新闻人才,正在迅速扩展力量。

这年5月,随着中共中央领导机关进驻西柏坡,范长江带领的新华社分队(即"亚洲部四大队")转战陕北的人员一同前来。

廖承志率领新华总社人员,于5月27日开始从涉县出发,分三批经冀南、冀中抵达平山,于6月6日全部来到西柏坡附近的工作新址,与范长江的分队会合。

为便于接受中央的领导,亦便于及时收发消息,新华社总社人员就近驻在西柏坡附近的陈家峪、韩家峪、盖家峪、胡家庄、郜家庄、窑上、燕尾沟、通家口等11个村庄。不久又将钱俊瑞、徐健生带领的在晋察冀参加土改的人员召回。总社人员即达830余人,盛况空前。为了保密,当时新华社对外称"文化供应站",简称"文供社"。社长廖承志的代号是"302"。

进驻西柏坡后,中共中央加强了对新华社的直接领导,廖承志继续担任新华社社长,又任命胡乔木为新华社总编辑。总社成立了编委会,处理编辑业务,领导各总分社。胡乔木任编委会主任委员,编委会下设主管编辑部的第一编委会(胡乔木负责)和主管广播的第二编委会(廖承志负责)。从5月起,编辑部每天都开一次由各部门主要负责人参加的编前碰头会,时间大约15分钟,把前一天审稿发现的问题和当天编稿应注意的事项告

1948年8月北方大学文学系二班合影于河北正定。前排左起（不包括孩子）：张培、许群、靳淑英、陈彦颖、闻铭、不详、石垒、不详。二排左起：乔雨舟、龚戈云、冷仲明、杨权、萧颖、康伟中、叶于。后排左起：师于、梁明、不详、高一民、尹子昭、陆干里、闻立鹏、方约、杨若时。这中间，方约、康伟中、萧颖、陈彦颖、师于、乔雨舟随后进入在陈家峪举办的新闻培训班（师于提供）。

诉给大家。

为了将来进城后的更大发展，来到了平山的新华社将培养新生力量摆上议事日程。看到人民日报的培训班成立了，新华社正有同样打算，即向上级报告，希望在人民日报培训的这批学员学习结束后都分配到新华社工作，因为新华社和人民日报的采访部本来就是一家。人民日报则说，这些培训干部是用来充实自己的编辑部的。

新华社即提出，如果这批干部分不到新华社，那么新华社也要办同样的干部培训班。此事由中宣部协调，根据人民日报师资力量还不足的情况，决定这个干部培训班改由新华社举办，结业学员由新华社和人民日报两家各分一半。约在9月下旬，中宣部将这个通知正式下发：人民日报的培训班改由中宣部委托新华社主办，所有学员离开东焦村，前往新华总社的驻地——靠近西柏坡村的陈家峪北沟村。

北沟村在陈家峪后边的山沟里，有10多户人家，离陈家峪约有四五里，人民日报培训班的学员与新华社新招收的学员合为一体，称为"干部培训班"，分散住在农民家中。培训班由梅益负责，主持日常工作的是张纪明。

张纪明是一位"三八式"的新闻干部，1915年生，浙江镇海人。1938年参加革命，进入抗大学习，同年入党。他自小学习日语，从1941年起担任延安新华广播电台日语广播编译员，兼八路军总政治部敌工干部学校日语教员。1944年为新华社翻译部日文电讯翻译；1945年任新华社编辑科口播组（即延安新华广播电台编辑部）组长；1946年调任新华社解放区部，任新解放城市组组长。现在，他来到陈家峪，担任新华社新闻干部训练班副主任。[1]

当时新华社两位负责人廖承志和胡乔木之间做了分工，廖承志集中精力统管新华社日常工作，包括口语广播和英语广播，胡乔木负责培训编辑，包括指导设在陈家峪的新闻训练班。

新闻训练班的学习方式主要是听课、记笔记，观摩贴在院墙上的一些电讯稿原稿和新华社修改稿，也组织一些讨论。每天上午和下午发给每人一份《参考资料》，组织学员分析战场形势。此外规定了马列著作中的必读文章，其中的《列宁主义问题》《国家与革命》等文章要求精读。训练班还曾组织学员到农村采访过一个欢送青年农民参军的事例，回来后每人写了一篇通讯。

在培训班讲课的大都是中央宣传和新闻部门的负责人。新华社社长廖承志主讲中国共产党党史，新华社总编辑胡乔木讲授新闻学，副总编辑范长江、石西民讲新闻的采访和写作，副总编辑兼新华社口播部主任梅益也给学员讲授业务课程。梅益是著名苏联小说《钢铁是怎样炼成的》一书的译者，在青年学生中知名度颇高。他的口才甚佳，讲话滔滔不绝，学员们一看到他从山那边转过来，眉开眼笑的样子，就猜到一定又有新的胜利消息了。主持培训班日常工作的张纪明，责任心强、办事果断、高效率，受

---

[1] 1949年进入北平后，张纪明任中央广播事业管理处干部科长，广播事业局人事处长。新中国成立后，他任中央人民广播电台编委兼国际广播部副主任、主任，广播事业局对外广播领导小组成员兼五洲部主任。1959年曾到北京广播学院任教职，1961年调广播事业局任亚洲部主任。1965—1966年曾任新华社驻东京首席记者，1979年任国际广播电台副台长、顾问。1985年离休。

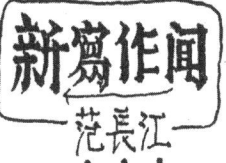

范长江为新闻班授课后，乔雨舟整理的笔记（乔雨舟提供）。

到学员们的敬重。

就在培训班集中办学不久,傅作义军南下进袭石家庄。面对这次威胁,中共中央不为所动,在陈家峪的新华社培训班始终没有搬家。

培训班没有自己办食堂,吃饭全由总社大食堂的炊事员肩挑木桶送来。伙食主要是小米干饭加萝卜汤,有时可以吃到一些肉片和馒头。吸烟者可以领到一份烟叶,揉碎后用发给的报纸卷成筒儿,便成了一支自制卷烟。新华社总社按月发给培训班成员每人5斤小米的津贴,主要用于购买毛巾肥皂之类。有人从中节余一点,可以到老乡家买点甜柿子来吃。

山沟里的生活并不寂寞。北沟村有一条浅浅的小溪,学员们每天踩着小溪上的石头刷牙、洗脸、洗衣,一边洗一边唱歌。这时,吴冷西已任新华总社编辑部主任,住在陈家峪,他的长子瞻瞻出生不久。每当休息的时候,吴冷西总是亲自到河边浆洗衣服,成为溪边一景。

休息的时候,培训班的青年人喜欢唱歌,有时用一锣一鼓伴奏,在土场上扭秧歌,跳交谊舞,打排球,有时候还到西柏坡中央礼堂去看电影。几个月的日子过得飞快。

训练班为期不足3个月。1948年年底,规模宏大的平津战役全面展开,北平、天津定能攻克,接收准备工作马上铺开,急需干部。为此,新闻干部训练班即告结束,12月25日分配工作。

师于回忆说,分配工作来得很快,梅益骑马跑来,要求紧急集合。学员集合起来以后,梅益宣布,现在根据中央的指示,我们很快就要进城了。为了形势的需要,现在学习班结束。他同时宣布几条纪律,现在宣布分配名单,所有学员不能讲价钱,分到什么地方就在那里工作。梅益讲话以后,班主任张纪明当场宣读分配名单。①

留在新华社(部分人员转入广播部,后来演化为中央广播事业局)的

---

① 2003年5月20日在北京访问师于的记录。

有：于时、王元、方约、刘朝兰、白金、李突、李琦、林海、张弋、徐亚南、柯蓝、梁明、南振中。

分配到人民日报的有：王青、王辛夫、师于、乔雨舟、吴士珍、邱惠兰、林晞、陈大可、穆杨、周存远、周容止、彦颖、萧颖、康卫中。①

宣布分配的第二天，分到人民日报的学员打起背包回到东焦村，向副总编辑安岗和副秘书长郭渭报到，由郭渭为这些人民日报的新成员分配了具体工作。

师于被分配当校对。他当即来到设在印刷厂旁边的校对组，一看这天的稿件，正是报道解放军扫清天津外围战斗的。原来天津战役已经打响了，师于马上坐下来校对稿件，从此将自己一生最美好的年华都献给了人民日报的校对工作，直到改革开放年代到来，才因为视力下降该行从事新闻教育。

当时22岁的林晞也参加了这个培训班。他是湖北黄冈人，抗战时期到昆明上了中学，抗战胜利后到北京，打算投考大学。这时，他和中共地下党有了接触，决心投奔解放区。刚好军调处的使命因为内战爆发而结束，经中共地下党的安排，林晞坐上了美国运输机，于1946年夏天随同军调处的中共代表来到了邯郸，后来又到冶陶晋冀鲁豫军区所在地，然后被送到位于山西潞城县的北方大学外文系学习。他的英语老师，是安岗的夫人樊亢。

进入21世纪之初访问林晞，他记得自己比其他人晚一步来到陈家峪的北沟村。在他的印象中，陈家峪丛山环绕，树木繁茂，新闻学习班全班约30人。梅益是主任，张纪明是副主任。胡乔木、廖承志、范长江、吴冷西、石西民常来讲课，学习内容除政治经济学、新闻业务外，主要还是突击学习上级已经颁发的进城后的各项政策。

学习班结束，林晞被分在人民日报，从此在人民日报编辑部一干就是

---

① 这个名单是依据几位当事人的回忆形成的。当时到人民日报工作的王青（1927—2006），后来担任人民日报群工部副主任、主任，2006年1月9日在北京病逝。

40多年。他说:"西柏坡的3个月学习,决定了我一生的职业和命运。"他一直保存着当年的学习笔记。

林晰回忆说,刚刚从陈家峪的培训班来到人民日报,第一次向他布置编辑任务的是副总编辑安岗。安岗交给林晰一份某单位的学习汇报材料,要他编辑成见报稿件。结果这份稿件很快就见报了。

安岗还进了一步,安排林晰去山西阳泉煤矿采访。这是林晰新闻记者生涯的开端。

林晰来到了峰峰矿区。夜幕降临时分,矿区亮起了点点电灯,这是林晰久违的灯光。他马上想到,革命将要成功,我们将要进城,和满城明亮的灯光相会了。①

---

① 2005年6月13日在北京访问林晰的记录。

第9章

华北记者团的任务改变了

在陈家峪培训班学习的都是新到人民日报或新华社的年轻人，培训主要是为了让他们了解党报工作的规范。然而此时的中共中央和华北局还有一个紧迫的任务，就是为不久后掌握全国政权，首先是接管平津两大城市做准备，接管报社、通讯社、广播电台也是其中的重要部分，需要未雨绸缪。不但是初入笔阵的新闻新兵要集训，久经考验的老新闻战士也要集中培训，因为他们是未来新闻工作的骨干。就在着手开办陈家峪新闻训练班的同时，中央书记处和中宣部决定，把人民日报的老新闻战士和骨干集中起来，由中央领导人和新华社负责人亲自讲课、亲自培训。

中共中央书记处和中宣部将人民日报新闻骨干的培训地点选在陈家峪，培训班名叫"华北记者团"，由人民日报记者和新华社华北总分社记者组成，听起来好像来自两个不同的单位，实际上都是人民日报编制内的记者，在当时通常叫作"外勤记者"。

为什么要专门地培训人民日报的骨干编采队伍？这和中央正在准备将来定都北平，建立全国政权，创办新的中共中央机关报有密切的关系。如前所述，中央领导人曾经考虑，调集原延安《解放日报》的编辑记者，由他们主办新的《解放日报》作为中央机关报。后因此议难以实施而作罢，中央领导人转而决心以华北《人民日报》的队伍作为未来中央机关报的基本力量。

这种转变,不但是编制序列上的,而且带来了历史渊源的变化。

创刊于1941年5月16日的延安《解放日报》,是由中央苏区的中央局机关报发展起来的中共中央机关报,从创办之日起,它的编辑部就和中央局、和中共中央机关在一起,是在党的领袖密切注视下发展起来的。中央领导人对《解放日报》的负责人乃至编辑、记者队伍都相当熟悉。在转战陕北的时候,毛泽东还要带上一支由范长江率领的新华社新闻小分队跟随自己,随时收发新闻,可谓须臾不可分离。

新创办的《人民日报》有所不同,它的基本力量是在抗日战争时期,由中共中央北方局机关报《新华日报·华北版》逐渐发展起来的。从《新华日报·华北版》到因战争环境的残酷而暂时收缩发行范围的《新华日报·太行版》,发展到晋冀鲁豫《人民日报》,再到华北《人民日报》,它的办报队伍,是在抗日战争时期的华北敌后根据地和解放战争时期的晋冀鲁豫解放区成长起来的。在长达10年的战争岁月里,这支新闻队伍中的大部分人,包括总编辑张磐石,副总编辑王亢之、袁勃、安岗等,都在敌后根据地办报,没有去过延安。对于他们,中共领导成员都不够熟悉,因而需要加深了解。反过来也一样。新创办的"大党报"领导成员和骨干编辑、记者们,迫切需要熟悉中央领导人,熟悉他们的经历、语言乃至音容笑貌,才能更加融洽地工作在一起,胜利在一起。

一旦中共中央领导机关在西柏坡稳定下来,对人民日报的骨干队伍进行培训,在培训中了解和熟悉他们,为将来进城后的大发展做好准备,就是题中应有之义了。

当时,人民日报组成的记者团刚刚完成对华北临时人民代表大会的采访,正准备在9月里开展关于土地改革的报道。根据萧航日记记载,9月5日,他们讨论了下乡的采访任务。林韦、布克、苏幼民在发言中认为,这次再度下去,主要的任务是采访生产和土地改革的收尾工作,要把研究政策和研究记者的工作方法结合起来。9月7日，副总编辑王亢之向他们传达了张磐石的意见："反对重内轻外"，就是说要高度重视记者外出采访工作。

到了第二天（9月8日），任务改变了，人民日报领导通知记者团："11日去新华总社，任务是学习记者工作方法。"要求记者们准备一些问题，到总社后提出来要求解答。

9月10日，由杜展潮传达了华北局政策研究室负责人李哲人对当前报纸工作的意见。李哲人刚刚接替邓拓担任这个职务，邓拓已转任中共中央政策研究室经济组组长。李哲人的意见是，当前报纸工作的中心问题是要反对经验主义，也就是说，要将事物提高到理论的高度来认识。李哲人在意见中谈道，现在的报道有千篇一律的现象，一个原因是新闻工作者的理论水平、文化水平都低，这也是受整个中国社会情况影响的缘故。①

张磐石非常关心记者团即将面临的学习。9月11日，原定的出发日期被推迟一天，张磐石在东焦村的西村会见了记者团部分成员，谈了他对当前报纸工作的一些看法。他认为，总体来说目前存在着稿件空泛、缺乏事实的毛病，因而要求记者善于抓住普遍存在的问题，又要善于抓住典型。

张磐石认为，现在不是稿荒，而是"好稿荒"。"问题不多，味道不大"，报纸不大反映群众的意见，大多是党委意见、领导机关的东西，"快成为官报了。"

张磐石还说，把政治谈出趣味来，这应该是我们的本领。他叮嘱记者团成员，情况经常变化，到了新的地方，要多和总分社联系。

这天晚上，记者团开会，传达了薄一波的意见。

---

① 李哲人（1910—1969），山西临猗人，原名李明义。1932年加入中国共产党。参加了一二九运动，是中华民族解放先锋队主要负责人之一。"七·七"事变爆发后，任太岳军区四分区政委、中共太岳四地委书记。1948年夏任中共华北局政策研究室主任。新中国成立后，历任华北行政委员会贸易局长、中央人民政府对外贸易部副部长、商业部部长、国家经委副主任、物资管理部副部长。1969年1月13日逝世。

薄一波的意见包括，最近，毛主席看了全解放区的报纸，觉得批评稿子少，老（晋冀鲁豫）《人民日报》、太行《新华日报》好，有批评和自我批评。不过新的（华北）《人民日报》最近好些，开始有些批评和自我批评的稿子。毛主席提出，要反对报喜不报忧，反对瞒上不瞒下。

薄一波要求报纸增加批评和自我批评的稿子。他说，为此要教育记者，不要片面夸大。事情都有两个方面，一件事情错了，是不是有一两分对的地方？正确的事情，有没有错处？要分析一下。

薄一波说，我同很多同志谈过话，发现了一种现象，说他教条主义加个人英雄主义，他完全接受；可是如果指出他一件具体的错误，他就急了。……在进行批评的时候，党报在原则上决不让步，但这是为了改进工作。所以批评既要尖锐，又要含蓄。说话的分量可以重，但不要露牙齿。总之批评可以是尖锐的，又应该是善意的热情的，使人家看了感觉舒服而又乐意改正错误。新闻工作者要找到一条途径，在批评中把报纸同干部联系起来，使报纸成为反对官僚主义的武器。

在这天晚上的会议上宣布了去总社学习的记者名单："新记者"是：苏幼民、孙宝书、布克、林远、吕光明、邢军。老记者是：杜展潮、吴象、陆灏、林里、田流、曾文经、萧航。共13人。

这个记者团中不仅有富有长期报纸工作经验的"抗战"老新闻，还包括几位刚刚补充进新闻队伍的地方干部。在此前的1948年春，晋察冀区党委决定，抽调一批相当于县委书记、副书记一级的地方干部进入《晋察冀日报》担任记者或编辑，充实报社和通讯社的力量。这批干部有一定的文化程度，大都是1937年后参加抗日战争的"三八式"，有着丰富的地方工作经验。但是作为记者，他们是新人，需要向老记者学习新闻业务。他们加入记者团，和老记者合编到一起，有助于相互学习和提高。

布克和邢军，就在这样的情况下进入了"华北记者团"。

邢军①是河北深县人，1920年11月生，初中文化程度，1938年投身抗日活动，1940年入党。后来担任冀中一分区栾城县委组织部长，1948年初春到《晋察冀日报》当记者。他熟悉土地改革问题。他到平山曾随同冯文斌率领的土改工作队活动，发表了多篇报道。②

张布克③原名张健，山西平定人，生于1922年，高小毕业，1937年参加抗战，次年入党。此后长期在平定县做地方工作，担任区委书记时更名为布克。抗战胜利后任平定县委宣传部长、县委副书记。1947年6月，他总结了一个土改工作的典型经验，动笔写成一篇文字生动的通讯《访瞎牛》，刊登在平定县委宣传部主办的《翻身导报》上，引起了《晋察冀日报》负责人之一王子野的注意，文章即由该报转载。同年底，布克担任平定县委书记。1948年1月被调到《晋察冀日报》当记者。邓拓和初到的布克谈话，表扬了他

张布克，（钱江摄于2006年6月8日）。

---

① 邢军（1920—）河北深县人，1938年参加抗日活动，1940年加入中国共产党，后任冀中一分区栾城县委组织部长，1948年初到《晋察冀日报》当记者。新中国成立后，调到北京市工作，后任北京市人大常委会副主任。

② 2006年6月12日在北京访问邢军的记录。

③ 张布克（1922—）原名张健，曾用名布克。山西省平定县巨城镇东小麻村人。1938年加入中国共产党，1940年1月任中共平定县委一区区委书记，并在这时改名为布克，1948年1月调到《晋察冀日报》社任记者。1950年1月任北京清河制呢厂党总支书记，1953年兼任厂长。1961年调北京市第一轻工业局局长、党组书记。后任中国纺织品进出口总公司副总经理，对外贸易部办公厅副主任。1985年离休。

在土改宣传中实事求是的做法，使布克很受鼓舞。①

现在有了听取中央领导和新华社领导指导意见的机会，邢军和布克被列入"记者团"名单。

当时负责记者部日常编务的李庄留在里庄，没有参加记者团，但他对记者团的来龙去脉是知道的，他回忆说：

> 人民日报和华北总分社组成一个记者团，（前后）20个同志参加，在当时算是下狠心了。成员有的已有10年新闻工作经历，有的参加新闻工作不久。记者下乡之前进行方针政策、业务思想学习，提出了不少新闻工作中的疑难问题，请求指导。总分社建议总社允许记者团到总社学习一个短时期，更希望中央领导同志给予指示。总社为培养干部，迎接胜利后党的新闻工作大发展，欣然同意总分社的要求。刘少奇同志得悉此事，对新华社总编辑范长江（原文如此，应为副总编辑——本书作者注）说，新闻工作很重要，中央也有些话要说，还有一些同志也想讲一讲，欢迎记者团同志们来。
>
> 范长江亲自主持这次学习，并增加学习内容，从新闻扩大到政治、军事等方面，时间也从一周增加到三周，成为一个内容广泛的短期训练班。刘少奇、彭真、廖承志、胡乔木、李克农、范长江等同志在训练班做了报告。②

"华北记者团"带队负责人还是人民日报采访科副科长萧航，采访科长李千峰在一开始并没有参加记者团。

萧航当年28岁，原名崔淑良，山东蒙阴县人，参加革命前为高小文

---

① 2006年5月7日在北京访问张布克的记录。
② 李庄：《难得清醒》，人民日报出版社1999年版，第127—128页。

化程度，当过短暂的小学教员。抗日战争爆发后，萧航于1938年投身革命，是报社里众多"三八式"干部的一员。他于1939年6月参加抗大一分校学习，当年9月在山西壶关县由刘钊、康黠介绍入党。两个月后萧航从抗大毕业，即进入驻在壶关的《反扫荡报》当编辑，几个月后调到太南区《人民报》当编辑、编委。该报在1941年3月并入《新华日报·华北版》，萧航也加入了敌后《新华日报》的序列。1943年后，由于敌后抗战形势的残酷，《新华日报·华北版》改版为《新华日报·太行版》，萧航任编委。

抗战胜利后的1945年5月到1946年10月，萧航在《冀鲁豫日报》当编辑科长，编委。他于1946年10月调到晋冀鲁豫《人民日报》当编辑。那里的人员大部分是他在《新华日报·太行版》的同事，使萧航有一种"回老家"的感觉。1948年2月到4月，萧航作为人民日报土改工作队的成员，参加了在武安县十里店进行的"土改复查"。对他在工作队中的活动，柯鲁克夫妇的《十里店》一书有记载。

9月12日上午，记者团步行出发，有一辆大车载运行李。

从东焦村到陈家峪约60多华里，13人走到晚上才到，新华社副总编辑范长江迎接了他们，当场简短地介绍说，这次你们来到这里学习，可以采用四种形式：提问、听报告、讨论、答疑。问题不怕提得多，可以分分类。时局方面的，政策观点方面的，甚至是技术问题，都可以提出来。也不要漫无边际，不切实际，要提出工作中迫切需要解决的问题。学习时间定为一周。后天清早把问题单子送来。

记者团成员田流回忆说，这次去陈家峪，还以为中央有什么重要任务要《人民日报》来完成，到了那里一看，村庄一片宁静，丝毫没有将要发生重要变化的迹象。

在记者团里，田流算得上一名老记者了。他原名张丙蔚，河北完县人。1937年抗日战争全面爆发后投身革命，1938年入党。他当过区长、区委书记，有着在地方工作的丰富经验。但他始终保持着强烈的文学创作和新闻报道激情，希望自己既当一个小说家或诗人，同时又是一名新闻记者。领导上发现了田流的写作才能，在抗日战争最艰苦的岁月里送他到华北联合大学文艺学院学习，1942年毕业。1945年，田流①来到《晋察冀日报》，很快成为能够独当一面的知名记者。

田流回忆说，来到陈家峪，接待人员将记者团成员领到一户农民家里，这是一个"凹"字形三合院。房东站在门口一个劲地道歉，说自家人口多，房子小，同志们委屈一下吧。说着将远道而来的记者们领到了东房安顿。田流一看，这个院落确实够挤的，爷爷奶奶和3个孙子孙女住北房，睡一条炕。儿子媳妇和一个正在吃奶的婴儿住西屋，东屋就腾出来了。记者团人多，东屋里住不下。好在天气正热，几个年轻记者干脆将借来的门板支在院子里的大槐树下当床，露宿在太行山麓初秋的浓夜里。②

---

① 田流（1918—2000），新中国成立后，田流历任《人民日报》农村新闻编辑部副主任、国内政治新闻编辑部副主任，国家计委政治工作组组长，中共中央工交政治部办公室副主任。"文革"后，田流回到人民日报，任记者部主任。后任《报告文学》杂志主编，兰州大学兼职教授，中国新闻学会理事。田流擅长写通讯和报告文学写作，著有《田流散文特写集》《生活在召唤》《我这样做记者》等著作。

② 田流：《我这样做记者》，人民日报出版社1984年版，第134页。

第 10 章

来到中共中央的身边

来到陈家峪的第二天（9月13日），记者团成员分头准备提问，最后归纳起来，排列了16个方面的问题，其中包括记者方法问题，如何培养和提高记者水平？关于党的新闻工作者的现状，怎样保持记者的独立见解？进城以后，记者如何做到专业化？以及有关宏观政策，如工人合作经济是不是未来的发展方向？城市贫民是不是党的依靠力量等。

其中有一些问题提得比较尖锐，比如第8条：不要让记者一直戴着"客里空"的帽子。有记者提出，过去让我们写开明地主献田，整党的时候又让我们反省立场错误。究竟是谁的责任？有错完全加在记者身上，我们就不敢动笔了。直到现在，记者下去，任务还是规定得很死。"要什么给什么"当然不好，可是下边来的东西不合上边的口味，不用，也不好。最好还是让记者到一个地区，发现什么问题重要就搞什么问题。有人说这是自由主义，对不对？

第9条是"要保持记者的独立见解"。提出建议的记者认为，要允许记者在党的总方针范围内，根据对实际情况的观察，提出自己的见解，充实和修正方针。这里最大的问题是，编辑看到记者的独立见解，红笔一挥："不合方针！"统统抹去，或者压下不发。编辑根据上级指示，用政策当框框，这当然是需要的，但是记者的独立见解也就给否定了。这个问题怎样才能够得到正确的解决?

记者团中出现了争论。有人认为不要把所有问题都提上去,有些提问本身看上去就有些问题,最好不要提出。但最后还是将这些意见都递交上去了。为了使中央领导人了解来到身边的人民日报记者,每位记者都填写了个人情况表,一并上交。

9月16日早晨,范长江来电话说,昨夜向刘少奇汇报了记者团的情况。刘少奇、廖承志(新华社社长)和胡乔木(新华社总编辑)都表示要对记者们讲话。彭真也准备讲话,但最近身体情况不好,要看情况再说。

范长江确定了记者团的近期安排,其中包括新老记者分两批去见范长江。

当天晚上,几位"老记者"(姓名未见记录)在萧航带领下与范长江座谈。

范长江对老记者们说,刘少奇副主席能答应和记者们讲话,不可多得!接着,他部分地解答了记者团提出的问题。他指出,新闻工作感到吃力,应付不过来,这是常态。革命在发展,一切应付裕如,这不可能,所以必须学习。

次日(17日),范长江又会见了记者团的"新记者"(也包括有一位"老记者",姓名未见记录),着重谈政策问题。

记者团一位成员提出,记者的头脑常常同群众生活、群众迫切需要解决的问题不发生关系,这是一切问题的根子,希望少奇同志讲讲记者同群众的关系,增强记者的群众观念。

范长江表示同意。他接着说,新闻工作的根本理论、方针问题,就全党来说已经解决。这些理论如何具体运用,方针如何具体执行,还需要解决。

范长江与新、老记者谈话的第二天(9月18日),记者团开会,继续讨论在新闻采写过程中经常遇到的全貌和典型、记者同群众的关系,以及思想方法和工作方法、表扬和批评等问题。

记者的讨论逐渐接触到一些深层次的东西。比如，表扬和批评究竟以何者为主，应该取决于当地情况。如果成绩是主要的，自然要以表扬为主；反过来一样，不能由记者随心所欲，想强调哪一面，就突出报道哪一面。过去在采访中遇到过"要什么给什么"的情况，上级让记者写批评稿子，记者不管当地工作有多少优点一概不提，单单把缺点写出来，人家当然恼火，因为这不符合实际情况。而要记者写表扬稿子的时候，情形也大体如此。这样就失去了明确的是非标准。议论者认为，今后要从当地实际情况出发，来决定以表扬为主还是以批评为主。而且在表扬的时候，要指出缺点；在批评的时候，不要忘记肯定应当肯定的东西。

这天是中秋节，记者团成员参加了新华总社的晚会。新华社社长廖承志在晚会上对"华北记者团"表示欢迎。

看来，由于记者团提出的诸多理论问题具有重要的实践意义，引起了中共中央主管宣传的领导人的重视，为此决定增加"记者团"的人数。9月19日，人民日报副总编辑袁勃也来到了陈家峪，他通知萧航、李千峰、姚天纵等7人将前来参加记者团的学习。

李原回忆，他本人是第二批记者中的一员，同去的还有刘希玲。

作为华北记者团成员第一批到新华总社学习的邢军回忆，第二批随李千峰前来的还有肖贾、林韦、李原、于药夫。①

据李原和邢军的回忆，第二批成员是袁勃、李千峰、姚天纵、刘希玲、肖贾、林韦、李原、于药夫，前后两批人员总共为21人。②

当天下午，廖承志对记者团讲话。他首先讲了记者团未来几天学习的安排：胡乔木谈记者方法，总社（范长江）讲新闻业务，中央政策研究室

---

① 2006年6月12日在北京访问邢军的记录。
② 这个名单主要是根据邢军、李原的回忆，加上萧航对李千峰、姚天纵两人的确定而成的。相比而言，第一批人员的名单准确度高。

负责人讲政策问题，刘少奇或彭真将谈记者的任务问题。在战争年代，人民日报的资深或新任记者们还是第一次如此密集地聆听中央领导人和新华社负责人的讲课。

介绍过学习安排，廖承志紧接着做时局分析报告。

第一部分谈国际形势，着重分析当时人们特别关心的"第三次世界大战会不会爆发？"廖指出，蒋介石集团特别寄希望于爆发这样的大战，使美国直接介入中国内战。廖承志的看法是，爆发第三次世界大战的可能性不大，但是存在美国军事力量直接介入中国内战的威胁，对此要做好准备。即使这样，中国革命胜利的前景已经能够肯定，我们将在三四年内消灭蒋介石的军事力量。

第二部分是解放区的任务。廖承志指出，在根据地，土地改革已经基本完成，在克服了"左"和右的倾向之后，我们已经取得了经验，今后不至于犯重大的错误了。但日后进了城，在经济政策上可能出现错误，这是因为我们没有经验。我们必须限制资本主义经济，但这是一种和平的斗争。另外可能犯的错误，是不能区分资本主义和社会主义的成分，不能区分小生产者和资产阶级，不能区分哪些私营工业有垄断性，哪些私营工业对国计民生有利？对这样的问题，廖承志当时没有给出明确结论，而是希望在座的记者多加研究。他用这样的话归结自己的报告："今天工作的中心环节，是加强纪律性。"

他还当场回答了一些记者提出的问题。

9月20日上午，毛泽东的秘书、中宣部副部长、新华社总编辑胡乔木来到记者团中间，他要在讲课前先和大家漫谈，了解记者们的思想现状。

下午，胡乔木做关于记者工作方法的报告。他首先提问："为什么要有记者？"

胡乔木自己做了解答，说：社会生活的根本问题是阶级斗争。在阶级斗争消灭以后，还有生产问题，所以社会问题根本上还是生产问题、生产斗争以及围绕生产所进行的斗争，产生了种种经验。对于这些经验，有加以宣传的必要。于是有些人自告奋勇，或者被指定介绍这些经验，使世人周知，特别希望与之利害相关的人根据这些经验办事。这就是记者产生的根本基础。

胡乔木的这个说法，强调阶级斗争是产生新闻业的根本需求，带有那个时期革命理论的鲜明特征。

但胡乔木这天讲话的主要部分，还是回答记者团已经提出的问题，主要是记者工作方法问题。他讲了记者出发前的准备，包括了解情况、积累问题等。然后讲记者在采访过程中如何把上级指示同当地的实际情况结合起来。他批评了"要啥给啥"的偏向。

他着重讲了大家感到困惑的"全面报道问题"。他说，所谓"全面报道"，是作为方法来讲的，是针对片面性的报道来讲的，并不是让记者写一个地区、一个城市的大全。他说，全面不是大全，不是上下古今全写。你写冀南区的整个工作是"全貌"，写冀南区的秋耕，也是"全貌"，只是范围大小不同。

针对由于在报纸上开展批评，记者同被批评党委的关系往往处理不好的现象，胡乔木指出，记者应该同党委建立正确的关系，也就是正确地处理采访和被采访的矛盾。他说，同党委负责人的关系搞不好，从记者方面来说，是因为对党委负责人尊重不够，没有认真听取他们的谈话和取得他们的帮助。他再三叮嘱，记者和党委相处，态度要认真，要诚心诚意。

胡乔木说，党委这一关过去之后，还有编辑这一关。记者应当有独立见解。问题在于你的见解要正确，不能为独立而独立。我们的原则是，既要保持独立见解，又要保持行动的一致。

他告诫记者们，千万不要做虚伪的独立见解的奴隶，以至失去承认真理的自由。他在讲话结束时强调记者要学习马克思主义。

这天晚上，范长江又一次来到记者团中间，和记者漫谈胡乔木的报告，他指出，过去是"要啥给啥"，现在应当是客观实际是什么就给什么。

范长江告诉大家，胡乔木同志对记者学习的看法，昨天刘少奇同志也谈到了。少奇同志打算留华北记者住一个月，听一个月的课，把问题弄清楚。

胡乔木在党内宣传部门，特别是在高层新闻宣传机关的地位相当重要，他表述的思想在许多情况下直接传达了毛泽东的思考，因此记者团用两天的时间来整理笔记，讨论、消化胡乔木的讲话内容。9月21日全天用来讨论，记者团负责人（至少包括萧航本人）在晚上到范长江处汇报当天讨论情况。

范长江谈了自己的看法，包括对编辑业务的体会。他还对记者团负责人说，这次学习要注意抓主要问题，看看解决了什么，还有哪些问题没有解决。这时，他又转达了刘少奇的意见，反对经验主义，不要搞成运动。

范长江的转告表明，记者团来到陈家峪以后，刘少奇对他们的情况非常关心。当时正值国共两军实施战略大决战的关键时刻，中共中央领导人日理万机，刘少奇还这样关心记者团的学习，更显得非同寻常。

次日（9月22日），根据范长江的建议，记者团采用记者现身说法的方式，先后由吴象和杜展潮结合自己的一次采访经历，谈谈采访和写作应该注意的问题。

接下来，继续进行报告会和辅导会。9月23日上午，中央政策研究室负责人陈伯达与记者团谈在采访和调研中如何进行分析、综合，如何发现典型等。不知是何原因，对他的讲话内容，萧航几乎没有做记录，也没有见到他人所做的记录。

下午，中央财经部秘书长薛暮桥向记者团做长篇讲话，介绍了"合作社经济在整个新民主主义经济中的地位"。他指出，将来新中国成立，国营经济要和私人资本主义经济竞争，必须团结小生产者，团结他们的组织形式就是合作社，合作经济是国营经济最可靠的同盟军。在土地改革以后，团结农民的最好方法是组织合作社，用合作社把工农联盟巩固起来。

西柏坡 7 届 2 中全会旧址。

薛暮桥论述了各种合作社的作用，要求记者在报道农业互助合作的时候要慎重。他说，农业互助合作方面有两种偏向：一种是放任自流，区村干部片面强调自愿原则，不敢领导。一种是好高骛远，搞大变工，甚至全村大变工。现在土地太分散，几十个人到一块地里去劳动，不行。土地分散，组织规模太大，农活粗了。要精耕细作，目前大变工还不行。

基于对中国农村的深刻了解，薛暮桥在当时就预见到了未来可能出现的情况。他的讲话很有针对性，充满真知灼见。他在讲话中所说的"大变工"，实际上就是指"大呼隆"式的生产组织形式。

9月24日，记者团来到中共中央驻地西柏坡，听中央城市工作部秘书长齐燕铭介绍城市政策。

一开始，齐燕铭就向记者们提问，在战争中，我们已经解放过一些城市，为什么在石家庄解放以后，把城市问题提到了更重要的地位？

齐燕铭自己做答，是因为在这以前城市工作搞得不好，保护工商业问题、城市地主问题，房租问题等，都没有处理好，很多城市遭到破坏。全国土地会议的时候（1947年7月17日至9月13日在河北平山召开，主要由刘少奇主持）发现了这个问题，中央发了指示。因此在解放石家庄战役时，解放军进城是有计划的。此后解放军进入开封等城市，都搞得比较好。

城市建设有几个什么重要问题？在城市中采访应当注意什么？齐燕铭指出，今后入城的机会很多，全部政策的第一个要点就是不要搞乱。过去之所以乱，是因为有抓一把的思想，为公的，为私的都有。当然，即使为私的，也没有什么大的贪污，只是搞点生活用品，但是影响很大。部队一抓，群众就抓。我们有的战士让群众去抢东西，他们以为在城市里工人可以分厂，市民可以分房，学生可以有其校。群众知道八路军帮助穷人，抢东西也不会阻拦。我们阻拦，群众也不怕。再就是农民进城抓地主。还有，各地区无组织地进城抢购物资。石家庄刚解放的时候，采购人员拥进去一万多人，仅仅太行区就有两千人。这样一来，城市就给搞乱了。根据这些经验，确定进城以前要有思想准备，从干部到战士，都要认识到，解放了的城市属于谁？是属于我们的。不论是我们长期占领的，还是可能退出的，都要保护，不能破坏。因为即使可能退出，不久也会重新解放，仍然属于人民。当然，这样的城市，军需物资要很快拉出来。但是工厂、机器、建筑物，要尽量保护起来。

再就是进城要有组织准备。山东潍坊由主攻部队的政委和地方党委组成了城市管理机关。解放洛阳更进了一步，事先组成了市政府。同时利用旧机构、旧人员，让他们暂时不动，照常办公，保护城市有功者赏，破坏者罚。我们要彻底粉碎的是蒋介石的反动统治，至于旧人员，可以利用。

齐燕铭特别提醒，要注意对城市贫民的政策。进城以后，首先碰到的就是贫民生活问题。围城期间，敌人大肆破坏，把城市弄成了一个烂摊子，贫民生活特别困难。城市解放，这个担子落在了我们身上。洛阳、潍县是以工代赈，生产自救，这是好办法。切忌开空头支票，山西临汾吃了这个亏，进城先登记失业人口。然而工厂复工不可能那么快，没有多少职业可找，这样我们就把一个没法担负的责任揽到了自己身上，群众不免抱怨。甚至"改善工人生活"的口号，进城之初也是空头支票，因为这是不能马上办到的。最好的办法是组织群众生产，搞工业、手工业、商业，都可以。总之，让大家有饭吃，先把情绪稳定下来。

齐燕铭还谈了工商业政策，要求记者们注意区别没收和保护的界限，注意克服公营工业管理中的农业社会主义思想，区别小生产的农业和大生产的企业。对私人企业，既要帮助，又要节制。齐燕铭在讲话中感叹道，现在我们感到对城市懂的太少了，要好好学习。

在这天的讲课之后，记者团又学习讨论了两天。9月27日，中央政策研究室政治组组长廖鲁言与记者团谈话，着重介绍农村的情况。随后和大家讨论了采访党委和采访群众的关系，指出我们所报道的实际工作经验，是党委领导和群众运动相结合的产物，要看到这两个方面。

9月28日，由著名军事记者、原晋察冀野战军宣传部长邱岗[①]（邱向汶、笔名溪映）和记者团成员谈军事报道。这年35岁的邱岗时任华北野战军二兵团宣传部长兼新华社分社社长，他主要介绍了当时华北北部战场的局势，以及军分社的情况。

随后大家讨论了廖鲁言关于农村问题的讲话。

各方面的新知识扑面而来，即使对富有经验的人民日报的记者来说，也有应接不暇之感。这天，记者们主要讨论了采访党委和采访群众的关系问题。大家在讨论中感到，我们所报道的实际工作经验，是党委领导和群众运动相结合的产物。1947年土改和整风以前，采访县以上领导机关多，

[①] 邱岗（1913—1988），辽宁阜新人，天津南开中学毕业，1932年加入中国共产党，1936年经范长江介绍担任《大公报》记者，奔赴晋察绥抗日前线采写了大量有影响的新闻报道。1937年在上海和范长江、陆诒等一起作为中国年轻记者协会的发起人。同年他作为《大公报》记者到晋察冀抗战前线采访，并参加了八路军。先后任晋察冀军区政治部编辑科科长、宣传科长、宣传部副部长，晋察冀军区《抗敌三日刊》（后改名《子弟兵报》）主编。新中国成立后担任总政治部宣传部教育处长等职，后到《八一》杂志和《解放军报》工作。1988年8月在北京逝世。

不够深入群众。那以后则是找群众多了，采访党委少了。现在要从领导和群众相结合的意义上处理好这个问题。

在陈家峪学习的后期，袁勃始终和大家在一起，他和李千峰、萧航是这次学习的负责人。

9月30日，记者团向范长江再一次汇报，认为学习已经有了一些眉目，记者们对下列问题已经有了初步的认识。

一、新民主主义如何向社会主义发展。

二、关于合作社的两条道路。

三、农业和工商业的区别和联系。

四、典型是从调查研究大量材料中发现的，不是任意选择的。

五、全貌和全面是两个概念。

六、记者至少要具备三个条件：接近群众的热诚、分析问题的能力、表达事物的能力。

七、正确地处理记者同党委的关系和在报纸上正确地开展批评和自我批评，这两者之间有密切的关系。

八、文章的结构是客观事物的发展规律在文字上的反映，不是作者凭空想出来的文字曲折。

汇报中谈道，大家还有一些问题需要解决：特别是如何运用唯物辩证法观察问题？对此听得很多，启发很大，但又觉得模糊，不得其门而入。虽然知道研究工作的重要性，还是不知道怎么去做。

问题提出来了，将由中央领导人出面解答。①

---

① 本文除注明的出处外，主要依据萧航的长篇回忆文章《华北记者团的前前后后》，见新华社新闻研究所编：《新闻业务》活页版，总第1769期。

第 11 章

彭真和范长江的谈话

实际上，1948年9月，不仅是华北《人民日报》记者团集中到西柏坡整训，长期跟随毛泽东、周恩来工作的新华社也集中起一批干部，其中包括梅益、石西民、陈克寒、吴冷西等20余人也在集训，以适应来日进城后的工作需要。

吴冷西回忆，1948年初秋9、10月间的一个傍晚，他和新华社另一位副总编辑石西民沿着西柏坡边的河岸散步，正好遇到周恩来迎面走来。周恩来和石西民是老熟人，马上打招呼。他和吴冷西不熟，就询问叫什么名字，在哪里工作？石西民即向周恩来介绍了吴冷西。

周恩来马上想起来，一年以前，他指名要将吴冷西、张映吾、高扬文抽调出来，专门搞评论。

周恩来接着说到了人民日报和新华社干部在西柏坡集训的事。他说，在解放区工作的同志和原来在国民党统治区工作的同志要很好合作，互相学习，取长补短，共同进步。他说，这次集训条件很好，由胡乔木带领，少奇同志亲自掌握，重大宣传问题都是中央书记处议定的，集训是为迎接全国解放新局面做好准备。

周恩来谈道，从最近战争形势看来，全国解放很快就要到来，比中央原先预料的要早得多。现在就得考虑如何筹备建立人民共和国，还有新中国成立后许多新工作的方针政策。他说，你们搞新闻工作的现在就要准备全国解放后如何进行宣传报道的问题。有许多问题你们不熟悉，要认真对待，虚心学习。周恩来特别提到了经济建设和外交问题，提到统一战线在全国解放以后将更加广泛和更加深入，对各派民主人士的宣传要特别关注。

此时的周恩来日理万机，没有直接参加对新闻干部的培训。从吴冷西的这段回忆来看，他对新华社分两个部分正在进行的集训是完全知情的。①

话题还回到华北记者团来。10月1日上午，已经确定彭真将对记者团讲话。在他讲话之前一小时，记者团于9时到胡乔木办公处听取他的意见。

胡乔木询问了大家的学习情况，他说，这段学习，可以看作是一次经验总结。经验一旦总结起来，就可以当作今后工作的方针。他说，前些天他对记者团的谈话，着重说了记者对党委要采取合作的态度和尊重的态度。另一方面，记者经过调查，确实证明当地工作有错误，也要进行批评的。

胡乔木问袁勃，他提到的在报社办记者轮训班的建议是否可行？

听到袁勃肯定的答复后，胡乔木说，办轮训班要定期请人做报告，记者要有计划地读书。他说，总社的新闻训练班将来要改变一下做法，每个分社抽两个人来，采取会议讨论的形式，每期一个月，一年办4期，每季一期。

上午10时至下午1时，中央政治局委员兼中央组织部长、中央政策研究室主任彭真与记者团谈话，主题是"布尔什维克记者的任务和应当具备的条件"。

彭真首先发问，你们觉得做一个布尔什维克记者主要的困难是什么？

彭真说，布尔什维克记者的基本任务，在于从复杂的现象中抓住事物的本质，给人们指出一条正确的道路，告诉人们往哪里走。

他指出，有各种各样的道路，有地主富农的道路，有农民的道路，有

---

① 吴冷西：《严师的教诲——回忆周总理片段》，见新华社新闻研究所编：《新华社回忆录之二》，新华出版社1991年版，第36—37页。

1949年春,时任中共北平市委书记的彭真。

流氓无产者的道路,等等。道路是如此之多,记者要给人们指出无产阶级的道路。在各种各样的意见当中,记者要判断和区别哪些是地主富农的意见,哪些是中农的意见,哪些是贫雇农的意见,哪些是流氓无产者的意见,哪些是无产阶级的意见。

彭真说,记者要完成这样的任务,头一条就要学习,学习毛泽东思想——这是在中国环境中发展了的马克思主义,要掌握这个武器。要学习中央指示,学习党的方针政策。学习这些东西,不能似懂非懂,而要精通。对记者就要提出精通的要求。这头一条,是武器,是方向,可以用它透过事物的现象,抓住本质。但是仅仅有这一条还不行,所以第二条是了解情况。要用理论、政策来分析实际情况,发现问题、提出问题、解决问题。现在有一部分稿子,看起来很热闹,却没有提出问题,解决问题。你为什么写文章?是为了提出问题,解决问题。问题要提得恰当,解决得恰当。问题不是凭空臆想的,而是现实运动中存在着的。

谈到写文章的目的时,彭真联系到了新闻记者经常会遇到的一个重要问题——批评和自我批评。他说,批评的目的是什么?《联共党史》结束语第五条讲,是为了改正错误。报纸的批评,一定要达到这个目的,而不能相反。(记者做的)有些批评是有毛病的,消极的,这种批评不能不引起反感。记者在批评的时候,首先要肯定人家的正确部分。我们的同志常常是在表扬的时候,恨不得把人捧到天上;在批评的时候又把人整得抬不起头来。说好,没有一点坏处;说坏,没有一点好处。这是形而上学的方法,资产阶级的方法,不是无产阶级的唯物辩证法。只有缺点而无优点的县是不存在的。批评和自我批评，一定要有分寸。对任何地方，都要有鼓励，有批评。

彭真对记者们说，表达形式、文字，你们在行。我看有三个要点：一、实；二、意；三、言。文章写得不好，或者是言不达意，意思表达得不恰当，不动人，或者是意不称实，意思不合乎客观实际。所以第一位的问题是把实际情况弄清楚，这是根本的。观察客观事物，首先得到的是感性认识，也就是事物的现象。对记者来说，现象不能称之为"意"，要提高到理性的认识，也就是透过现象掌握本质。你们头一件事就要抓这一点，发现事物运动的规律，然后用文字表达出来。用哲学语言来说，第一是客观实际。第二是经过分析，变成主观的东西，变成思想。第三是表达出来。有的同志只注重文字，华而不实，那样的文章看了和不看一样，得不到什么知识。彭真说到这里重复了一遍说，"意"是反映"实"的，"言"是表达"意"的，根本问题是"实"。

彭真还对记者们说，你们是布尔什维克记者，任务是指导人民进行革命，每篇文章都是为了这个目的。写文章绝不能"自然流露""灵机一动，信手拈来"，一定要用苦功。

彭真要求面前的记者们，努力做一个"布尔什维克记者"。他说，有各种各样的记者，有资产阶级记者，有无产阶级记者，有杜鲁门的记者，有邱吉尔的记者，有蒋介石的记者。我们要成为一个布尔什维克记者，就要彻头彻尾的布尔什维克化。单单是决心革命不等于已经布尔什维克化。要成为布尔什维克记者，首先要解决个人与党的关系问题，这是基本问题。个人主义是一切毛病的根源，名誉地位观念，宗派主义，山头主义，都是从这里产生出来的。我们要肃清地主资产阶级思想、小资产阶级思想，要肃清个人主义。第二要解决思想方法问题，要研究马克思主义哲学，也就是要实事求是。我们在参加革命以前，在资产阶级学校学到的东西，可以说都是唯心主义和形而上学的东西，这些东西不知不觉地支配着我们的思想。如果解决了立场和方法问题，事情就好办了，这要依靠自觉。如果自觉地克服个人主义和唯心主义、形而上学，布尔什维克化的过程就会缩短。否则，要从一个具有浓厚非无产阶级思想的党员达到布尔什维克化，真比猴子变人还要困难。一个是个人和党的关系问题，一个是实事求是的思想方法问题，解决了这两个问题，做一个布尔什维克记者就有了基础。

这天，彭真还谈到了新民主主义经济问题。但是这个题目的所谈内容未见在场者记录，只好付诸阙如。

9月下旬，几乎每一位中央的部门负责人向记者团发表讲话或做报告之后，范长江总要听取记者们的意见，有时还要做一番解释。彭真讲话后的当天下午，范长江与记者团负责人长时间谈话，直至深夜。这可能是在为听取刘少奇讲话做准备。

这天，范长江主要和记者团负责人谈新闻业务。他曾在年轻时代独闯中国西北采访，写下一系列报道，后辑成名作《中国的西北角》一书。按说，他是独立采访的老手，但在这天的谈话中，范长江特意阐述了对"集体采访"的认识。他问，哪种采访方法好？个人采访，还是集体采访？

范长江本人回答说，就解放区的具体情形来说，就华北记者团的具体情形来说，应当强调集体采访。为什么？个人采访不好么？好。对一个经验多、成熟的记者来说，是好的。问题在于我们有经验的记者、成熟的记者不多，而需要采访的东西很多，不成熟的或半成熟的记者都要参加采访。这只有用集体采访的方法把这些记者组织起来，把经验不够的记者培养起来，才能完成采访任务。

范长江指出，采访中的"问"是一门艺术，"问"也是采访工作中最重要的，因此也是一门科学。要问到要害，问得是时候，问得分寸适当，决定于事先的准备。要多方面地准备、多方面地考虑。至于发问的方式，有正面、侧面和反面。在我们这里，采访对象都是自己人，不必诈人。但是为了对方便于答复，需要用适当的方式。当然，我们最后都要正面提出问题。不过，当作一个过程来看，开头和中间是需要考虑提问方式的。从侧面入手，容易得到材料。要善于连续地发问，但这不是重复，而是步步深入。

范长江谈到了采访记录，认为采访中不能只顾记录，这样就不能考虑问题、不能发问了。记一大堆材料，很多是无用的。如果不记，又容易忘掉，甚至记得不具体也不行，非记不可。要一面记录，一面思考，保持访问的主动性，最好的办法是记要点，记清主要的事实、人名、地名、时间、口号、术语，这些东西是不能改动的。一般的东西可以简单地记一下，回去整理。

范长江认为，整理材料和初步的研究工作，对记者来说是个大问题。材料要亲自整理，在整理材料的过程中可以发现问题。初步的研究工作，这就是对材料加以分类、比较、分析、综合。

范长江向人民日报记者的新闻写作提出了两点要求。第一是逻辑严密，第二是大众化。他说，文章的逻辑是客观事物本身的规律在文字上的反映，要首先弄清楚客观事物的规律，否则不要动笔。新闻要把结论放在前面，把最中心、最突出的东西提在前面，这在新闻写作中，是逻辑的最高形式。结论写在前面，而后面的叙述还是要合乎逻辑的。所谓大众化，就是尽量多用群众语言。在新闻写作中，这还是需要大大努力的一个方面。

范长江主张记者外出要带必要的参考书和参考材料，包括有关的文件、社论。他说他外出采访总要带书，在当地还要收集一些书籍和书面材料。记者在采访活动中一旦有空，就要利用时间学习，钻研这些东西。

范长江在谈话结束时提出了他对新闻定义的看法。他说，我们不是从定义出发，而是从客观事物出发。但是给认识清楚了的事物下定义，也是需要的。他说，新闻的第一个要素是事实，陆定一在《解放日报》上发表的文章已经把这个问题解决了。第二，是新发生的事实。这一点，陆定一也谈到了。我补充一下，还应该包括新发现的事实。因为有的事实不是新发生的，但是还没有被认识。一旦被认识，就可以成为新闻。新发生、新发现的事实，不一定都是新闻，必须是同人民有关的事实。这个提法对不对，大家可以研究。这几点还不完备，还要看问题是如何解决的，要加上这一条。范长江说，根据同人民有关的新发生、新发现的事实所做的为人民服务的报道，就叫新闻。①

---

① 萧航：《华北记者团的前前后后》，见新华社新闻研究所编：《新闻业务》活页版，总第1769期。

第12章

刘少奇对华北记者团的讲话

1948年10月2日，记者团来到中央领导人驻地西柏坡村，听取中央书记处书记刘少奇的专题报告。

此时，辽沈战役鏖战正酣，毛泽东、周恩来以主要精力指挥解放军实施战略决战。根据分工，时年50岁的刘少奇主要考虑"进城"接收，以及此后全党面临的工作。在西柏坡，刘少奇以中共中央名义起草了大量相关文件。如何在掌握了全国政权以后做好党的新闻工作，是刘少奇思考的重要问题。

自5月来到西柏坡以后，毛泽东就要刘少奇直接负责审看新华社电稿和《人民日报》大样。在9月13日举行的中央政治局扩大会议上，毛泽东专门提到当时刘少奇对党的新闻宣传担负的责任，他说："现在少奇看大样，专政专得这样好呀。专两三个月也好，搞上了路，然后交给别人。"[1]

9月初，刘少奇写出了《论新民主主义的经济与合作社》的初稿，对怎样建立新民主主义经济，这个经济社会中应该包括哪些成分，合作社经济在其中占有什么样的地位等进行了探讨。以此为基础，刘少奇在9月13日的中央政治局会议最后一天做长篇讲话，系统阐述新民主主义经济的成分和基本矛盾。

---

[1] 金冲及：《刘少奇传》下卷，中央文献出版社1998年版，第609页。

1949年2月，中共七届二中全会举行期间的刘少奇。

对刘少奇的讲话，毛泽东做会议总结的时候给予基本肯定，特意指出，刘少奇对新民主主义和社会主义问题"分析得具体，很好"。

如何在夺取全国政权以后建设新民主主义和社会主义的条件下做好新闻工作，刘少奇也在深深思考，逐步形成系统的思想。为了做好对华北记者团的讲话，刘少奇事先听取了范长江的汇报，准备了比较详细的提纲。

这天前来听取刘少奇讲话的有25—30人，地点在刘少奇住处的前院。除记者团成员外，在座者还有廖承志、范长江、吴冷西、朱穆之。

刘少奇讲话是在提纲基础上进行的，讲话时不看讲稿，讲得自然，也很生动。后来他本人对这个讲话做过修改,文章的口语特点仍然很明显。

刘少奇一开始就说:

> 很久以前,就想和你们做新闻工作的同志们谈一次话,我过去只和新华社同志谈过,和多数同志没谈过。谈到办报,我是外行,没办过报,没写过通讯,只是看过报,因此,你们工作中的甘苦我了解得不真切。但是,作为一个读者,我可以向你们提点要求。你们写东西是为了给人家看的,你们是为读者服务的。看报的人说好,你们的工作就是做好了。
>
> 看报的人从你们那里得到材料,得到经验,得到教训,得到指导,你们的工作就是做好了。
>
> 报纸办得好,就能引导人民向好的方面走,引导人民前进,引导人民团结,引导人民走向真理。如果办得不好,就存在着很大的危险性,会散布落后的错误的东西,而且会导致人民分裂,导致他们互相摩擦。因此,新闻工作的影响是很大的。你们的工作做得好,就很好;做得不好,就要受历史的处罚。
>
> 新闻工作很重要,党很重视这个工作。党历来的文件、书刊都曾说明党报的重要性。

刘少奇在讲话中指出,保持与人民的密切联系,是新闻工作的重点,也是新闻工作成功与否的标志。刘少奇说:

> 报纸每天和群众见面,每天把党的政策告诉群众。军队是党联系群众的桥梁,人民代表会、合作社等也是党联系群众的桥梁。没有这些桥梁,党和人民群众的联系就断了,党和人民之间就有了鸿沟,因此必须有这些桥梁。千座桥,万条线,主要的一个就

是报纸。

刘少奇说:"我们的报纸现在有几十种,将来全国会有几百种,如果能比较真实、全面、深刻地把群众的情绪、要求、意见反映出来,那不知会起多大的作用。"

刘少奇在讲话中要求编辑记者们重视新闻的真实性,反对"客里空"。要经得起风浪,在工作中创造经验,积累经验。

由于做了充分准备,刘少奇的讲话富有哲理,又仿佛信手拈来。他说:

> 你们要了解人民群众中的各种动态、趋向和对党的方针政策的反映。人民包括各阶层,要加以区别。要善于分析具体情况,看各阶层人民有什么困难、要求和情绪。要采取忠实的态度,把人民的要求、困难、呼声、趋势、动态,真实地、全面地、精彩地反映出来。"精",就不是拉杂;"彩",就是漂亮,挂点"彩",读起来爱读。你写得不"精",人家看不了那么多,你写得不"彩",人家不愿意看。所以要拣重要的写,重要的就是"精"的。要做到真实,就要全面,缺一面就不是真理。
>
> 你们写东西要考虑对象。这就是说每写一篇稿子,就要考虑这篇稿子大体上是写给谁看的。要区别全国与地方。你写给新华社的稿子,是面向全国的,包括蒋管区,而且还有外国人。你们就要考虑,他们需要什么,哪些东西多了,哪些又少了。如果你写一篇太行的通讯,要给各解放区看,就要估计到他们对太行需要知道些什么,怎样写才使他们更有兴趣。如果是报道经验,就要考虑太行的某一经验有无一般性。各解放区都适用的经验,哪怕只是一个村的,他们也要看的。有的经验并没有一般性,只适合太行用,那就不要详细介绍,人家不看,因为他们那里没有这

个问题。

你们的报道一定要真实,不要加油加醋,不要戴有色眼镜。

刘少奇讲话的核心思想,是党报编辑、记者要反映人民心声。在这次讲话中他有一句名言传播久远,深深地影响了党的新闻理论。

如果能够真实、全面、深刻地把群众情绪反映出来,作用就很大。人民的呼声,人民不敢说的、不能说的、想说又说不出来的话,你们说出来了。如果能够经常做这样的反映,马克思主义的记者就真正上路了。……你们的笔,是人民的笔,你们是党和人民的耳目喉舌。①②

参加记者团的记者,基本上都是抗日战争时期投身革命的,从事新闻工作有长有短,但他们都是第一次当面聆听党的最高层领袖如此详尽地阐述新闻指导思想和工作方法。刘少奇的讲话直接回答了记者团成员们迫切希望解答的问题,使在座者普遍产生聆听真理的庄严感觉。刘少奇一边讲,记者们一边记。当时担负主要记录任务的是萧航。

在萧航的笔记本上,还记录了刘少奇下列几段话,是当时的原始记录,抄录如下,可与《刘少奇选集》上的文章互为印证。

少奇同志论述了新闻工作的重要性。他说,党通过报纸了解群众情绪、呼声和要求,向群众学习,又通过报纸指导群众。人民群众也依靠报纸把自己的要求、困难甚至错误反映给党中央、

---

① 刘少奇讲话的定稿,参见《刘少奇选集》上卷。在当年,刘少奇的这个讲话并没有发表,主要是因为作者还要思考,继续完善他的讲话。后来,这个讲话以《与华北记者团的讲话》为题,编入了1981年出版的《刘少奇选集》上卷,被视为刘少奇新闻思想的代表作。
② 《刘少奇选集》,人民出版社1981年版,第396—407页。

毛主席。这个工作做得好，可以引导人民前进，引导人民团结，引导人民走向真理；做得不好，散布落后的错误的东西，就会导致人民分裂，导致人民摩擦。所以说，新闻事业、新闻工作，是影响最大的工作，不是平常的一件事。党很重视这项工作。

少奇同志说，党和群众必须保持密切的联系，在任何时候、任何地方，都要同群众保持密切的联系，而且要不断地巩固和扩大这种联系。要说已经同群众的联系很密切了，工作做得很好了，这比一百万美国军队还可怕，因为（这就）不再要求不断巩固和扩大同群众的联系了。甚至再有一个人说，老百姓算什么？采取一点官僚主义算什么？这比一百万美国军队更可怕。党要经过千百条线索同群众密切地联系起来，并且不断地巩固和扩大这种联系。新华社、报纸是千百条线索中的最重要的一条。

少奇同志再三强调新闻的真实性。他说，不全面的东西，不是真实的；表面的东西，不是真实的。要全面、深刻地反映实际情况，必须做艰苦的工作。

少奇同志鼓励记者独立地学习和相互学习。他还说，看国民党的报纸，看外国通讯社的报道，也是学习。人家有许多东西不比你们写得差，甚至还好些。当然，要批判地学习。

少奇同志把马克思主义记者所应当具备的条件，概括为四条：一、为人民服务的态度；二、马列主义的理论修养；三、政策和路线的知识；四、做独立的艰苦的工作。他特别强调记者的马列主义修养。他说，没有马列主义的理论修养，就会盲目地鼓吹、盲目地批判。他希望大家努力学习，逐步具备马克思主义记者的条件。①

---

① 萧航：《华北记者团的前前后后》，见新华社新闻研究所编：《新闻业务》活页版，总第1769期。

第12章 刘少奇对华北记者团的讲话

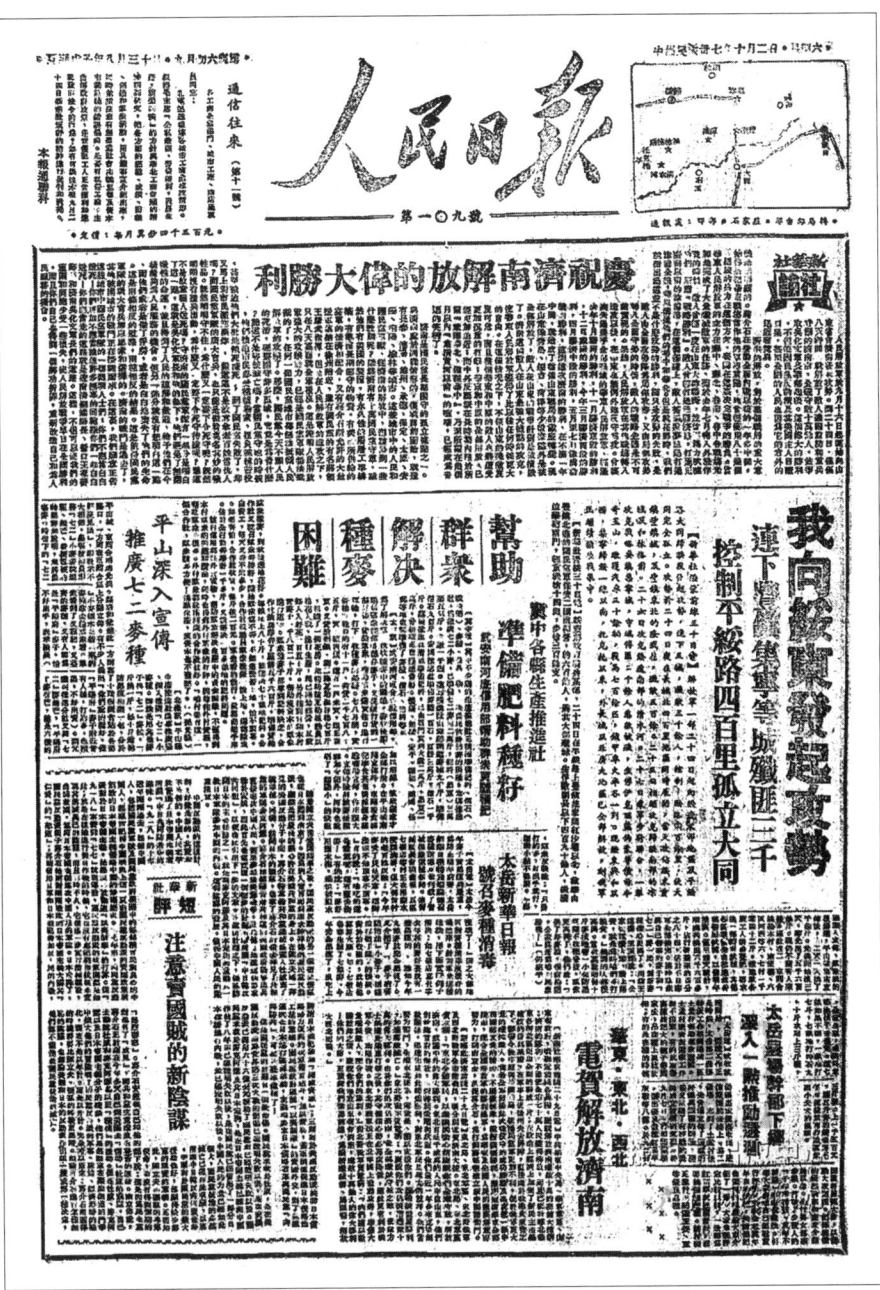

刘少奇对华北记者团讲话当日——1948年10月2日的《人民日报》1版。

刘少奇对华北记者团的讲话，是人民日报编辑记者此次集中学习的高潮。

记者团成员对刘少奇的讲话留下了深刻的印象，但他们中间却有一个人没有参加那天的报告会，他就是张布克。由于住宿条件差，蚊虫很多，张布克得了严重的疟疾，病势相当严重，以至在学习后期不得不住进了医院。①

田流回忆，刘少奇在讲话快要结束的时候这样说，你们就要出发工作了，但是，我们不给你们什么指示，而是要你们看群众对我们怎么样？不要设框框，不要带成见下乡。只是要求你们要和群众生活在一起，了解他们的情绪和要求。慢慢扯，总要扯出些名堂来。工作中你们要善于分析具体情况。②

当天下午，中共中央社会调查部部长李克农来到陈家峪，向记者团讲话，谈保卫工作与新闻工作的关系。

李克农说，不久前，少奇同志责备我们没有很好地利用报纸来加强保卫工作同群众的联系，把保卫工作孤立起来了。这是因为保卫部门认识不够。其实，新闻工作和保卫工作都要搞调查研究，我们是亲戚。过去联系不密切，是因为我们宣传不够。今天，要把保卫工作报告一番，宣传一番，统一对保卫工作的认识，加强我们之间的联系。

李克农在讲话中提及，随着解放战争的发展，现在出现了一个新的情况，我们的工作从秘密走向公开，国民党却从公开走到秘密。李克农要求保卫机关和宣传机关在报道对付反革命活动的时候，都要慎重再慎重。他说，群众脑子热了，你要冷静。群众有了麻痹情绪，你要敲警钟。

李克农对面前的记者提出了五点要求：一、加强同保卫部门的联系。我们不仅要依靠新闻工作把保卫工作同群众联系起来，而且要依靠报纸提

---

① 见2006年5月7日在北京访问张布克的记录。
② 田流：《我这样做记者》，人民日报出版社1984年版，第134页。

高保卫工作的水平。二、宣传司法政策、保卫政策,宣传首恶必办、胁从不问、立功受奖的政策。要区别特务和俘虏两者的不同。三、多多反映保卫工作的情况,特别是新解放区城市的社会情况,当然也不要弄得好像特务如麻。四、帮助保卫部门收集资料。国民党社会局出版的东西,多半是系统的资料。缴获的敌人资料,敌人的档案材料,都要收集起来。记者要有新闻观点、政策观点,还要有资料观点。五、注意保密。新闻和保密有时是矛盾的,但是可以处理得好。军事报道、经济报道都有可以公开的东西,又都有需要保密的东西,你们要注意灵活处理。

以首长讲话为主要内容的集中学习整训就此结束了,当晚,新华总社在陈家峪举行会餐,廖承志、范长江、石西民前来参加。餐后举行了欢送晚会。廖承志、范长江先后讲话。

廖承志幽默地谈到了当前新闻工作者的"三苦闷":形势发展很快,思想跟不上,产生了第一个苦闷。是不是能够跟得上?怎样才能够跟得上?是第二个苦闷。什么时候跟得上?是第三个苦闷。

范长江勉励大家切忌自以为是。他说,我们的中心问题是学习和掌握马列主义。学习的敌人是自以为是。

明天就离开陈家峪了。萧航在日记中写道:"定明日回里庄。在总社学习三周,收获甚丰,即将离去,颇有依依之感。"

10月3日一早,记者团踏上归程,当晚宿平山县三纪村。10月4日午前,他们回到了里庄。萧航即着手整理刘少奇的讲话稿,至10月6日完成,共得12000字。后来收入1981年出版的《刘少奇选集》上卷中的这篇讲话,就是在萧航记录稿的基础上修改完成的。选集中发表的文稿为7000多字,显然是经过作者修改后的定稿。

当时,萧航将刘少奇的讲话稿整理好之后,人民日报负责人即根据整理稿向全体记者传达了刘少奇的讲话,包括向身在外地的记者进行传达。这项工作持续了一段时间。这年深秋,原《冀鲁豫日报》记者陈勇进和姚力文的关系转了过来，成为人民日报的正式记者，他们来到里庄报到，第一件事就是听副总编辑安岗传达刘少奇对华北记者团的讲话。刘少奇的讲话给他们留下了深刻印象。姚力文更没有想到，新中国成立以后，自己还担任了刘少奇的秘书。①

记者团回到里庄，新任务扑面而来。从10月4日开始，《人民日报》每3日增出4开4版，其余天数仍为每日2版。

10月6日，副总编辑王亢之向记者团传达薄一波的指示，题为《目前的报道方针和报道方法问题》。萧航详细地记录下了薄一波的指示。

薄一波指示说，我们的任务是建设一个正规的有政府有制度有纪律的华北解放区，要通过报纸来指导这个建设运动。农业生产如何纳入正轨，如何颁发土地证以确定土地私有权，如何巩固合作社都要报道。在7月间中央局石家庄会议以后，9月间各地干部一般已经到村，目前急于报道的是，干部到村以后究竟出现了什么情况？他们如何工作？有什么问题？关于土地改革和整党工作的报道，要掌握两条战线的斗争，反对"左"的倾向，例如不愿意改正错划的成分。另一方面，要反对否定土地改革成绩的右倾思想。要宣传成绩。成绩是主要的，成绩七分、错误三分，看我们的工作问题要采取这种观点。华北中央局要求做新闻工作的同志，对这个问题要心里有数。到农村去的记者，要对这个问题做出有分析的报道。

薄一波说，关于工商业，主要是从正面报道执行保护工商业政策的情况。目前促进工商业发展的主要问题还是纠正"左"的偏向，克服农业社会主义思想。至于右的、迁就资本家、忽视工人福利的现象，虽然不是个别的，但不是主要问题。文字上不要提"资本主义路线的错误"，因为在解放区这还不是主要问题。

薄一波指示，报纸要开展批评和自我批评，但是要慎重。人家有成绩，

---

① 见2002年5月25日在北京访问姚力文的记录。

就要肯定。批评应当尖锐，但不是夸大，要恰如其分。薄一波说，记者不是记录，每篇稿子都要有思想内容，提出问题，解决问题。脑子不要像没有皱折的光板，要像马蜂窝，要多思考，多提问题。要看材料，但是不要停留在材料的表面，要提高一步。记者要锻炼写作能力。我们的文章有一种解放区的格式，党八股气息还浓。华北中央局要求《人民日报》的文章不仅要有思想性，而且要写得好。

10月11日上午9时，原华北记者团成员从里庄出发，分别去冀鲁豫地区采访。华北记者团至此完成了历史使命。

第13章

毛泽东"空城计"退敌前后

中共中央政治局在西柏坡举行的"九月会议"指出,从1946年7月内战全面爆发时算起,在5年左右的时间内,可以从根本上推翻国民党统治。这时,解放战争中的战略决战已经开始。

毛泽东选择了东北作为两军战略决战的战场。1948年9月12日,辽沈战役拉开战幕,东北野战军集中70万兵力,以主力直取咽喉之地锦州,对东北蒋军实施战略包围,将其退路切断。

蒋介石急令傅作义从山海关内出兵,与集结在沈阳的国民党军主力夹击锦州。此时的傅作义穷于应付解放军华北野战军对归绥的进攻,只分出一部分兵力援锦,结果被东北野战军死死挡在塔山,不能前进一步。10月15日,东北野战军攻占锦州,10月19日解放长春。

眼看东北一败涂地,1948年10月21日,蒋介石飞抵北平,与华北"剿总"司令傅作义会商解救东北之计。蒋介石最初仍想推动傅作义集中兵力打出关外,与出沈阳西进的廖耀湘兵团夹击刚刚占领锦州、可能"立足未稳"的东北野战军主力。

傅作义却看得明白,即使在东野主力进攻锦州的时候,北上的蒋军都没有打过塔山,如今锦州已经失守,再贸然攻击,无疑置肉于虎口,林彪正求之不得呢。无奈中为了应付蒋介石,傅作义提出一计:目前中共华北野战军第1兵团在山西,第3兵团在绥远,冀中兵力空虚,可组织一支快速机动部队,突击石家庄,威胁中共中央和解放军总部所在地。此为"围魏救赵"古法,或可就此牵制东北野战军。

别无他计可供选择,蒋介石同意了。①

10月23日上午,傅作义在北平的华北"剿匪"总司令部召开秘密军事会议,任命国民党第94军军长郑挺锋为总指挥,集中5个师,对外佯称"援晋兵团",实则以进攻石家庄为目的。傅作义要求,沿途对解放区有关军事设施进行破坏,大量抢夺物资运回保定,以增强守备保定的物资储备。在解放区"抢购"各类物资时,要支付伪制的边区币,以扰乱解放区金融。

从军事角度看,傅作义祭起"围魏救赵"的古计,并非没有道理。此计之险毒,在于判断出中共中央和解放军总部附近没有重兵,一旦突击得手,可以起到动摇解放军全局部署的目的。傅作义要求所集中的各个部队,行动一定要快。根据其部署,10月24日,偷袭石家庄的国民党军队在涿县集结,27日会合于保定,然后南下。

保定距石家庄有300多里,如果进犯之敌使用快速部队迅速推进,只需两三天就能到达石家庄。当时在石家庄和保定之间确实没有华北野战军主力部队,石家庄守城部队人数亦少。华北野战军主力远在平绥线上,即使日夜兼程,赶到保定也需4天。若以沿途地方部队和民兵来阻击傅作义的快速部队,则是非常困难的。傅作义部署的突然行动确实给中共中央的安全带来了严重威胁。

然而,就在10月23日傅作义做出突袭决定的第二天,中共地下党情报人员获取了这一绝密计划,而且通过实地侦查得到印证。一天之间,战

---

① 对于谁提出了从北京、保定集兵袭击石家庄的计划,史学界有不同看法,一种意见认为调集傅军南下是蒋介石提议的。本书作者访问傅作义之女傅冬时,她指出进袭石家庄的计划是傅作义提出来的,主要原因是他不愿意进攻东北。

中共地下党员、北平《益世报》记者刘时平。

争的主动权就易手了。

北平《益世报》采访部主任、地下党员刘时平为获取这一绝密消息立下大功。

《益世报》原本是中国天主教徒雷鸣远于 1915 年 10 月 10 日在天津创办的。此后,在北平、南京和上海,乃至重庆,也有《益世报》出版,但这些《益世报》彼此独立,相互之间并无联系。抗日战争胜利,北平《益世报》作为天主教报纸迅即出版,社长马在天。当时刘时平刚从西南联大毕业,即进入该报当社会新闻记者。这家报纸虽有浓重的宗教色彩,但战后创刊时,副社长陈北鸥是共产党员,编辑中有北平地下党基层负责人李炳泉、张青季,还有邢方群、李孟北、陈琏等地下党员,比例占全社 20 多工作人员的一半。在这样的便利条件下,刘时平广交朋友,利用记者身份获得了许多情报。在刘时平的情报网络中,就有傅作义的骑兵第 12 旅旅长鄂友三。

这位鄂友三参加了傅作义主持的奔袭石家庄的秘密会议。第二天,刘时平就找他喝酒来了。当时在场的还有国防部保密局华北特别站站长兼华北"剿总"爆破大队长杜长城、宪兵第三营营长刘建龙。刘时平和鄂友三、杜长城是绥远同乡、中学同学,在北平经常举杯畅饮,无所不谈。刘时平隐约听说傅作义召集了重要会议,就专门前来打探。

席间,刘时平殷勤劝酒,一面陈辞激将:"老傅(作义)升任一年了,继庄疃之后连吃败仗。满城进剿,弄得你十二旅好惨。咱察绥人真他妈窝囊!"鄂、杜均属蒋介石嫡系,对傅作义有反感。鄂友三喝多了,听了刘时平的话，勾出满腹牢骚，于酒醉中叫道："委座有令，要老傅明天就去端共产党的老窝。这次为兄的要大显身手了，让他们看看咱们察绥人的厉害。老弟，等着瞧吧！"刘时平听后大吃一惊，赶紧劝酒，于杯来盏往之中，把详情套了出来。

刘时平（1915—1999），原名刘光兴，又名刘秀南，出生于内蒙古临河城内一个商户家庭，父亲刘福平曾任临河商会会长，是开明士绅。刘时平于1936年在归绥中学毕业后考入北京大学，在清华大学学长乔培新和北京大学学友高万章的影响下，同年参加中共外围组织"中华民族解放先锋队"，1937年10月加入中国共产党。

抗战爆发以后，刘时平到山西岢岚八路军120师民运部工作了一段时间。1939年夏至1941年到昆明西南联大继续求学。"皖南事变"后，刘时平奉命进入滇南农村躲避敌人的搜捕，却因联系人变化，导致身在农村的刘时平失去了组织关系。

1946年7月李公仆先生在昆明被暗杀，刘时平冲破封锁，冒着危险只身前往上海，传出这条新闻，使通讯《李公仆先生惨遭暗杀》在《文汇报》上发表。事后，他前往北平进入报界，先后在《北平纪事报》《北平益世报》当记者、采访部主任。他在艰苦条件下，冒着白色恐怖，利用合法报刊揭露黑暗。1947年1月，他是率先报道"沈崇事件"的记者之一，他采写的通讯《沈崇小姐》，揭露美国兵的暴行，产生了很大的社会影响。

北平地下党学委、南系负责人之一李炳泉是刘时平在西南联大的同学，知道刘时平在校时就是党员，但是离校后至今无人为他接转组织关系。经党组织慎重研究，李炳泉于1948年8月通知刘时平，上级决定以重新入党的方式解决刘时平的党籍问题，此前的党龄待有条件证明后予以解决。李炳泉要求刘时平，利用绥远老乡关系，接近傅作义的核心人员，获取机密。

刘时平是一个充满革命理想的知识分子，能言善饮，那天晚上一直将鄂友三等人灌醉才离去。

离开鄂友三时已是深夜。刘时平深知刚刚获得的消息多么重要，又想到杜长城曾说，他的爆破大队已在西直门车站装好了车。为防有诈，刘时平乘鄂友三等人昏睡未醒之际，径直跑到西直门火车站，以《益世报》记者身份做掩护，通过了军警的盘查，进入站内。只见站台上军人们往来匆匆，满载军事物资和车辆、马匹的列车已进行了伪装。整个站区人喧马叫，完全是一幅军旅待命出征的景象。刘时平弄清了部队番号、列车的发向和开动时间，立即折身返回，向他的上级李炳泉汇报。

25日上午8时，学委负责人根据刘时平侦知的情报，拟成电报稿转给北平地下党负责人之一的崔月犁。崔月犁和地下电台报务员冒着机毁人亡的危险，破例于上午开机，在上午10时许就将这份关系重大的紧急军事情报发给了华北局城工部，转交华北军区。这份情报给华北军区司令员聂荣臻留下了特别深刻的印象。1979年1月24日，《人民日报》刊登了聂荣臻题为《战斗在第二条战线上——怀念刘仁同志》的文章，他特地提道：蒋、傅策划的突袭石家庄的阴谋，"当天就为我地下党了解，经过地下党电台急报城工部，转报党中央。"①

综合事后所知情况，中共地下党从多种渠道获取了傅作义的密谋，但刘时平所得情报确凿无疑，报送及时，为党中央和华北军区领导人的决策起到了重要作用。

10月25日10时30分，位于西柏坡的军委机要局收到了华北军区城工部的这份急电，立即送给了毛泽东、周恩来、朱德及军委其他领导人。

少顷，军委首长先后来到作战室，气氛骤然紧张起来。他们集聚在地图前，一面指划着一面交谈。片刻，毛泽东和其他几位领导人离去，只留下周恩来一人。他坐在一把破旧的椅子上，起草给华北军区和华北野战军

---

① 郑维山：《从华北到西北——忆解放战争》，解放军出版社1985年版，第213—216页。

二兵团并告三兵团的指示。

> 据北平确息，蒋傅匪决集中九十四军（三个师）及新二军（二个师）经保定向我石门（石家庄）实施空心袭击，并配属汽车四百辆，带炸药百吨，企图炸毁石门，现九十四军一二一师先头已抵北河店，其五师已抵新城。估计二十七、二十八两日九十四军可能集中保定，二十九日可能会合新二军大部向石门前进。
>
> 我为坚决保卫石门，破敌计划，七纵主力应即转移至保定以南坚决抗阻南进敌人，以待三纵赶到会合歼敌，使其不得南进，七纵队另一旅应即直开新乐、正定之间，沿沙河、滹沱河两线，布置坚决抗阻阵地。
>
> 杨（得志）、罗（瑞卿）、耿（飚）得电后应立即令三纵受军区直接指挥，于明（26）日起，以五天行程，不惜疲劳赶到望都地区，协同七纵主力作战并指挥之。杨罗耿率主力，应相机过路。到后，或直插平涿线破路，或向保定、望都方向随三纵后跟进，视情况再定。
>
> 聂（荣臻）、薄（一波）已直电三纵行动，二兵团电台应于宿营后随时保持与军区及军委联络。①

军事部署是应对傅作义袭击的第一步。华野副司令员肖克受命统一指挥石家庄的守备。华北军大的学员也被动员起来，准备投入战斗。同时接受战斗命令的，还有冀中的各地方部队及民兵。

做出军事部署的当天，毛泽东亲自执笔，以新华社记者的名义撰写新华社电讯稿，刊登在《人民日报》重要位置上，揭露傅作义偷袭石家庄的

---

① 郑维山：《从华北到西北——忆解放战争》，解放军出版社1985年版，第192页。

阴谋。时任人民日报副总编辑的安岗后来在回忆文章里写道：

> 10月25日晚上，各版已经付印，我就休息了。当时因为形势紧张，在我睡觉的房间里安了一部电话。我刚睡下，电话响了，是胡乔木打来的。乔木让我拿笔和纸，说他要传我一条消息，还说这条消息明天见报。
>
> 我说，报纸已经付印了。
>
> 乔木说，那你就先把它停下来，把这条消息换上去。消息的内容是，告诉傅作义，他要偷袭石家庄，我们知道了，已经做好准备，还指出北平防守空虚，问他还要不要北平？
>
> 乔木同志告诉我，这条新闻是毛主席写的。
>
> 我问，这条消息放在什么位置上？
>
> 乔木说，这消息放到头条位置不好，这个消息还得让他们看得见。所以当时就决定把这条消息放到在版面中间。乔木连字号都考虑好了，说，关键是要送到前线，让敌人看到。①

临时换上版面的就是毛泽东撰写的新华社电讯稿，刊登在10月26日的《人民日报》头版，标题是《蒋傅匪军妄图突击石家庄》。

> （新华社华北二十五日电）确息：当我解放军在华北和全国各战场连获巨大胜利之际，在北平的蒋匪介石和傅匪作义，妄想以突击石家庄，破坏人民的生命财产。据前线消息：蒋傅匪首决定集中九十四军三个师及新二军两个师经保定向石家庄进袭，其中九十四军已在涿县定兴间地区开始出动。消息又称：该匪部配有

---

① 郑维山：《从华北到西北——忆解放战争》，解放军出版社1985年版，第196页。

汽车，并带炸药，准备进行破坏。但是蒋傅匪首此种穷极无聊的举动是注定要失败的。华北党政军各首长正在号召人民动员起来，配合解放军，坚决、彻底、干净、全部地歼灭敢于冒险的匪军。①

这篇电讯稿同时供新华广播电台播发，敌军果然"及时"收听到了。26日清晨，傅作义的新闻秘书抄录了这篇电讯，送给傅作义本人过目。傅立即指示秘书长王克俊："昨天夜里中共方面广播了我们的'援晋'行动，

1948年10月26日《人民日报》1版刊登的关于敌人突袭石家庄的消息，是胡乔木奉命起草，由毛泽东修改定稿的。

你听到了吗？看来不妙，人家既然了如指掌，就会有所准备，我们的行动将难以成功。你要与刘春方（骑兵第4师师长——本书作者注）保持联系，不要让他轻举妄动。你也要通知郑挺锋，一切行动要谨慎小心，不要中了共军的埋伏……"②

指挥突袭行动的副总指挥刘化南，通过情报得知《人民日报》刊登的

---

① 见2002年8月在北京访问安岗的记录，并参见安岗：《进城之前》，引自《人民日报回忆录》，人民日报出版社1988年版，第47页。

② 袁德金、刘振华：《华北解放战争纪实》，人民出版社2001年版，第435页。

1948年10月28日《人民日报》关于迎击敌军南袭的报道上了头版头条。这条消息也是毛泽东撰写的。

这条消息,他说,我们自以为这是一次极为秘密的行动,可是部队尚未出发,解放军对一切已了如指掌,登在报上,只怕此举是"有去路,无回路"!

10月26日近午,华北野战军三纵队司令员郑维山突然接到聂荣臻的电话,向他传达了周恩来的命令:带领三纵立即出发,轻装、隐蔽、取捷径,4天赶到满城,会合并指挥七纵,阻击向石家庄进犯之敌。

下午3时,三纵向南进发。

第13章 毛泽东"空城计"退敌前后

在告诉傅作义我军已经洞悉其阴谋后,毛泽东撰写了第二条新华社电讯稿,于10月28日刊登在《人民日报》头版,以《华北各首长号召保石沿线人民准备迎击匪军进扰》为题,警告敌军,如敢冒险,必被歼灭:

(新华社华北二十七日电)为了紧急动员一切力量,配合人民解放军歼灭可能跑向石家庄一带进扰的蒋傅匪军,此间党政军各首长已向保石线及其两侧各县发出命令,限于三日内动员一切民兵及地方武装,准备好一切可用的武器,以利作战,尤其注重打骑兵的办法。闻蒋傅两匪进扰石家庄一带的兵力,除九十四军外,尚有新骑四师及骑十二旅,并附属爆破队及汽车四百余辆,企图捣毁我后方机关、仓库、工厂、学校发电厂、建筑物。据悉,该敌准备于二十七日集中保定,二十八日开始由保定南进。进扰部队匪首有九十四军军长郑挺锋,新编骑四师师长刘春方,骑十二旅旅长鄂友三(即今春进扰河间之匪首)。此间首长们指示地方各界,切勿惊慌,只要大家事先有充分准备,就有办法避开其破坏,诱敌深入,聚而歼之。今春匪扰河间,因我方事先毫无准备,受到部分损失,匪部也被其逃逸。此次务希全体动员对敌,不使敢于冒险的匪徒有一兵一卒跑回其老巢。今年五月,阎傅匪曾有合扰石家庄的计划;保石线及正太线各县曾经一度动员对敌,后来阎匪一师在盂县被歼,傅匪惧歼未动,但保石线人民已有了一次动员的经验;此次因蒋匪在北平坐督,傅匪不敢不动。华北军区已向各县指出,不要以为上次未来,此次也不会来,不做准备,致受损失。即令敌人惧歼不来,我有此种准备总是有利无害。①

---

① 郑维山:《从华北到西北——忆解放战争》,解放军出版社1985年版,第196页。

1948年10月31日《人民日报》头版头条《石庄人民充满信心,准备歼灭蒋傅匪军》的消息,是由人民日报编辑撰写的。

这时,冀中军区第七纵队和上万民兵已在望都、唐河两地构筑抗阻阵地,对敌军可能通过的各条通道破路阻断,埋雷设障。

10月26日,敌军先头部队第94军从涿县往南进发,刚过徐水,就一路遭遇断路、地雷,结果比原定计划推迟一天,27日晚才到达保定集结。敌军曾企图倚仗骑兵不受道路、地形限制的特长来开路。但28日敌左翼骑兵刚出保定进入清苑境内,即遭到预先埋伏的民兵攻击,人亡马惊,四处逃窜。直到29日,敌军大部还滞留在望都以北地区。只有鄂友三的骑兵旅绕道进至唐河。29日晚,就在他们人困马乏准备宿营的时候,我军第七纵队一部和民兵趁机攻打敌军,经过40分钟激战,打死打伤敌人150多人,迫使敌军仓皇回逃。遇此情况,副总指挥、骑兵第4师师长刘春方几次向傅作义发电告急:指出南进之举"谏请钧座考虑"。

受到阻击之初,傅作义军仍按原计划行动。10月30日上午10时,郑挺锋命令炮兵密集火力轰击解放军阵地,又指挥部下从东、北、西三个方向发动攻击。我军第七纵队经过6小时英勇奋战,打退敌人多次进攻,但因工事较弱,防线被敌军突破,于是转至沙河防线做新的抵抗。当晚,敌军先头部队进至唐河南岸，离石家庄约 100 多公里。

就在这时，华野三纵星夜兼程，终于在 10 月 31 日凌晨赶到沙河，从正面挡住了敌军。至此，情况全面转危为安。同时，毛泽东也使出另一招"围魏救赵"之计。29 日晚 23 时，中央军委三次致电东北野战军林彪、罗荣桓、刘亚楼，命令东北野战军派部队进入玉田、蓟县、三河、宝坻地区，威胁平谷、平津、平榆三线，主要威胁北平，迫使南下突袭石家庄的敌军一部回师北平。

10 月 31 日《人民日报》头版刊登了《石市人民充满信心，准备消灭蒋傅匪军》的消息，这是人民日报编辑对毛泽东"空城计"的积极配合。

就在这一天，毛泽东写出了第三篇新华社评论《蒋傅匪整个北方战线只有几个月就要完蛋，妄想偷袭石家庄究竟他们要不要北平》，发表在 11 月 2 日《人民日报》头版，这是构成毛泽东此番"空城计"3 篇文章中篇幅最长的一篇。

（新华社华北三十一日电）当看到国民党军队的将军们都像一些死狗，咬不动人民解放军一根毫毛，而被人民解放军赶打得走头无路的时候，白崇禧、傅作义这两匹似乎还有一点生命力的狗子就被美国帝国主义者所选中，成了国民党的宝贝了。蒋介石已经是一具僵尸，没有灵魂了，什么人也不再相信他，包括他的所谓"学生"和"干部"在内。在美国指令之下，蒋介石提拔了白崇禧、傅作义。白崇禧现在已是徐州、汉口两个"剿总"的统帅，傅作义则是北线的统帅，美国人和蒋介石现在就是依靠这样两匹狗子挡一挡人民解放军。但是究竟白崇禧、傅作义还有几个月的寿命，连他们的主人和他们自己也不知道。蒋介石最近时期是住在北平，在两个星期内，由他经手送掉了范汉杰、郑洞国、廖耀湘三支大军。他的任务已经完毕，他在北平已经无事可做，昨日

1948年11月2日《人民日报》1版刊登了毛泽东撰写的文稿,宣告敌人的进袭即将以失败告终。

业已溜回南京。蒋介石不是项羽,并无"无面目见江东父老"那种羞耻心理。他还想活下去,还想弄一点花样去刺激一下已经离散的军心和人心。亏他挖空心思,想出了偷袭石家庄这样一条妙计。蒋介石原先是要傅作义组一支轻兵去偷袭济南的,傅作义不干。偷袭石家庄,傅作义答应了,但要两家出本钱,傅作义出骑兵,蒋介石出步兵,附上些坦克和爆炸队,从北平南下了。真是异常勇敢,一个星期到达了望都地区;指挥官是郑挺锋。从这几天的情报来看,这位郑将军似乎感觉有些什么不妥之处,叫北平派援军。又是两家合股,傅作义派的是第三十五军,蒋介石派的是第十六军,正经涿州南下。这里发生一个问题,究竟他们要不要北平?现在北平是这样的空虚,只有一个青年军208师在那里。通州也空了,平绥东段也只稀稀拉拉的几个兵了。总之,整个蒋介石的北方战线,整个傅作义系统,大概只有几个月就要完蛋,他们却还在那里做石家庄的梦!①

此时的毛泽东成竹在胸,文章更是气势恢宏,显示出解放军严阵以待的气势和决心。毛泽东本人对这篇文章相当重视,力图早使敌人知晓。他在此文的稿样上方批示道:"乔木(秘书胡乔木):此件最好今天能口播,并发文播。假如可能,请谷羽(胡乔木的妻子——本书作者注)抄正一下。毛泽东三十一(日)早。"手稿发出后,他又写了一封便条:"乔木:蒋介石是住在北……'现在'二字应改为'最近时期',方不与下文业已溜回'南京'相矛盾。不知还改得及否?毛泽东。"此件播发时,按毛泽东的意见做了修改。②

一方面是军事打击,解放军主力赶到,傅作义南下兵团遭受损失;一方面是毛泽东几篇文章的震慑,傅作义完全明白了自己的处境,即下令退兵。

应该指出,傅作义集团实施此次袭击行动本身也是不坚决的。还在傅作义部署作战计划的时候,华北"剿总"参谋长李世杰就提出疑义,任务下达了,但我心中很不踏实。自从共军攻克济南后,大有一种决战之势。林彪南下,攻锦州,战辽西,切断国军东北与华北的联系,封闭东北,造成卫立煌进退失据,眼看东北国军即将覆灭。委员长又生一计,高唱什么"华北中兴"。依我看,华北不但不可能"中兴",相反,我们的"援晋"也好,"突袭"也好,说不定也会是损兵折将。途经几百里路的共区,保守机密、出其不意的说法,显然是自欺欺人。既然无密可保,所谓奇袭也就自然不复存在了。③

其实,就是傅作义本人,对这次行动也是藏了一手的,有其应付蒋介

---

① 郑维山:《从华北到西北——忆解放战争》,解放军出版社1985年版,第197页。
② 胡乔木:《胡乔木回忆毛泽东》,人民出版社2003年版,第463页。
③ 袁德金、刘振华:《华北解放战争纪实》,人民出版社2001年版,第428页。

石的一面。傅作义的女儿傅冬曾在解放后当面多次询问过民主人士、后于1982年加入共产党的刘春方。刘说,此次行动的主力师就是刘春方师,是傅作义的嫡系。傅在刘春方行动前面授机宜说,此次行动有八字方针:"避免接触,保存实力。"因此,刘春方指挥的部队尽量避免与解放军激战。倒是那个鄂友三贪功,结果白白葬送了许多兵马。①

傅作义集团袭击石家庄,是这个武装集团最后一次出击。辽沈战役胜利后,东北野战军挥师入关,平津战役即拉开了战幕。

1948年在天津大公报工作时期的傅冬。新中国成立以后,她成为人民日报记者。

1998年的刘时平。

中共地下党员刘时平,在敌人袭击石家庄行动失败后继续经受生死考验。由于受到怀疑,《益世报》受令停刊。特务也怀疑到了刘时平。一天半夜,宪兵第三营营长刘建龙摸到刘时平的住处,用枪口顶住刘时平的头说:"我们该走了,临走前先给你送颗子弹。"刘时平不慌不忙地问:"你这是干什么?咱们是老乡,有话你说。"刘建龙回答:"你出

---

① 见2004年7月15日对傅冬的访问记录。

卖了我们！"当他看到刘时平毫无惧色，又有点胆虚地说："想咱们从小是同乡同学，今天这颗子弹就省了。"说完就走了。

没想到，不久后刘时平疏散隐蔽时，正撞上国民党特务搜捕，被捕入狱。刘时平经受了折磨，坚不吐实，在北平和平解放时获释出狱。

几个月后，北平和平解放，傅作义将军的新生开始了。刘时平由北平市委城工部安排，进入刚刚创刊的《人民日报·北平版》当记者。几个月后他南下担任《解放日报》编委，不久又回到《人民日报》。他于1957年蒙冤被打成右派，1979年平反，在拨乱反正的改革岁月里焕发青春，写下了大量报道。根据调查确认，他的党籍自1937年算起。1999年9月刘时平去世，终年84岁。

第 14 章

进出阳泉大转移

后人看来,毛泽东雄文退敌的故事有惊无险,但在当初傅作义南进袭击的骑兵逼近望都,一度突破解放军防御阵地的时候,还是在石家庄一带引起高度的紧张。为了防备敌军真的打到总部门口,在石家庄附近的一些重要机关,包括人民日报社编辑部奉命向太行山深处转移。

人民日报的编辑记者们对这次转移有足够的心理准备。华北《人民日报》毕竟是在战火中诞生的,自创刊以来,石家庄、平山不时遭受敌机轰炸,在战争环境中转移,对久经考验的新闻老兵来说,已经是家常便饭了。

1948 年初夏,国民党情报部门已经侦知,解放军统帅部转移到石家庄附近。为了减轻东北战场的压力,国民党空军加强了对冀中平原,尤其是对石家庄周边地区的轰炸。1948 年 8—9 月间,国民党空军轰炸机的袭扰相当频繁。报社负责行政工作的副秘书长郭渭认为,敌机袭扰严重时影响了报纸的正常出版,还使后勤供应遇到了很多困难。

女编辑宋琤回忆说:

> 新的《人民日报》创刊之后,敌人的飞机轰炸多了起来,这是我们过去在武安河西村很少经历的。华北军区新盖了一片房子,结果敌机飞来,半天就炸掉了。

第14章　进出阳泉大转移

一遇到敌机袭扰,白天就不能在村里搞编辑了,我们拿一点干粮就要跑到田野里躲空袭。有一天敌机来轰炸了,我正带着女儿去看病,刚出村子,就看见大批飞机来了,我抱着孩子到田地里躲了半天。①

排字工范守田回忆说,《人民日报》刚创刊的时候,敌情还比较缓和,我们觉得敌军离开我们比较远了,没有想到随后敌机轰炸就跟着来了。

去平山的时候,我们在石家庄买了10多盏汽灯,由我每天为排字房点汽灯。遭受轰炸以后,就不敢点汽灯了。当玉米一人高的时候,豆子也长起来了。这时,敌人的飞机连续轰炸了石家庄和平山一带。飞机一来,我们就跑到地里躲。连续受到轰炸后,我们在晚上排字不敢点灯了。当时在里庄有一个专供印刷机用的手摇发电机,干其他的活儿要照明的,只能用油灯。油灯光亮小,我们排字的时候,就一手托一个灯,用另一只手捡字。"②

对国民党空军持续多次的轰炸,尤其是9月间的轰炸,人民日报经理部负责人之一程庆丰留下了生动的回忆。他说,有一次敌机轰炸时,他正在石家庄电影院听薄一波做报告。薄一波说到振奋人心之处,台下热烈鼓掌。就在报告快要结束的时候,突然听到飞机的声音,爆炸声也随即传来。影院的电灯一下子全灭了,什么也看不见,只听到一阵桌椅的猛烈碰撞声,人们纷纷往外跑,一时间秩序大乱。

主持人喊道:"不要乱,不要乱,有秩序地出去!"但在这会儿局面已经失去控制,程庆丰是在黑暗中摸着墙壁一步步走出电影院的。好在敌机

---

① 2003年3月12日对宋琤的访问记录。
② 2004年5月23日在北京访问范守田的记录。

胡乱投下一些炸弹就飞走了，没有造成伤亡。

还有一次，程庆丰正在经理部门口和一个小贩"孟掌柜的"聊天，突然看见一架敌机飞了过来，从机身里扔出一个小黑点儿——那就是炸弹。程庆丰一看不好，转身就往防空洞里跑，还没有来得及下去，就听得院子里一声巨响，过了一会儿，被炸碎的瓦砾和砖块像雨点一样落下来。

待到敌机飞走，程庆丰出来一看，屋子里面，办公桌上、床上、窗台上落了厚厚一层浮土，电话机也掉到了地上。院子里炸出一个深坑，那就是刚才他和小贩聊天的地方。"孟掌柜的"不见了，周围的墙上有血迹，后来才发现他已被炸死，还被气浪抛到了房顶上。所幸的是，经理部其他人都不在，免遭此难。①

根据杨沫日记记载，1948年9月13日至17日，国民党飞机对石家庄和平山连续轰炸了5天。

国民党空军的轰炸给里庄的人民日报编辑部人员带来很大的惊扰。每当敌机飞临里庄，报社工作人员都要跑出村子躲避。当时解放军几乎没有什么防空武器，对飞来的敌军轰炸机无可奈何。身在北焦村的人民日报会计张桂云回忆：

> 1948年中秋节前，敌机将一个炸弹扔在我们经理部门前，造成了居民的伤亡。经理部的同志都钻进了楼下的防空洞。由于防空洞里尘土多，人们出来的时候都变成了"土地爷"，相互看着大笑。有一段时间石家庄各单位的人白天都躲到农村去，我们经理部也这样，留下尚世昌值班看守，北焦印刷厂厂部由我值班。尚世昌和材料厂的杜庆云（他家住在材料厂）给我打电话说："飞机炸完了，你赶紧打来电话，我如果不接，就赶快找人来挖我。"所

---

① 2002年8月25日在北京访问程庆丰的记录，参见他的回忆文章《报社经营管理漫忆》，见人民日报报史编辑小组：《人民日报史料选编》第8期，1988年7月25日。

以我在每次敌机轰炸完后，马上给尚世昌、杜庆云打电话。他们接电话说"平安无事"，我就说："好！祝你平安。"

北焦村没有防空洞，防空时要跑往村北的干河沟，我和马松珍、乔永贵在干河沟里挖了3个洞，每洞可以钻进一人坐着。我挖的洞很少利用，飞机轰炸时我通常钻到屋内的方桌下面。有一次厂长刘威发现了，还是要求我跑出去防空，而且一定要我往村外沟里跑。有一次我还没跑到河沟，飞机就在头顶上扫射了。我身上背着印厂的大钱包，就近钻进了庄稼地里的干草堆里，卧倒在地上，过了一会儿竟然睡着了。空袭结束后，迷迷糊糊听到有人喊我，我出来答应。刘德顺批评我说："飞机扫射，草堆里根本防不住！真奇怪你还能睡着。"我说我晚上还得工作，没睡觉，实在困极了。①

敌机的轰炸持续了多日，使人民日报领导人产生了很大的疑惑，莫非敌人已经侦知人民日报编辑部就在里庄？他们还会来大规模轰炸吗？

为了避免更大的损失，经理部决定把报房和经理部的部分档案、物品等从北焦村向南面的获鹿县东焦村转移，那里是一片丘陵，便于防空。经理部派出穆戈梅、郭铭押送两辆马车直奔东焦村。这天，两辆马车刚走出石家庄就遇到飞机轰炸、扫射。运送人员将马车隐藏在路边农田里和树下，飞机走后继续前进。结果，这段不算远的路却走了整整一天。

随后，人民日报编辑部一部分人也搬到了东焦村。对编辑部转移的日子，杨沫在日记中有记载：10月20日，"我们报社已随中央局转移到了河北的获鹿县。报社住的村庄名'东焦'。"②

编辑部部分人员来到东焦村没有几天，即发生了傅作义军南下进袭的

---

① 2003年11月18日在北京访问张桂云的记录。
② 《杨沫文集》第6卷《自白——我的日记》上，北京十月文艺出版社1994年版，第70页。

1948年10月底,因傅作义军进攻,张磐石带领人民日报的队伍转移,这是张磐石和儿子铁牛在转移途中(张磐石保存,张志钢提供)。

紧急情况。

到10月底,局势尚未明朗。10月29日,华北局决定,中央局直属机关包括人民日报编辑部自10月30日起撤向山西阳泉,要求人民日报一部分编辑坚持工作,不停止出报。编辑部大部分人员到达阳泉后即出报。

人民日报领导是10月30日早晨接到转移命令的,张磐石即和几位主要负责人商定,马建民、袁勃、安岗留在平山里庄坚持出报。编辑部则分为两路，一部分编辑人员由王亢之带领径直到阳泉准备出报，另一部分则是大队人马，由张磐石、郭渭率领，稍后出发，到阳泉和王亢之会合。

李庄奉命留在里庄，他回忆说：

> 人民日报的机器设备比一般机关笨重，备战更加吃力，但我心里认为是多此一举。敌人早被打怕了，两三个军敢来这里？我们是在中央身边怕什么嘛！不过这是心里嘀咕，不敢说出口来。报社女同志、体弱者、不需要留下坚持工作的人员分乘骡车而去。大家嘻嘻哈哈，毫无过去反"扫荡"时背着背包紧急疏散的紧张气氛，足证有我上述看法的人不在少数。
>
> 大概因为我身体比较健壮，在编辑部门也算个突击力量，又被指定为坚守阵地必要时最后撤离的少数人员之一。我认为这是一个美差，能看看敌人如何动作，少跑许多来回路，还能改善生活。根据地的老规矩，反"扫荡"转移前夕，照例改善。这次杀了一口猪，大块炖肉。要转移的女同志、病员饭量小，给坚持工作的同志剩下许多，我们美美地吃了几天。报纸照常出版，总分社照常发稿，工作量较前成倍增加，可是精神十分愉快。稳坐"空城"之中，享受几分豪气，编着《我军解放包头开封》《东北我军向沈阳急进》这样振奋人心的新闻，吃着不限量的土豆炖肉——大树底下好乘凉，此言不虚。①

两路转移人马要比李庄他们辛苦多了。

编辑部成员先到石家庄，与那里的一部分人员会合，坐上火车西去山西阳泉。等到张磐石、郭渭带领后勤和妇女干部，坐骡马大车一路颠簸到

---

① 李庄：《难得清醒》，人民日报出版社1999年版，第131—132页。

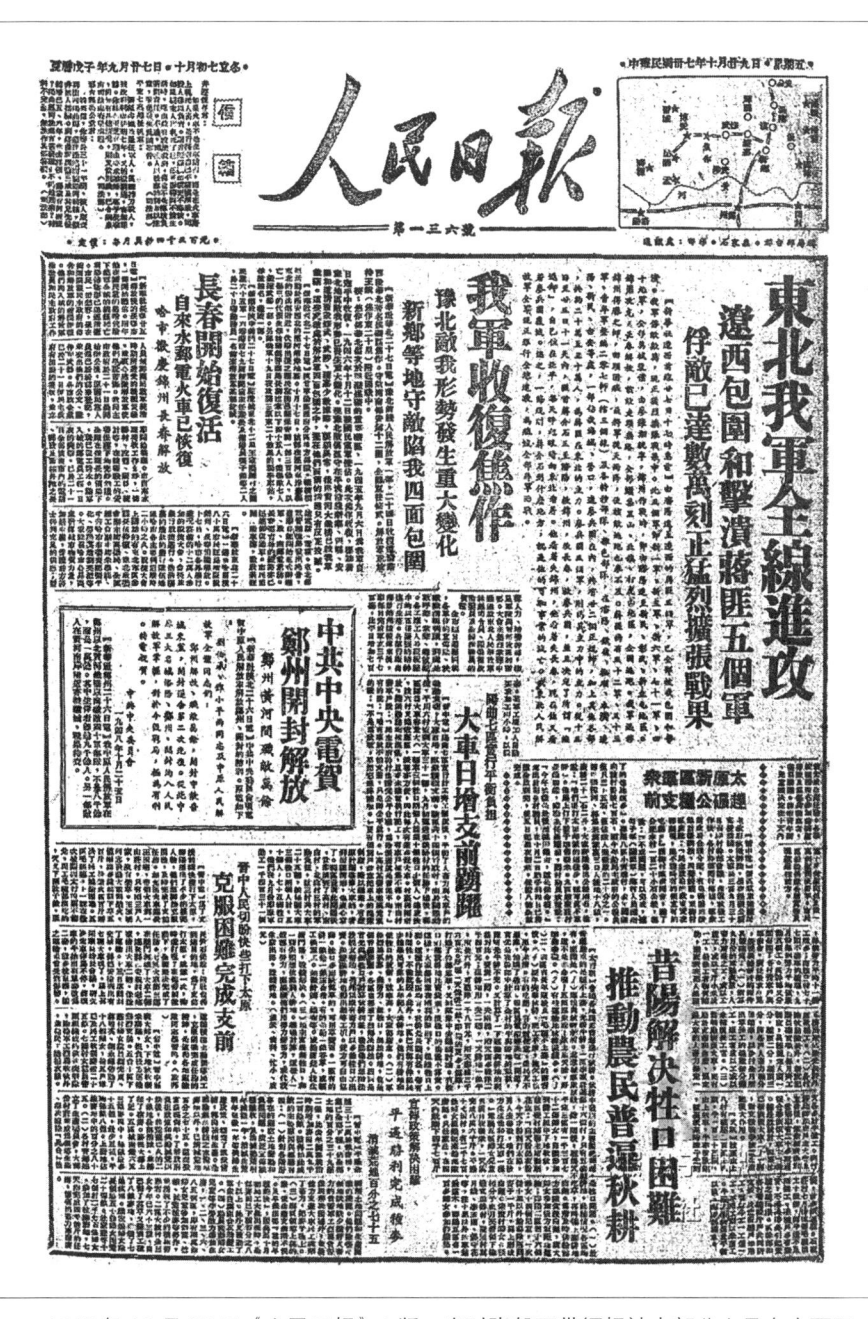

1948年10月29日《人民日报》1版，当时张磐石带领报社大部分人员向山西阳泉转移，这是留在里庄的人员坚持出版的报纸。

了石家庄火车站,站里已经没有火车车皮可以调用了。

带队首长郭渭一听此情心里着急,直接奔进站长室,要他安排车皮运走人民日报的工作人员和家属。可是站长两手一摊,说现在哪有车皮可以调度。

站长是一位"留用"专业人员,起初郭渭还以为站长"留了一手",情急之中拔出手枪,在站长面前晃来晃去,想吓唬他一下,结果毫无用处。郭渭明白在车站再等下去无益,为了防止损失,他立即指挥大家掉转头来,乘坐骡马大车赶往阳泉。

行进在郭渭这支队伍中的郝菊鲜回忆:

> 后勤部门的同志和我们一群妇女在一起转移。因为我带着小孩子,负责行政的同志给我找了一头毛驴骑上,李克林那双"解放脚"走不了长路,也为她找来一头毛驴,和我一起骑着走。
>
> 接近山区的路上,有一天要过一条河,这时候天气已经很冷了。男同志大都卷起裤腿儿过去了,妇女们大都骑着毛驴过河,我怀里抱着孩子。我从小生活在山西的山区,很少见过那样大的水,心里就很紧张。眼看过河上到对岸了,毛驴一脚踩空,把我直直地摔在地上,后脑勺重重地磕了一下。还好,我把孩子紧紧地抱在胸前,他没有受什么伤。
>
> 当时我们只顾着赶快行军了,忍着痛爬起来就走,嘴里还直说"没什么"。当天晚上我们来到一个小村庄宿营。由于情况紧张,没有打开行李,我和李克林背对背坐在炕上过了一夜。我们两个后脑勺一碰,我突然觉得痛得厉害,一摸,原来脑后鼓起了一个大包。
>
> 第二天,我们来到一个小车站,从这里上了火车,撤到了山西省阳泉。

这次撤退对我的身体造成很大伤害，在返回平山的路上我发起了高烧，同志们用担架抬着我走。路上，张磐石看见了躺在担架上的我，马上走过来询问我的身体情况，我心里很感动。①

张桂云跟随着印厂的队伍撤退，因为已有身孕，她在转移中比别人又多了几分曲折。

1948年10月下旬，傅作义军进攻石家庄。形势紧张了，印刷厂把铅字都埋起来，决定大家都撤走。我从老乡那里买了一些鸡蛋，装了一大水壶，我的上衣口袋也装了些生鸡蛋，如果饿了，吃喝都可以。我还背着一个包袱，里面装着账本和现金。包袱里还有我两件衣服、两双银质筷子。那筷子是我结婚时别人赠送的珍贵礼物。一大壶鸡蛋由男同志帮我提着，就这样上了火车，准备去山西阳泉人民日报造纸厂。

晚上我们刚上火车，还未开动，国民党的飞机就来了，扔下几颗照明弹。这时，车上的人都跳下车躲避，有的钻到车底下。那时我怀孕不久，就没有躲。因为我们坐的火车是装煤用的，四面车槽很高，跳车不方便。况且我身上还背了装有现金和账本的包袱，就更不敢跳车了。

空袭过后车就开动，一路上开开停停。火车开到阳泉火车站，刚要进站时，敌机又来了，一阵阵机枪扫射。许多人跳下车躲敌机轰炸。既然到了阳泉，我是应该下车的。在我身边的牛延川一路关心我，保护我。他看见经理部发行科长向贤初已经跳下车，就好心地把我身上的包袱接过去，大声喊："老向，接我的包袱！"

---

① 2004年9月28日在北京访问郝菊鲜的记录。

1948年10月，郝菊鲜（摄于里庄），她怀中抱着的男孩名叫安延亮，1948年2月29日生于武安河西村。

说着就把包袱扔向老向，然后帮助我爬下车去。我顾不得躲飞机，就去找向贤初要包袱。谁知道向贤初说，没有接着牛延川扔下的包袱呀。我急得大哭，同志们都帮我找，也没找到，我和牛延川在火车周围和候车室转了几遍，也未找到。我们马上报告领导，并请火车站工作人员帮助找，后来还在阳泉的报纸上登报寻找，还是没找到。这是我从事财务工作中唯一一次失落现金和账本的错误。

回石家庄后,我向领导写了检讨。会计室派牛延川帮助我,根据单据核对、补记账目。由牛延川把重新记账和核对情况向领导写了报告。经理部、会计室、印刷厂领导都认为,这是在战争环境下出现的事故,没有给我任何处分。这次事故发生时,在敌机扫射的阵阵枪声中,牛延川不顾自己,始终照顾我,扶我下车,帮我寻找丢失的包袱等,终生难忘,我衷心感谢他。①

转移中,人民日报的队伍出现了伤病号,第一个伤员恰恰是卫生员陈玉秀。当时陈玉秀孕后流产不足一周,身体虚弱,被安排坐上马车转移。同车的还有几位带着孩子的女性,李千峰的妻子姚文也在车上。

转移行军到夜间,道路上坑坑洼洼,突然马车一颠,将坐在车边的陈玉秀甩了下来,车轮从她身上碾过,陈玉秀当场就昏了过去。

车上的人马上下来,将陈玉秀抬上大车,又走出几里路送进医院处理伤势。可是医院也要转移,于是就组织民工将她和伤员们放在担架上抬着走。陈玉秀直到第二天才清醒过来,见到身边有医护人员在忙碌。整个转移路上,她都是在担架上度过的。②

人民日报的护士上官成土,则忙着护理自己的伤员。原来,走在转移路上才一天,报社收发室的通讯员李春年就发起了39度高烧,走不了了。带队负责人当机立断,要上官成土一个人留下,带着病号先住到村中一户老乡家中再说。刚安顿好,队伍就走了。

病人发烧39度走不了怎么办?上官成土给病人打了退烧针、吃了药。屋里很冷,老乡拿来一些干柴,就在屋里点起火来取暖。村干部觉得这样不安全,第二天派来两个农民,扎了一副担架,把病人抬上,和上官一起出发去追赶前面的队伍,到中午时分居然追上了。那个地点离开山西平定

---

① 2003年5月14日在北京访问张桂云的记录。
② 2007年4月28日在北京访问陈玉秀的记录,参见陈玉秀为本书作者提供的回忆文字材料。

第 14 章 进出阳泉大转移

这是一张被岁月流波浸染得斑驳泛黄的照片。照片上的人都很年轻,如今已经难以知晓他们的姓名。可以认定的是,他们身披战争的硝烟走来,都亲身参与了人民日报在战火中的诞生。记住他们,就是记住一段激情燃烧的历史。1949 年 1 月 1 日人民日报经理部部分人员摄于石家庄南大街 38 号办事处内(张桂云保存)。

县城大约 10 多里,上官的药箱里已经没有多少药了。上级批了一些钱,要上官到平定城里买一些药带上。①

在这次短暂转移途中,张磐石和妻子王定坤受到了最沉重的打击,他们的小儿子二牛遭遇空袭夭折了!

---

① 2007 年 4 月上官成土向本书作者提供的文字回忆材料。

1948年10月底，因傅作义军进攻，人民日报大部分人员转移，张磐石和儿子铁牛摄于山西阳泉（张磐石保存，张志钢提供）。

那天，张磐石率领编辑部、行政后勤人员乘坐火车西去阳泉。火车刚开进山区，国民党空军的轰炸机就飞了过来。为了躲避空袭，蒸汽机车牵引火车开进娘子关长长的隧道里停下来。火车头没有熄火，继续喷吐浓烟。蒸汽机车冒出的浓浓烟雾顿时充满了隧道，令人感到窒息，隧道中一片咳嗽声。

张磐石、王定坤夫妇带着两个儿子同行，大孩子小名叫"铁牛"，不满5岁；小的叫"二牛"，只有3岁。二牛从小身体就不好，这时正在生病，由年轻保姆莲花抱着。火车进入隧道，浓烟马上裹了上来，二牛就显得不好了。莲花发现情况不妙，失声惊叫。但是没有别的办法，只能等待。待到空袭警报解除，人们跑出隧道，发现幼小的二牛已经停止了呼吸，于是立即送往医院抢救。在这样的时刻，张磐石、王定坤夫妇表现得相当镇定，指挥队伍继续向阳泉进发。①

---

① 2003年3月13日在北京访问张喜才的记录。

郭渭也跑了过来。他毕竟久经战争考验，格外坚强，安慰了张磐石夫妇两句，一跺脚又跑开组织队伍去了。对这个情景，郭渭记得特别清楚，几十年后还觉得历历在目。①

11月2日，张磐石率队来到山西平定县附近，急忙联系早一步到达的王亢之，确定他们所在位置。当晚，张磐石接到王亢之、刘希玲来信，告知编辑部、经理部、电务部人员已在阳泉齐备。信中还告诉张磐石，11月1日，向南进袭的傅作义军队已经后撤，险情消除了。因此中央局领导机关到了娘子关前就停了下来，没有进入山西腹地。

下一步怎么办？张磐石急向薄一波请示。

11月3日晚间，张磐石和王亢之见面了，互通消息，得知辽沈战役已经基本结束，东北野战军已于当日解放沈阳；傅作义南下集团则急速撤回保定、北平。董必武昨夜返回平山，人民日报返回原先驻地已成定局。

11月4日，张磐石领带的编辑部人员还在平定县附近，妻子王定坤告诉丈夫，他们的小儿子二牛抢救无效，已经死去了。张磐石在当天日记里记录了夫妻二人的心情："我们思想上有早有准备，还是感觉很受不了。即使如此，（定）坤说起来又流起泪来，可见儿女生死实在是件大事，虽圣贤亦不能坦然。"张磐石和妻子相互安慰，并约定，以后不提此事，让时光渐渐淡去心灵的痛楚。②

张磐石率领的编辑部大部分人员于11月11日晚间回到了获鹿县东焦村。在这之前，报社领导层对编辑部是继续留在里庄还是搬到东焦村有一番讨论。最后确定到东焦村，这个村庄比里庄大得多，交通便利，倚傍山区，是个进退都比较方便的地方。

这时，太原战役已经打响，人民日报早在10月中旬即向前线派出了记者袁毓明。原来，在徐向前指挥下，解放军集中了8万多人，准备在10

---

① 2003年9月26日在北京访问郭渭的记录。
② 见张磐石《行军日记》，张志钢提供。

月中旬发起太原战役,以期全歼阎锡山军。没有想到,阎锡山太原守军7个师,于10月2日离开太原南下进犯。徐向前果断地抓住敌人脱离防御阵地的有利时机,于10月5日提前打响太原战役。战至10月中旬,全歼阎锡山两个整编师共1.2万人,从南北两翼突破了敌人外围防线,随即对太原外围各要点发起了进攻。袁毓明就在这个时候赶了过去。①

眼看太原决战在即,人民日报领导认为袁毓明一人身孤力单,又向太原前线派出了杨永直、吴象、张布克等人组成的采访组。太原前线成为《人民日报》军事报道的一个重点。②

---

① 战至1948年11月13日,解放军攻占牛驼寨等东山四大要点,压缩了对太原的包围。这时,中央军委从整个华北战局考虑,为了避免北平、天津之敌军受惊南逃,指示徐向前缓攻太原,转入围城休整。1949年1月,平津战役胜利结束。眼看着太原成为华北孤城,阎锡山逃往南京。人民解放军一再劝告太原守敌放下武器,但是守敌拒不投降。华北野战军于1949年4月20日向太原发起总攻,24日全歼守敌。太原战役共消灭国民党军12.4万多人,结束了军阀阎锡山对山西长达38年的军阀统治,山西全境获得解放。

太原战役胜利后,杨永直(1917—1994),调往华东战场,报道解放军进攻杭州、上海的战况。新中国成立后他长期在上海工作,曾任上海市委宣传部长。

张布克回到人民日报。吴象留在了太原,参加创建《山西日报》的工作,后来,他担任了《山西日报》副总编辑、总编辑。

② 2007年在北京访问吴象的记录。

第 15 章

从里庄到东焦村

东焦是河北获鹿县（今鹿泉市）西北丘陵上的一个大村庄，有上千户人家，和里庄相隔一座山坡。村边平地都开垦成农田了，村庄房屋倚着山坡而建，一旦出现空袭，便于向山中疏散。

由于里庄村小，住不下两报合并后人民日报的所有人员，早在1948年6月编辑部进驻里庄之初，人民日报的行政后勤人员就先一步住进了东焦村。两报合并后担任副秘书长的郭渭，住进了东焦村农民王横子家的西屋。

由于敌机轰炸和编辑部往返转移，给《人民日报》的发行带来相当大的困难。1948年10月，报纸的发行量从47000份下降到29322份，减少了1/3。报社领导责成发行部采取措施改进。

报社发行部着手检查，认为造成发行量下降出于多方面原因，其中包括两报合并时间不长，人员变化较大，相互磨合不足；新来人员对发行工作不熟悉，规章制度混乱；再加上敌机轰炸造成动荡等。

事实上，从9月底开始，报社就开始逐步建立严密的规章制度，改善包装，减少差错。编辑部进驻东焦村，形势稳定后，《人民日报》的发行迅速改善，从11月起，发行量开始回升，到1949年1月，发行量回升到

38817 份。以后一直稳步上升。①

1948年的深秋,战争气氛还很浓,报社印厂每天晚上印报,把防空当作大事,晚上开工点汽灯时要把窗子用黑红双层布蒙得严严实实,每天干到凌晨三四点钟。范守田身体强壮能干,最初点汽灯的活儿大都由他来干,后来还教会了一个徒弟。对他来说,最难忘的是在东焦村宣誓入党了。那是在1948年9月5日,入党介绍人是排字房工人崔峰秀、秘鸣歧(进北平以后他二人随军南下,最后到《云南日报》工作)。入党宣誓仪式在一个庙里举行,领誓人已经记不清是谁了,记得组织委员刘钊、宣传委员陈瑞卿在场。当时,党组织仍处于不公开状态,对范守田这个新党员来说,待到进入会场,他才知道一起工作的同事中谁是党员。②

在东焦村,人民日报医务所正式成立,王俊峰任所长兼医生,还有医生于文芳(女)、赵健生,司药陈玉秀,除护士上官成土以外,又调来了护士周玉江。因印刷厂在靠近石家庄的北焦村,不久后赵健生和周玉江调往那里。11月初,随着编辑部大队人马从里庄搬到东焦村,上级向人民日报增派了医生戴春惠和司药王颖峰。

这年冬天很冷,由于取暖用柴不足,许多人得了感冒。上官成土回忆说,当时盘尼西林(青霉素)是最好的针剂,一般情况的病人不能用,要专门留给发高烧或有感染症状的病人。在东焦村的那个冬天,他相当忙碌。除了报社正式工作人员,保障他们的孩子们的健康,也在医护人员工作范围中。记得当时报社电务科副科长伊之的孩子得了麻疹,并发肺炎发起了高烧。为了给孩子打针,上官成土一天要跑几次。那时他没有手表,怕耽误了时间,晚上就经常熬夜。好在伊之有一块手表,她就让上官成土在自己的房间里支起了一张行军床休息,由她注意到时候提醒打针。

---

① 赵国臣、吴述俭:《人民日报发行工作40年回顾》,见《人民日报回忆录》,人民日报出版社1988年版,第363—365页。

② 引自由张志峰于2003年10月21日记录的范守田口述回忆。

第15章 从里庄到东焦村

东焦村在民国时期建造的民居。

战争年代，人民日报战友间的相互关系非常纯洁。上官成土在伊之的房间里睡下，按时给孩子打针。直到孩子退烧，情况稳定了，才搬回医务所。

至于为东焦村的老乡们看病，在当时是很平常的事。东焦村农民安喜雪一岁多的小女儿头部长了疖子，结果化脓了，有两个大疖子甚至在头皮下穿透，连在了一起。安喜雪抱着女儿来到人民日报医务所求助。上官成土将小女孩的头发剪掉，用生理盐水洗干净，敷上药，每天换一次。没有多久，孩子就痊愈了。安喜雪非常感谢，在1949年年初的农历大年三十，特意登门叫上官成土去他家吃饭。上官成土当然反复推辞。急得安喜雪去找了报社领导。经批准，上官成土到安喜雪家吃了一顿饺子，并从此结下了友谊。1962年，安喜雪的妻子三旺大嫂带着女儿到北京看望上官成土。这时，小女孩已经长成了大姑娘，满头秀发，一点疤痕都没有留下，上官成土非常高兴。

当时，人民日报工作人员夏天一日三餐，早晚吃小米饭、萝卜条，中午吃一顿稀粥；冬天只吃两顿小米饭。开饭的时候，通常是小盆里盛着萝卜条，大家在伙房院里蹲着站着，吃完就走。

上官成土的房东杨新顺是一个心地善良的农民，很关心年轻的上官。冬天到了，杨新顺拿来一筐白薯，对他说，成土，你吃两顿饭顶不住，晚上饿了烤点白薯吃。上官成土的衣服破了口子，杨大娘就给缝补上。上官成土和他们保持了终生的友谊，进城以后也没有断了联系。杨新顺的大儿子春元、二儿子魁元都到北京看望过上官成土。

进入21世纪，年届80岁的上官成土回忆起在东焦村的往事，说，自从离开以后，我就再也没有回过东焦村，看望那里的大伯、大娘，感到很惭愧！其实，我心里是时刻想着那里的。[①]

编辑部进驻东焦村，人民日报又进入一个相对稳定的时期，各项工作秩序重新规范起来。不过，磕磕碰碰的事情总是有的，其中还包含首长张磐石和警卫员张喜才之间的小碰撞。

张喜才回忆说：

> 1948年11月，东焦村的天气相当冷了，警卫班从总务那里领到了一个旧式的取暖用大铁炉，还有一抱烟囱管。张磐石身体比较弱，明显地感到天气冷了，早上去上班的时候，他对我吩咐了一声，要我到中午把炉子生起来。
>
> 这是一个旧式铁炉，挺重，一个人搬起来很费劲。我过去没有拨弄过这种铁炉子，又不好意思找人帮忙，就一个人鼓捣。结果到张磐石下班的时候我还没有把火给生起来。张磐石进屋一看炉子还没有弄好，屋子里阴冷阴冷的，顿时就发了脾气，说怎么这么点事你还弄不好，你这个大小伙子这么点事都办不成。

[①] 引自2003年和2007年上官成土为本书作者提供的文字回忆稿。

我和老首长熟了,有话也敢说,再加上一上午弄炉子没有办妥当,心里也窝火极了,心里一毛就顶了他几句,意思是你来试试看,这炉子可不是那么好弄的。

张磐石更火了,说你好大的胆子,我老婆孩子从来都没有和我顶撞过。

我也不知道为什么,年轻气盛,又顶了他一句说,我到这儿是来干革命工作来了,是组织上要我保卫你,又没有让我当你的老婆孩子。

这下子真把张磐石惹得大怒,他骂了起来,说,好你个张喜才,你不要在我这里了!你马上去找郭渭,让他给你分配工作。

这下可好,我就等这句话呢。看张磐石一脸怒气,我转身出门就找到郭渭秘书长,要求他给我分配新工作。

郭渭慢慢问明了缘由,他就安慰我,说首长正在气头上,你怎么能顶嘴呢?你先回去工作,你的事情我问了老磐石再说。

谁知道张磐石很快就消了气,他自己找到郭渭说,你不要叫张喜才走。他跟了我那么多年了,工作很好。现在我们很快就要进城了,要做新的工作了,他的事等进了城再说。

于是,我和首长张磐石又和好如初。

我要说明,人们都说张磐石脾气大,这只是一个方面。其实是他对工作要求严格。如果他认为你把工作做好了,他是一点儿脾气也没有的。和张磐石相处久了就知道,这个人为人很好。他关心人,知冷知暖。我跟随他多年,深受他的教育,至今也怀念他。①

---

① 2003 年 3 月 13 日在北京访问张喜才的记录。

由于人民日报医院在东焦村驻扎，这里还是人民日报休养人员集中的地方。

在整个解放战争时期，女编辑杨沫的身体情况很差，经常患病，随《晋察冀日报》并入《人民日报》以后她一直在休养。直到1948年年底，才出现一点好转，她就急着上班了。但是仅仅一个月后，又因病体不支而再度休息。就在工作的一个月里，她写下了几篇日记，为人民日报在东焦村的生活留下了宝贵记录。

1948年11月28日：获鹿县东焦村

这是一年多来，第一次参加编辑工作，是值得纪念的一天。不管我身体还存在多少疾病，但只要有一息力量能够工作，我就感到莫大的快乐。因此，被搁置了多日的日记，今天特地为它而写。

我编四版副刊的文艺、通讯类的稿件，这版只我一人编。主任××同志也在帮助这一版的工作。任务是繁重的。从12月起，每隔日出一期四版副刊。我隐隐感到任务重，而自己的能力小，赶不上工作需要。因此渴望提高自己的心情迫切起来，可是，身体又做不了主，只得尽力而为吧。

1948年11月29日：东焦村

东北已全部解放。我军正和敌人在徐州会战。全国胜利，基本上只需一年左右的时间。今晚编辑部开会，安岗同志做报告，他说进平津我们只需要三个月时间的准备。因此，今天必须积极地把报纸办得更好，以准备进平津办《人民日报》。

东焦村在民国时期建造的民居。

真的,我们精神上都在准备进平津了,而我和(马健)民进北平的希望也是有的。

可爱的北平,我的第二故乡!我在你怀抱里长大成人,在你宽阔的胸襟里入了党。我从你身上汲取了母亲不曾给予过我的乳汁。在八年抗战的残酷战争中,我多少次地梦见了你——梦见我站在北海的白塔上,梦见了天安门城楼。梦见了碧波荡漾的昆明湖水。有时,我还梦见和一些战友坐在东来顺的饭桌旁大吃涮羊肉——因为我们的生活太苦了,多少年不曾吃过一顿丰盛的饭。而今,我们只能在梦里才有的"精神会餐",就要变成现实了。多高兴!高兴!

12月14日：东焦村

想不到形势发展得如此之迅速，东北大军一进关，平津指日可下。(马健)民和报社一些先头进平津的同志，今天中午已匆促出发了。民到北平接收报社去了，这是多么令人兴奋愉快的场景啊。

昨晚王亢之同志去中央局开会回来说，周扬同志告诉我们，先配备去平津的干部，三几日内出发。但人员还没配备齐，今早又改变说，当日下午出发。走的时间又提前了。要走的同志东西还都没准备好，民正在匆匆忙忙收拾行李，中央局又下了命令：今天下午7点，去的人必须到达石家庄。于是以袁勃和民为首，带着一班新闻战士急急忙忙奔向石家庄去了。这一突然行动引起了人心的震动。我昨夜未睡好，今天一天心不安宁，也不知是因过度兴奋还是怎么的。①

1949年1月1日，杨沫日记记载："今天大风，天气奇寒。"刚刚进入新的一年，杨沫又病倒了，不能上班。但她的文学思维没有闲着，在病休的一个多月里，她一口气写了两个短篇小说——《成分》和《李凤桐走了桃花运》。可是投稿之后，都被《华北文艺》杂志退稿了。这并没有使杨沫退缩，反而使她认为，这是必要的文学准备，她已经在为日后的长篇小说进行构思了。

在人民日报的队伍里，像杨沫这样有文学创作意向的编辑、记者有不少。当时和杨沫一起从《晋察冀日报》过来的编辑孙振就是其中之一。他于抗战之初参加革命，在冀中平原上经受了生生死死的严峻考验，胸中积

---

① 《杨沫文集》第6卷《自白——我的日记》上，北京十月文艺出版社1994年版，第70—71页。

累了讲不完的故事，下定决心在进入和平岁月后把动人的战争故事写出来。果然，他进入北平后在工作之余坚持写作，到1958年以雪克的笔名出版了长篇小说《战斗的青春》。小说以抗战中冀中"五一反扫荡"为历史背景，塑造了激动人心的文学形象。小说出版后风靡一时，印数愈百万册。

在校对组的李琦、姚勤夫妇带着一岁多的女儿小敏住进了东焦村农民安黑黑的家，从此结为一生的朋友。那年，安黑黑大约50来岁，话不多，成天劳作。他将好房子让给了李琦、姚勤夫妇，自己一家人挤到厢房里住。

当时有了孩子的人民日报工作人员每月领取40斤小米作为"保姆费"。李琦夫妇将这些小米给了安黑黑。在姚勤的记忆中，安黑黑一家人很看重这40斤小米，当作正经粮食小心翼翼地食用。因为这里的普通农民普遍缺粮，通常吃带糠的小米。他们一家人尽心尽力地帮助姚勤带孩子，让姚勤安心工作，还用不同的布料为孩子缝制了鞋子和棉袄。①

自从人民日报的人住进了这个北方农村，农家院落的空气就活跃了，大人孩子都爱打听村外的新鲜事了。而过去，他们中的大部分人，连县城都没有去过。

李琦和姚勤在东焦村的日子过得很舒心，和安黑黑一家人结下了友谊。后来，得知人民日报的人都要走了，要进北京城了，安黑黑一家人顿时沉默了。再后来，李琦、姚勤他们真的上车告别东焦村的时候，安黑黑全家人都出来送行，恋恋不舍，流下了惜别的眼泪。②

---

① 李琦、姚勤进城以后仍然和安黑黑和他的儿子安德顺一家人保持着联系。20世纪80年代的一天，李琦、姚勤得知安德顺的孙女有一只眼睛失明，在石家庄的医院没有看好，已失去了治愈的希望。李琦和姚勤立即来到北京同仁医院找到眼科医生求助，并且连拍两个电报要安德顺将孙女送到北京来治疗。结果，女孩在同仁医院接受手术，成功地完全恢复了视力。

② 2007年9月27日在北京访问姚勤的记录。

第 16 章

奔向平津前线的先遣队

1948年11月，东北野战军决战辽沈获得全胜，东北全境解放。从此，人民解放军不仅在军队质量上，而且在兵员数量上超过了国民党军。百万东北野战军入关作战指日可待。

中央军委原计划于1949年年初发起平津战役。后发现将主力集中在北平和天津的傅作义集团有南逃或西撤的企图，遂决定东北野战军提前入关，于11月底即发起平津战役。

11月8日，中共中央决定，将接管平津的任务交给华北局。12月8日，中央军委决定："（聂）荣臻、彭真、（叶）剑英、黄敬应时刻准备率领接收人员及工作干部乘车出发，驰赴平津。"同日，中央任命聂荣臻为平津卫戍司令，薄一波为政委，彭真为北平市委书记，叶剑英为市委第一副书记、北平军管会主任兼市长。黄敬为天津市委书记兼军管会主任、市长。

同日，董必武、薄一波等联名颁布《为接收平津必须统一筹划抽调干部》的通知：凡华北局抽调接管平津的干部，各地各单位必须支持，不得有误。

新华社和华北人民日报于1948年12月中旬向平津方向派出了先遣队，准备随军进入平津两大城市接管主要通讯社和报社。

由于天津战役先期展开，人民日报首先向那里派出了副总编辑王亢之、报社经理王友唐，还有原《晋察冀日报》采访部主任范瑾。他们于12月中旬离开里庄，前往河北霸县的胜芳镇，在那里组建创办《天津日报》的队伍。

根据华北局的决定，未来的《天津日报》编辑部由从华北《人民日报》以及《冀中导报》、冀察热辽《群众日报》和《新保定日报》抽调的干部组成。进城后担任天津市委宣传部长的黄松龄兼任《天津日报》社长，王亢之任副社长，主持日常工作。朱九思任总编辑，范瑾任副总编辑。参加《天津日报》工作的还有邵红叶、董东等富有经验的新闻工作者。

经过激战，人民解放军于1949年1月15日解放天津，王亢之率领接管人员同日进城，接管《大公报》。仅过了一天，《天津日报》即于1月17日创刊。创刊号上刊登了王亢之撰写的长篇代发刊词《天津人民当前的任务》。一个月后，王友唐调回《人民日报》，继续担任经理部经理。

王亢之等出发后，人民日报随即组建了向北平派出的先遣队，由袁勃、李庄负责，组成人员有刘希玲、张更生、李原、林均、何燕凌。还有李千峰、杜展潮、曾文经，后3人主要随李庄等接管中央通讯社北平分社。当时确定由袁勃、刘希玲率队接管国民党的《华北日报》。这支队伍中还有人民日报秘书长马健民。

随同出发的报务人员由高飞、张连德带领，有报务员、译电员7—8人，带电台一部。安文一留在东焦村负责报社电务部。

向北平前线派出的新闻工作人员由新华社、新华社口播部（广播电台）和人民日报三部分人员组成，由新华社副总编辑范长江为首、徐迈进为副，合称"统一编辑部"。

人民日报派往天津的先遣队是12月14日中午出发的。奔向北平前线的队伍稍晚两天出发，于12月17日在石家庄集合，18日午后搭乘向北平前线运送粮食的大卡车出发。为了防止国民党军的空袭，卡车通常在夜间行驶。而卡车又是超载的，粮包和行李已经堆得很高，人再坐在上面，在

1948年12月25日《人民日报》1版关于平津战役的报道。

颠簸中随时都有掉下来的危险。

半个多世纪过去了,何燕凌仍清晰地回忆:"我们的心情是非常兴奋的。沿途尽是解放区农民的支前大军,一眼望不到头。我们的汽车队在手推车、牲口拉的大车、驮运军需用品的骡马之间穿行。人群像交织的大潮,千军万马朝着一个方向,就是向北、向北、向北!"①

李庄留下这样一段回忆:

"近乡情更怯。"赴北平途中,我真正体会到古人一些诗句的深刻入微。北平不是我的故乡,我的故乡是徐水。昨天过徐水小城,卡车还在我家门前停下,我丝毫没有游子回乡的心情,甚至没有向围观卡车的孩子问一声。我厌恶那个没落的腐朽的地主、资本家家庭,进而冷落生活过十多年的故乡。到北平,才像回归理想的"故乡"。

多年憧憬北平,是因为儿时读过不少介绍这个故都的书,十多年来又总是想着进北平生活、办报。北平成了胜利、解放、工作甚至终老此乡的同义语。听说要我参加先遣队就兴奋,一路上兴奋,到了北平郊区更兴奋。

越近北平越兴奋,也越踌躇,回故乡到新地的心情交织在一起。真的能进北平么?在北平怎样生活、工作?能胜任在北平办报的任务吗?从邯郸到平山,坐木炭发动的日本卡车,经常"趴窝"。从平山来北平,坐蒋大队长(战士们戏称蒋介石是运输大队长)送来的美国十轮卡车,一路顺风。在卡车上也说笑,也遐想,内容丰富多彩,大体不出上述范围。最后我把许多相互矛盾的思想理出一个头绪:争口气,别露怯。

---

① 2002年8月12日在北京访问何燕凌的记录。

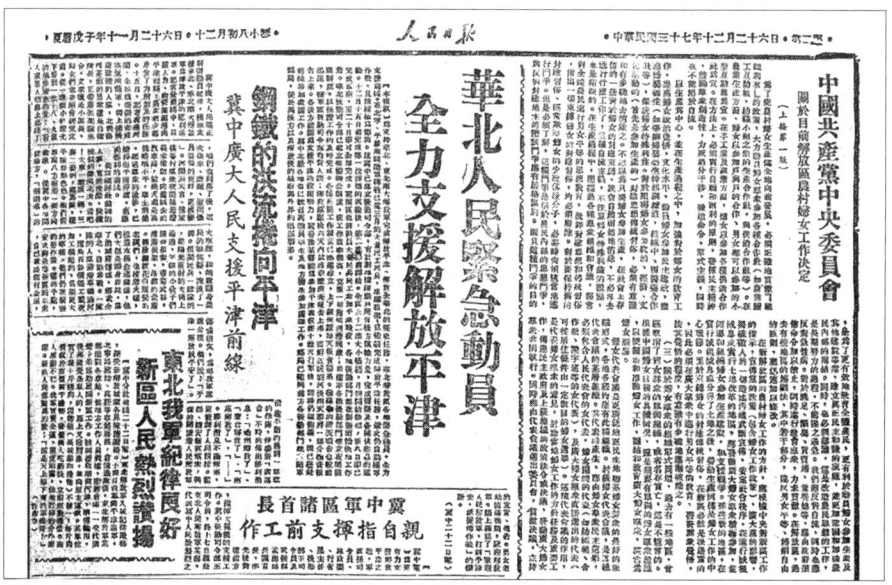

1948年12月26日《人民日报》2版上关于支援平津战役前线的报道。

我这个想法有道理。同行近20人，电台的青年同志之外，编辑部门的袁勃、张更生、何燕凌、李原等几位都有较高的学历，曾在大城市读书和工作。同他们比，我实在是一个"土老冒"，事实逼着我谦虚谨慎，决心连滚带爬，尽力跟上队伍。

乘卡车来北平，沿平汉路东侧沙石路走走停停。在抗日战争和解放战争时期，这片大平原是冀中根据地——解放区。冀中人民对两次革命战争的贡献，几本书是写不完的。此时继续为革命尽力，不过出动的已不是抬担架、扛云梯的战勤队伍，而是头尾衔接一望无际的运输长龙。车如流水，人喊马嘶，经常堵住汽车的路。北平即将获得解放的二百万居民要吃饭，近百万围城大军要吃饭，几十万即将放下武器或者起义的蒋军士兵要吃饭。冀中人民懂得，没有粮食就没有战争的胜利，有粮食就有解放后的新秩序，宁肯自己吃玉米、红薯，也把白面、小米送到北平。车把式兴高采烈,叼着烟袋,打着响鞭,不时向我们招呼:"同志,北平见!"青年人口直,半开玩笑地喊:"你们进城啦,可别忘了我们呀!"这句话使人心颤。从(20世纪)50年代中后期开始,很有一段时间,我们的决策者虽然没有忘记他们,可是由于制定、执行的路线不对,好心肠办了大错事,狠狠整了供给我们吃饭的农民。①

先遣队经保定到涿县小驻,即架起电台,与新华总社和人民日报沟通联系。人民日报的编辑、记者在涿县县城一家停业的棉花行货栈里住下。这时,负责接管北平的领导人叶剑英、彭真也在涿县。12月20日夜晚,各路接管先遣人员集中到涿县的教堂里,听叶剑英和彭真做报告,主要是讲政策、讲进城人员的作风以及思想准备。

接下来,先遣队进驻北平以南的良乡。当时的良乡还没有并入房山,是河北省的一个县,准备接管北平的中共北平市委、北平市军事管制委员会都驻扎在此。12月21日,在良乡组成了北平军管会文化接管委员会,钱俊瑞任主任,陈微明(沙可夫)任副主任,徐迈进任委员会下设的新闻出版部部长。

当时来到良乡的张连德回忆说:

在良乡,电台以"北平前线××日电"为电头,向总社发了不少稿,向报社也发了一些记者专稿。人民日报北平版的发刊词的初稿,就是在这里发往总社,经修改后又发回来的。这时,工作虽然比较重,生活也比较差,但大家情绪很饱满,想到很快就要

---

① 《李庄文集》下卷,人民日报出版社、宁夏出版社2004年版,第129—130页。

以胜利者的姿态进入北平,劲头就来了,苦点、累点算不了什么。①

在良乡住下不久,范长江、李庄、李千峰乘坐一辆崭新的美制吉普车赶往驻在河北玉田的平津前线司令部。这辆车是东北野战军在辽西战役中刚刚缴获的,行驶里程还不到5000公里。行驶途中,上空不断飞过国民党军的飞机。这些飞机都是些侦察机,不能轰炸,所以车行一路顺利。到达玉田后,范长江等人同第四野战军政治部主任谭政、宣传部长肖华、新华社第四野战军总分社社长杨赓,会商了解放北平的新闻报道分工合作事宜。决定攻城战斗和凯旋仪式由军分社组织,其他由新华社北平分社即人民日报先遣队负责报道。

谭政和肖华都是解放军中有名的博学将军,都读过范长江的早期新闻报道,对范长江亲自前来表示热烈欢迎,而且提到了范长江典范性的系列报道和著作《中国的西北角》。他们说范长江在当时的条件中,把红军长征后期的动向和主张,有时曲折有时直白地告诉读者,实在很不容易,但是范长江做到了。

范长江表示:"那是十多年前的事了,用现在的标准看,只能说惭愧、惭愧。"

会见之后,范长江一行赶回良乡。

在良乡,人民日报先遣队住下后着手调查研究北平情况,学习党的城市政策,研究进城办报方案,采访郊区生活逐渐恢复的情况,并与准备进城接管的各个单位建立联系。

平津战役还在紧张进行之中,如何接管我军占领之后的北平和天津,已经在华北局领导人的考虑之中了。

彭真、叶剑英、赵尔陆于1948年12月24日向中央呈报了在北平设

---

① 张连德:《回忆人民日报电务部》,见《张连德——他心里装着千万个读者》,人民日报出版社2004年版,第324页。

立新华分社及创办《人民日报·北平版》的报告。这份报告报送毛泽东、刘少奇、周恩来、任弼时、陆定一。报告说:

> 关于北平的报纸广播与新华分社工作,经召集新华总社、人民报社以及(有关)宣传工作同志讨论后,我们拟定的计划如下,请批示:
> 一、入城后争取立即出版报纸,并开始广播与新华分社工作。为了进行这一工作,决(定)组织统一的编辑部,设于市委机关内。
> 二、关于报纸拟定名为《人民日报·北平版》。因人民日报一时也难以全搬来,市委只能负责出北平市地方性报纸,且便与人民日报社之合并,争取每日出版。

同时呈报的还有《对平宣传方针》。

华北局并报中央:

> 出版对开一大张,以北平市工人及学生为主要对象,报纸编辑方针,根据北平这样新解放大城市,文化发达与长期被帝国主义、封建官僚统治的特点,拟定如下:
> 甲,彻底揭露反动派在政治上经济上、思想上、社会上的罪恶。
> 乙,宣传解释我党我军一般的以及对北平市特殊的主张、方针、政策办法,为此《人民日报·北平版》在经常地发表北平市委、军管会及市政府各项布告、法令、条例之外,应在出版初期以相当大的篇幅系统地刊登过去毛主席及中央所发表的适合于新解放城市工作的各项重要文件,以及其他重要纲领性新闻,并在

可能条件下发表市委会所通过之社论短评。

丙，对于自由资产阶级及小资产阶级之进步的政治代表，我们报上可以"友声"的形式，酌量发表他们的言论，但对于他们的错误思想，以及其他报刊上的反动与错误思想，均须进行必要的与恰当的思想斗争。

丁，北平版本市新闻，将来主要来自工人学生及其他劳动人民中。

戊，为了广泛联系群众，我们将以相当大的篇幅办读者问答。这点对于新收复的城市很重要。

己，为了更广泛地联系工人与学生，拟先举办工人与学生的副刊。

庚，在北平市的工作范围内，报纸经常进行与群众有关的必要的批评。

辛，为了交流工作经验，在报纸之外将出版活页文选，专供干部使用。其次关于发行方针，拟采取对工人、店员、学生、军人与工作人员稍加折扣优待办法，该报价以不超过北平旧报纸一般价格为原则。至于广告方针，对私人工商业广告，主要为国民经济与文化服务，并一般的不以第一版刊登广告。

三、关于广播电台。拟先用原北平广播电台五百瓦机开始工作。以原来波段及大致时间，暂时早午晚广播三次。广播编辑方针大体上适用前条甲、乙、丙、丁、戊五项方针。对陕北台之敌军广播，与记录新闻暂不转播。因北平台系中波段，只能对北平广播，北平人民则无听上述两项节目的必要。呼号为"北平新广播电台"，不另用英文呼号。开始曲暂用《义勇军进行曲》。

四、关于新华社北平分社，暂时只负对总社发稿及对各报称"总社通讯"之责。北平分社工作：自军管开始时，解放北平的军事报道，完全由东北野战军分社负责，此点请新华总社通知东北野（战军）分（社）。至于对北平以外人民之报道方针，由于北平是中国第一个历史名城，它在政治上文化上及国际视听上有重大影响。我们的报道中拟注意以下几点：

甲，平之解放与保护。

乙，旧的反动的秩序的推翻与新秩序的建立及解放后工人、学生与其他阶层劳动人民的新政治经济、与文化生活状况。

丙，工人学生及其他劳动人民，对解放北平之配合行动，即建设新北平工作中之努力。

丁，国民经济与社会文化之恢复。

戊，关于干部力量，新华总社与人民日报社共调来51人，其中编辑记者及编辑工作助理人员仅14人，统一编辑部转由范长江、袁勃同志负责，徐迈进等5同志暂调专做宣传方面接管工作。故希望新华总社及人民日报社迅速补充编辑记者等前来。以上各点是否有当，请指示。

彭（真）叶（剑英）赵（尔陆）
1948年12月24日 ①

报告最后一段要求向人民日报先遣队补充人员，以满足报纸进入北平后迅速出版的需求。实际上，这项工作已在落实之中了。一批不久前从北平撤往解放区的大学生地下党员和积极分子在几天之内来到了人民日报先遣队，最先前来报到的是陈泓、王金凤、陈迹、陈骥4人。他们原本都是在校大学生，根据地下党组织的安排到解放区接受集训。此时，他们接受华北局城工部的分配，进入新华社、人民日报，将返回北平。

---

① 2003年12月抄录自中央档案馆原件。

第 17 章

战火硝烟中出现了女记者

1948年12月最后的几天里,北平南郊良乡4个年轻人被领进了接管北平的"统一编辑部"。他们是陈泓、王金凤、陈迹和陈骥。后两位是男性。

陈泓和王金凤是两个20岁出头的年轻姑娘,分别来自燕京大学新闻系和清华大学外文系,都是江南女子,均为中共地下党员,还没有毕业就听从组织安排,穿过百万大军对垒的战阵,来当新闻记者了。

硝烟弥漫的战争前线,新闻记者队列中出现的青年女性身影分外引人注目。

陈泓和王金凤,确实是两位平凡又不平凡的女性,各自都有传奇般的经历。

陈泓,原名陈维平,浙江海宁人,1927年生于富豪人家。

海宁陈家名震八方,清朝年间陈家子弟科举中榜频仍,驰名江浙,其中之一是乾隆初期的重臣陈元龙,人称"陈阁老",当地甚至有"乾隆皇帝即是海宁陈阁老之子"的民间传说,在茶楼酒肆间演绎出无穷故事。陈泓就是这位陈阁老的后人。

陈泓的祖父陈端卿是海宁新仓镇上最大的财主,他宣称:"从新仓镇走出方圆几十里,脚脚踏在陈家的土地上。"

这是一个世代尊孔读孟的家族，按说子孙辈总该"循规蹈矩"，可陈泓偏偏是这个家族的叛逆者。这故事要从她的父亲讲起。

祖父陈端卿家财万贯，还将光宗耀祖的厚望寄托在独子陈子良——陈泓的父亲身上。接受了近代民主思想的陈子良偏偏不为丰厚的家财所动，立志要当律师，在法庭上讨出社会公道，结果和要他继承家业的父亲产生尖锐的矛盾。他拒绝为家庭收租，和父亲有过激烈的争吵。由于父子不和，心情压抑，加上不幸得了肺病，陈子良很年轻的时候就开始吐血。陈端卿尽管家境巨富，却有死守钱财的严重变态心理，更兼观念冲突，愈发舍不得多花钱为儿子治病，终于导致陈子良在23岁时病重身亡。这时，陈泓只有4岁。长大懂事后，陈泓知道了这些故事，在心底里萌生了对封建家庭的强烈反抗意识。

陈泓的幼年生活还是优裕的，早早进了学校，成绩优异。从小学三四年级起，她大量阅读课外书籍，最爱读的是像冰心《致小读者》这样的文章。新思想的春风雨露滋润了这位少女孤独的心田。

1938年，陈泓来到上海求学，先后在松江中学和南屏中学寄宿。这一时期，上海和上海租界先后沦陷在日本侵略军的铁蹄之下。少年陈泓目睹和亲历这一切，心情激愤，如饥似渴地阅读苏联革命小说《钢铁是怎样炼成的》《铁流》等著作，还有斯诺的《西行漫记》等，同时受到中共地下党组织成员的积极影响。上中学期间，陈泓两次拒绝祖父要她回家订婚的要求，最后和祖父断绝了关系，靠家教维持学业。

陈泓在这样的环境里长大了。1946年1月，19岁的陈泓在中学加入中共地下党。同年夏，她考取燕京大学新闻系，来到古都北平。

1948年夏天，地下党组织为保存力量，将一部分有所暴露的学生撤出学校，陈泓即是其中之一。她先是回到了上海，几个月后又到天津待命。这时，她已经和中共"南系"支部书记项淳一确立了恋爱关系。

1948年11月初，陈泓奉命离开天津南下，进入解放区，到沧州寻找党组织代表"高棠"。高棠即荣高棠,曾是清华大学学生,当时是华北局城工部学生工作室负责人。陈泓,还有差不多同时到达的王金凤等人,都由荣高棠安排到泊镇统一集训。从这时起,陈泓不再使用原先的"陈维平"这个名字,出现在人们面前的是更加意气风发的陈泓。

这批大学生在泊镇学习了十余天,主要学习毛泽东《目前形势和我们的任务》等文件,为进城做准备。对这批学生的分配由城工部长刘仁挂帅。他听取了关于学生情况的报告后,要求迅即安排,把他们分配到即将解放的北平各条战线上去。

刘仁在听取汇报时询问:"入城以后,人民日报、新华社和电台都需要增加干部。燕京大学、清华大学和北京大学的学生中有谁可以分配当记者的?"

燕京大学新闻系是当时亚洲最著名的大学新闻系。该系学生,此时作为集训学生党支部负责人的陈泓就在刘仁面前。她对刘仁说,从北平各大学新闻系来解放区的同学里,有一些人很想做新闻工作。

刘仁说:"北平将要解放,新闻工作岗位需要补充干部,但是需要的是党员,人数要的也不多。城里地下党还有一些记者,你是否可以到《人民日报》或者新华社当记者?"

陈泓说:"刘仁同志,我虽然学的是新闻,但在学校时忙于搞学生运动,没有好好读书,专业知识不够扎实,做不了新闻记者。还是先让我做群众工作吧!"

刘仁一口回绝了陈泓的要求说:"不行。燕京一个党员,是你。还有清华一个党员,是王金凤。你们两个一个在人民日报,一个在新华社,就这么定了。"

随后,分别来自北京大学和清华大学的陈迹、陈骥也分配到了新闻记者的岗位上,他们一起前往范长江处报到。①

和陈泓同时接受工作分配是来自清华大学外文系的学生王金凤,城工部委托组织部门通知对她的安排。她对刘仁的决定毫不知情,后来回忆道:

组织部通知我谈话。

我细心地整理了我那身过于肥大的棉军装,把皮带束得紧紧的,又把不听话的短发统统塞到棉军帽里。同学们都说,看起来挺精神的,像一名解放军战士。可惜戴了副眼镜,这也是无可奈何的事。

组织部是在一所大院子里。院子里人来人往,十分热闹,我大踏步跨了进去,破天荒第一次,举手行了个军礼。我这是用行动来提醒那位管分配工作的同志,我已做好一切准备,随时准备到前线去,当一名真正的解放军。

那位同志抬起一双显然熬夜过多、睡眠不足的浮肿的眼睛,冲着我笑了一下,又看了看我写的自传上填的志愿,淡淡地说:"你的第一志愿是想到部队中去吗?"

我大喜过望,以为已经同意了我的要求,连忙立正回答:"是,我坚决要求到部队中去。"

他看了看我不到一米六的身材和不足一百斤重的身体,还有那副讨厌的眼镜,嘲笑地说:"你会开枪吗?"

"不会,可以学嘛。谁也不是生下来就能开枪。"我愤然回答,心里觉得有些不妙,立正的姿势不知不觉变成稍息。

"你在交大、清华不是编过壁报吗?你在清华不是属于宣传支部吗?你从小不是喜爱文学吗?"一连串的问题像连珠炮似的向

---

① 引自陈泓回忆录遗稿《冷暖人生七十年》。

我发射过来。

我真有些后悔自传写得太详细了,被组织部的同志抓到了把柄。此刻,我只好不情愿地用"嗯"字来回答。脑子里飞快地想着,他说这些话是什么意思。

我正暗暗琢磨着,只见组织部那位同志一本正经地说:"组织上根据革命的需要,同时也适当考虑了你的兴趣和才能,分配你做新闻工作。"说着,他站起身,把我那份自传收了起来,清清楚楚表示谈话已经结束。

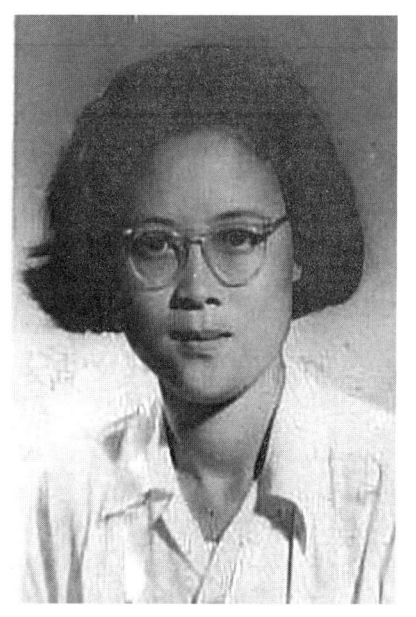

王金凤大学时代的照片。

"我不想干新闻工作。"我不觉脱口而出。

组织部的同志看了我一眼,严厉地说:"你是共产党员吗?无条件服从组织分配是党的铁的纪律。去,到范长江同志那里去报到吧,他是北平市文管会的副主任,负责接管新闻工作。他是一位名记者,你好好地向他学习吧。"

他开始叫下一个同学的名字,认为我的工作分配已成定局,没有再谈的必要。

我带着懊丧的心情离开组织部,万分无奈,只好去见接管北平新闻工作的范长江同志。①

王金凤的早年经历与陈泓有很多相似之处。

---

① 王金凤是本书作者的前辈同事,多次读及她当年成为一名记者的经历。见金凤:《命运》,人民日报出版社2000年版,第114—115页。

第 17 章　战火硝烟中出现了女记者

她原名蒋励君，1928 年 6 月 1 日出生在江苏宜兴一个富裕的家庭，父亲是清朝秀才，家有二三百亩田产，在物产丰饶的江南水乡，这是不小的产业了。她的母亲查仕衡是当时少见的女知识分子，毕业于宜兴女子师范学校，后到马来西亚教书，年过 30 岁才回到家乡成婚，生有 3 个女儿，蒋励君是老大。

蒋励君自幼爱好文学，读书甚多，逐渐萌生了反抗封建、追求进步的思想。1946 年她毕业于苏州中学，考入上海交通大学工业管理系，因参加进步学生运动，身份逐渐暴露，遂于 1947 年离开交大，考入清华大学外文系。在此之前，她在这年夏天加入了地下党。

来到北平进入清华大学，社会系学生彭佩云为蒋励君接上了组织关系，此后蒋励君积极参加社会活动，表现出引人瞩目的社会活动和文艺才能。

蒋励君在清华大学学习了一年多。1948 年夏天，国民党军在战场上已处于守势。8 月下旬的一天，大批军警包围清华大学，清华的进步学生集中住在体育馆，准备对抗军警的搜捕。

负责单线联系的学生党员黄祖民通知蒋励君，组织上决定让她去解放区，同行的一名北大同学和一名上海医学院的女同学已来到清华，他们 3 人结队第二天出发。

"到解放区去！"这正是蒋励君报考清华的目的之一，她希望参加解放军，置身战场，亲身参加激烈的战斗，这才是一代热血青年理想所在！接到黄祖民的通知，她毫不犹豫地答应了。

黄祖民把一张假造的身份证递给了蒋励君，上面写着她今后要用的名字：王金凤。

蒋励君脱口而出："这名字多俗气。"

黄祖民正色道："王金凤，这是劳动人民的名字，什么俗气不俗气。你假扮一个丫头，难道还要用什么清新脱俗的名字不成？"

蒋励君顿时不再说什么了。她当即改用王金凤的名字，从此用了一生。

第二天清早，王金凤见到了同行的"表兄"和"表嫂"。前者号称张荣贵，后者化名魏金枝，简直是古装剧中的名字，但已不知道他们的原名。王金凤对这段经历留下了生动的回忆：

> "表兄"长得又高又大，一口浓重的山东口音，是一条山东好汉。"表嫂"是一位娇小玲珑的四川姑娘，说一口四川官话。我是江苏宜兴人，虽到北平上学一年多，出口还是南方腔调。我们这三个说话南腔北调的青年学生，硬要凑成一个表亲的"家庭"，委实有些困难。我担心不好通过国民党的封锁线。
>
> 还是"表兄"老练些。他比我和"表嫂"都大几岁。他已好几天不刮胡子，故意猛晒太阳，看上去显得"苍老"一些。他编好一套过封锁线时对付国民党特务盘问的"故事"。
>
> 他说，我们的老家在河北省沧州，"表兄"自幼到山东济南当学徒，因此说话带一口山东腔。他学徒期满留在山东做生意，和一个四川姑娘结了婚，这就是我那有浓重四川口音的"表嫂"。我从小到北平的一家江苏籍的官僚家中当丫头，口音也就带上江苏腔了。这次是因为"表兄"的"父亲"、我的"亲舅舅"死了，仨人才一起回河北老家奔丧。为了表演逼真。"表兄"张荣贵还从天桥地摊上弄来一张发黄的相片，相片上是一位头戴瓜皮帽的五十多岁老头子的半身相。他得意地说，这便是他的"父亲"、我"舅舅"的"遗像"，到时可以作为哄骗特务的凭证。①

他们一起坐火车到天津，按地址找到一家西药房——天津地下党联络站。药房"老板"是一位40岁的中年人，身穿西装，相貌堂堂，和"表兄"

---

① 金凤：《命运》，人民日报出版社2000年版，第58—59页。

第 17 章 战火硝烟中出现了女记者

对上联络暗号后,安排他们到南开大学住一夜。第二天,这三人坐火车到达天津静海县南部的陈官屯站,此时必须下车步行一段路,然后通过国民党的检查站。

此时南下的三人已经换装,"表兄"青布长袍外加黑色马褂,头顶瓜皮帽,算是小商人。"表嫂"身着半新的花棉布旗袍。王金凤穿旧花布棉袄,黑棉裤,是可怜巴巴的小丫头。

他们来到一片开阔的河滩地,几百名百姓就在这里接受国民党军警的检查,过河后再向南走20里,就是解放区了。

我的心情不觉有些紧张。只见一名特务叼着烟卷,大摇大摆,径直向我们走来。"表兄"张荣贵连忙把编好的"故事"说出来,又从怀中小心翼翼地取出那张作为"物证"的照片,给特务递过去,一面哭丧着脸说:"老总,这就是先父的遗容。我们两口子带着小表妹回家奔丧的呀!"

机灵的"表嫂"连忙掏出小手绢,掩面哭了起来。(真不明白她的眼泪是从哪里来的,也许是急出来的?)笨拙的我连忙也取出手绢遮住了脸,可是我心中着急,眼泪却一滴也没有。

那个特务长着一脸的横肉,一对三角眼,对着那张照片看了很长时间。我急得要命,生怕他看出破绽。果然,他冷笑一声,指着照片说:"你们这些共产党真是不孝呀,竟拿亲生老子开玩笑。这是你老子吗?他真的死了吗?"说着,他把照片摔到"表兄"的脸上。

幸好"表兄"沉得住气,他一面弯腰拾起照片,故意郑重地吹去灰尘,表示莫大哀痛的模样。一面,他赶忙从怀中取出一叠金圆券,给那个特务递过去。"表嫂"又送他几包大前门香烟。

气氛马上缓和下来。那个特务皮笑肉不笑地动手检查我们的行李。他收了钱,检查起来马马虎虎。我藏在棉被中的眼镜和手表居然也没有查出来。

在我们前面,一位北大的女同学戴了一个假发髻,被特务一把扯下来了。一位清华的男同学化装成一名大车把式,身披老羊皮袄,腰间披着一串蒜瓣。他脸上涂了煤灰,黑乌乌的,可是却忘了涂脖子,露出了细皮白肉。一个凶神恶煞般的特务翻出他身边的大蒜,向他身上掷去,一面笑着骂道:"你装什么蒜!"

我看着暗暗吃惊,生怕这两位同学要遭毒手。只见他们同样给特务塞了金圆券,特务摆摆手让他们和我们一起过河了。①

闯过了封锁线的年轻人暗自得意,以为凭着这样的装扮得以成功了。后来才知道,中共组织早已对这些军警做了工作,警告他们不得阻挡要进入解放区的学生,否则后果严重。眼看国民党大势已去,那些军警已经识相,乐得有些便宜,就将这些学生放行了。

王金凤一行坐上马车,走出20里,眼前出现了村庄,出现了手持红缨枪的儿童团员……解放区到了!

他们继续向南到达河北沧县县城,同样是找"高棠",同样是接头之后,继续向南,来到大运河边的泊镇,这里距离山东省界已经不远了。

泊镇初兴于隋唐,建镇于金代,史称泊头镇,自古是商贾云集的"水陆码头",盛产金丝小枣,如今是华北局城工部所在地。

此时的泊镇,集中了来自北平、上海、天津和东北的上千名进步学生。他们不论走到招待所还是办公室,到处看到毛泽东手书的"为人民服务"。他们的心情无比激动,他们得知,他们很快就会回到北平、上海……新中国就要在战火中诞生了。

---

① 金凤:《命运》,人民日报出版社2000年版,第58—62页。

第 18 章

程家花园内外的故事

在良乡的人民日报先遣队一边为创办《人民日报·北平版》做准备，一边编辑印发油印的《时事简报》，送给驻在附近即将进城实施接管的各单位阅读。何燕凌回忆：

> 原先听传达说北平可以先于天津解放。炊事员同志们几次烙好了大饼，分给大家各自带着做干粮，以备路上和进城起伙以前吃。因为情况屡起变化，一次次又交回厨房做成烩饼吃了。后来得知，先要打下天津、塘沽，然后才打北平，争取北平城门不打自开。
>
> 天天准备进城，天天更新一部分准备好的稿件。有了空闲，新老同志就交流相互很想知道的老区的事情和北平的事情。在冬天的阳光下在驻地附近的空旷的院落里三三两两交谈，或者到良乡城外登塔远望寄托遐想。①

在良乡，"统一编辑部"的人马继续得到充实。陈泓、王金凤等人报到后，又有陶涵等几位青年人加入进来。陶涵是中共地下党员，1948 年 7

---

① 何燕凌：《进城记》，见《人民日报回忆录》，人民日报出版社 1988 年版，第 63—66 页。

月毕业于燕京大学新闻系,此前曾在北平《华北日报》学习。1948年11月,他奉地下党指示,护送4名燕京大学学生来到泊镇。华北局城工部长刘仁召见陶涵,询问了《华北日报》的情况,并要陶涵写出《华北日报》简况和该报中层以上干部简况两份材料。不久后又通知陶涵,已决定分配他到人民日报工作。①

解放军兵临北平城下,守军统帅傅作义将军终于下定决心,率数十万守军接受解放军改编,实现北平的和平解放。

1月22日上午,人民日报先遣队离开良乡,经长辛店、卢沟桥,绕道香山,来到香山和颐和园之间的青龙桥附近,入驻山脚下著名京剧艺术家程砚秋的大别墅——"程家花园"。②

这天晚上,北平城里的广播电台播送了攻守双方达成和平解放北平的13条协议的新闻,其内容和集结在良乡的新闻先遣队听到的正式传达大体不差。来到青龙桥,先遣队员听到北平城里的女播音员告诉市民们:中山公园里的梅花已经开放了。

1月26日,新华总社向北平分社、东北野战分社发出了关于北平解放的报道意见。

> 我军接收北平,应大力宣传,有关傅作义部出城改编的始末(其主要梗概由总社编发,请你们即报),北平市民对我和平解决北平问题的热诚拥护,对我军入城的热烈反映,与我入城部队的

---

① 陶涵,1927年1月生于沈阳,在北平长大,抗战胜利前考入迁于成都的燕京大学新闻系,抗战胜利后"复员"北平。1947年11月在燕京大学加入中共地下党。1948年12月底编入人民日报先遣队,参加了《人民日报·北平版》的创建。后转到《北平解放报》编辑部,1949年8月南下,编入第二野战军西南服务团,入云南参加创建《云南日报》的工作。1956年调外交部,后来是中国社会科学院新闻研究所研究员。

② 程砚秋(1904—1958),著名京剧艺术家,他在晚年逐步接受中国共产党主张。北平获得和平解放,他即登台演出。新中国成立后,程砚秋在舞台演出的同时致力于教学和总结经验的工作。1949年作为特邀代表参加了全国政协第一届会议。1953年任中国戏曲研究院副院长。1957年由周恩来介绍加入中国共产党。1958年在北京病逝。

强大军容与严明纪律,我接收各市政机关、公用事业、官僚资本企业的情形。同时,并可一般地报道市民对旧统治的深恶痛绝等等。分社主要负责人应亲自采访,亲自写稿,每天要有简要的稿件陆续发来。①

同日,新华社播发了《中共发言人谈和平谈判问题》,第一次出现了"北平问题和平解决"字样,但是没有为此单发消息。

1月28日晚新华社稿件截稿后,新华总社又向各分社和报社发出通知,说将要播发"我军完全解放北平"的消息,而且播发了"庆祝北平解放"的口号。

程家花园中的人们为此坐待天明。谁知等了许久,新华总社又通知,完全解放北平的消息"留播"——暂不发出。

消息一夕数变,连范长江这样的高级负责人也说不出准信。大家就在程家花园里等待。

程家花园是著名的京剧"四大名旦"之一、程派创始人程砚秋在西郊西山脚下修筑的别墅。程砚秋是满族人,1904年生于北京一个没落的旗人家庭,原名承麟,后改"承"为"程"姓,早年艺名程菊农,后更名艳秋,号御霜,1932年易名程砚秋。他从6岁开始学习京戏,先学武生,后改学花旦和青衣,11岁开始登台演出。

在由少年长成为青年的时期,程砚秋先后两次倒嗓几乎断送了艺术生命。所幸的是他治好了嗓疾,还结识了一批京剧名家。1919年,他拜梅兰芳为师,成为梅门开山弟子。

拜在名师门下的程砚秋不断锤炼自己,艺术日益精湛。他因自身条件而设腔,逐步形成独树一帜的"程派"艺术。其唱腔缜密绵延,低回悠扬,

---

① 新华社新闻研究部编:《新华社文件资料选编》第一辑,第266页。

与老师梅兰芳又有所不同。他擅长将人物性格融入传统程式,尤以出神入化的水袖技法闻名天下。

程砚秋是一个富有爱国主义精神的艺术家,他在演艺生涯中编创了许多具有爱国情怀的剧目,如《文姬归汉》《荒山泪》《春闺梦》《亡蜀鉴》等。

1937年,日本侵略军发动全面侵华战争,占领北平。这时,程砚秋33岁,正当艺术盛年。面对侵略军的铁蹄,他毅然息影务农,以示心中的抗议。他在西山脚下寻到一块土地,建造起面积颇大的别墅,整日荷锄务农,还打算从事农村教育。几年下来,程家花园渐成规模。

1945年8月日本战败投降,程砚秋重新出山演戏,继续拥有自己的大批观众,他住在城里的日子也越来越多。由于平津战役发展得很快,解放军很快包围了北平,程砚秋被隔在城里出不来了。

《人民日报》先遣队征用了程砚秋别墅。何燕凌回忆:"我们都穿着新发的草绿色军装,臂上和胸前缀上了'中国人民解放军北平市军管会'的符号。我们严格执行'三大纪律,八项注意',对别墅里的一草一木、一针一线、一瓶一罐都力求保持原样不动。大家都把自带的被褥摊开打地铺睡觉,

人民日报1949年1月在北平郊区驻地——程砚秋西山别墅院门。这是21世纪初的大门景象(钱江摄)。

每天把房间打扫得干干净净，整整齐齐。"①

刚刚加入人民日报队伍的女记者王金凤对程砚秋别墅里的生活充满了新奇感，她在晚年的回忆录中写道：

> 这是一座中国古典式的建筑，红柱绿瓦，回廊环绕，十分雅致。室内的布置，更是古色古香。琴棋书画，一应俱全。红木的多宝架上，陈列着古玩和磁器。主人走得十分匆忙，连家庭照相册也没有来得及带走，还放在沙发旁的小圆桌上。我们好奇地翻了一下，看到抗战时程砚秋先生不登台演出而在香山种地的照片，不禁肃然起敬。
>
> 组织上通知我们，不准破坏或随意移动程砚秋别墅里的任何一样东西。我们连忙把照相本放回原处，又轻轻拂去圆桌和茶几上的灰尘。
>
> 我们在这所可爱的别墅里度过了春节。别墅里有一座精致的小舞台，通着曲折的回廊。我凝视着这空无一人的舞台，臆想着程砚秋先生在台上轻歌曼舞的情景，不禁浮想联翩。我自小爱看京戏。家中有一个手摇留声机，有不少京剧名演员的唱片。程砚秋先生的《锁麟囊》《金锁记》《荒山泪》，我早就听过不止一遍。那低回委婉、如泣如诉的音调，听过之后，总在耳边回响。程砚秋先生的气节和为人我也早听说过，他不仅仅是一位有卓越京剧艺术造诣的表演艺术家，而且和梅兰芳先生一样，有着高尚的爱国主义情操和民族气节。可惜如今人去楼空，既欣赏不到他的丰采，又无缘倾听他那异常动人的唱腔，只好怅然望着这空无一人的舞台，从心里向主人遥致一点崇敬之情了。

---

① 何燕凌：《进城记》，见《人民日报回忆录》，人民日报出版社1988年版，第63—66页。

人民日报1949年1月在京郊驻地：西山程砚秋别墅内院。

过春节照例要会餐，我们美美地吃了一顿羊肉饺子。不过，不是在那雕梁画栋的精致房间里，而是站在或蹲在程砚秋先生别墅的庭院中吃的。这是数九滴水成冰的天气啊，好在我们心中充满革命的热忱和胜利的喜悦，足以抵御逼人的寒风侵袭。

住了一星期，我们接到进城的命令，要离开这所可爱的房子。我们全体总动员，把别墅里里外外，打扫得干干净净。我又特地将程砚秋先生的家庭相册轻轻拂去浮灰，端正地放在擦得发亮的小圆桌上，这才带着依依不舍的心情离去。①

《人民日报》先遣队住进程砚秋别墅秋毫无犯。当时程砚秋被围在城里，对城外的别墅不放心，派遣他的儿子程永源出城到西山脚下的别墅来

---

① 金凤：《命运》，人民日报出版社2000年版，第72—73页。

王金凤1949年1月底在颐和园。

看看。住在这里的人民日报工作人员礼貌地接待了他。程公子看到住宅里的一切都得到了很好的保护,回城后仔细禀报父亲。程砚秋得知后大为感动,由此增添了对共产党的信心。待到北平和平解放,他马上就登台演出了。时隔半个世纪,本书作者叩开北京城里程家大院的大门,访问了程永源先生,他对当年的情景还有清晰的回忆。

年轻女记者陈泓保存了另外一个记忆片段。她记得,在程家花园,七八位女性住在一个房间里。一天晚上,她起夜时发现门外一个中年妇女正在探头探脑地往女宿舍里张望。陈泓问:"半夜三更在这里张望,有什么事情?"

那位妇女说:"我听说共产党共产共妻,不知道你们解放军是不是男女同住的?"陈泓认真地回答:"大娘,这你可错了!说共产党'共产共妻'是国民党反动派造的谣,千万别信这个。不信,你可以进屋看看。"这位妇女果真进屋认真地看了一眼,说:"这回我真的相信了,妇女住的屋里,没有男人。"①

进城后创办《人民日报·北平版》的工作在程家花园加紧进行，1月20日，中共北平市委发出第2号通知宣布：市委宣传部长赵毅敏兼任人民日报北平版社长，范长江任总编辑，袁勃为副总编辑，《人民日报·北平版》属北平市委领导，同时接受人民日报总社的领导。

筹办中的报纸还面临许多具体问题。其中之一，就是在北平即将和平解放的情况下，马上就要创刊的《人民日报·北平版》怎样称呼傅作义将军？

确定《人民日报·北平版》创刊的时候，即决定在创刊号上刊登近期中共中央的重要文告，其中包括1948年12月25日公布的战犯名单，并重新刊登毛泽东撰写的新年献辞《将革命进行到底》。在这两个文件中，都将傅作义列为"头等战犯"。12月24日新华社播发了关于解放张家口的战局评述，也将傅作义称为"华北人民的公敌"。

1月22日，北平和谈进程取得了积极的成果，北平和平解放眼看成为定局，原先的预案需要调整吗？范长江专门向中共中央提出了请示报告：

总社并转中央：

《人民日报·北平版》的创刊号拟刊登《将革命进行到底》社论、"战犯名单"的新闻，但其中均称傅作义为战犯。在北平问题已经和平解决的情况下，我们的北平报纸与广播中对傅作义是否仍称"战犯"？或应有其他称呼？或避而不谈？请速指示。我们对此问题，并非对时局及中央对时局方针有任何怀疑，只是对于这一个具体问题的处理方法，请加以指示。

范长江
1949年1月25日

---

① 陈泓遗稿《冷暖人生七十年》，第65页。

此报告由毛泽东、刘少奇、朱德、周恩来、任弼时、董必武、杨尚昆、胡乔木、陆定一、廖承志阅。由毛泽东、刘少奇、周恩来、任弼时、陆定一具体处理,在毛泽东阅后即下发了。中央的这份指示同时发给林彪、罗荣桓、聂荣臻和彭真、叶剑英、赵尔陆。指示说:

一、关于北平解放的报道与林(彪)、罗(荣桓)1月16日致傅作义公函,均经新华社台以新闻密码发北平分社及东(北)野(战军)分社,望于入城之日登在《人民日报·北平版》。发表此两件的方针是在人民面前揭穿傅作义的欺骗,打击傅作义的南京道路,或第三条道路,使傅陷于孤立,以利而后改编其军队。同时,傅作义可将功折罪,亦已提到。

二、《人民日报·北平版》创刊号除刊登上述两件及发刊词外,应刊登毛主席1月14日声明,中共发言人24日、26日、28日谈话,去年12月25日权威人士谈战犯及李济深等55人声明各件全文。关于新华社所发有关和平谈判的重要新闻,各民主党派的宣言等,东北华北欢迎民主人士的新闻,请告报社在创刊的最初几天内陆续刊出。

中央
1949年1月31日 ①

根据何燕凌的回忆,因为入城在即,中共中央的上述指示立即传达了,明确了几点,即中央答复,《将革命进行到底》一文不必在报上登载了,可以另出单行本。战犯名单则要照登,但要加上一个注解:因傅作义部已率部

---

① 2003年12月抄录于中央档案馆。

接受改编,和平解决北平问题,可望将功赎罪,今后称他为"傅作义将军"。

在程家花园的最后几天,人民日报先遣队成员们的心情急切。他们急着要进城,履行自己接管政权的职责。何燕凌回忆:

> 那些天,在城外,我们说不清北平究竟算不算已经解放了。和平解决的大局已定,但许多具体问题如何解决还在谈判。虽然顽固不化的石觉还在捣鬼,但北平的军事问题基本上已经解决了,还在协商解决的是国民党军队撤到城外的驻地问题。1月26日新华社播发的"中共发言人谈和平谈判问题"的报道中,第一次出现了"北平问题和平解决"八个字,却没有单另的消息。1月28日晚,新华总社公报中说将要增播"我军完全解放北平"的消息。我们一直等到天亮,又来了一个公报:这条消息"留播"。"庆祝解放"的口号已经播发了,"北平完全解放"的消息仍然没有来。而这时候却收到新华总社来电,向我们询问《人民日报·北平版》什么时候出版,以便确定什么时候播发北平版创刊号社论《为建设人民民主的新北平而奋斗》(代发刊词,那时已经送到新华社)。我们无法答复。①

后来才知道,解放军原定于1月29日开进北平城。这一天恰巧是农历己丑年正月初一,也就是春节。为了让北平市民过一个平静的春节,就在部队准备进城之际,聂荣臻提议将解放军入城的时间推迟两天。林彪、罗荣桓都表示同意。②

1月29日,人民日报先遣队是在青龙桥程砚秋别墅度过春节的。经过军管会同意,即将进城创办《人民日报·北平版》的人员在冬日的清寒中

---

① 何燕凌:《进城记》,见《人民日报回忆录》,人民日报出版社1988年版,第63—66页。
② 聂力:《山高水长——回忆父亲聂荣臻》,上海文艺出版社2006年版,第147页。

第 18 章 程家花园内外的故事

1949 年 2 月 1 日《人民日报》1 版（局部）。

游览了皇家园林颐和园，由刚刚进入人民日报工作的原北平的大学生党员做导游，漫步于偌大的颐和园。当日园中只有这二三十个游人，静谧得几乎没有声响。这预示着，一个翻天覆地的大变革就要来到了。

就在前一两天，叶剑英在颐和园里向准备进城的接管干部做了一次讲话，他指出，和平接管北平是在我军胜利的形势下实现的，不是妥协。事物是有相互联系的，北平的接管不只是北平的问题，也与其他城市的接管有关。不久就会有更多大城市的解放，把北平的接管工作做好了，有利于其他城市的接管。

叶剑英说，要用发展的观点看问题。北平虽然是和平解决了，但事情还在发展之中，以后还会有很多麻烦。到最后，我们必须坚持改编旧军队，摧毁旧政权，在北平建立人民民主的新政权。全体入城干部必须严整纪律，学习政策，遇到新问题必须大家商量，请示报告。现在已经出现了对金融、教育、涉外等问题自作主张、擅自发言、相互矛盾的无组织无纪律事件。不怕事前不做研究，只怕当事毫不研究。有些看似老问题，实际不完全是；看似小问题，实际是大问题。要分清哪些问题确实是老的（中央已有明确的解决办法）小的（无碍于政策的正确执行的）。新问题大问题出现了，必须讨论、研究、请示、报告。

叶剑英说，谁先进城，谁后进城，谁留在郊外，一切行动听组织安排。进了城要全力工作，虚心学习，做到"一尘不染"，"四大皆空"，国民党官僚在抗战胜利后"劫收"北平时那些为人民所厌恶的东西，我们一定不能有。要让北平人民看看，共产党人是什么样子的！

最初商议出版《人民日报·北平版》的时候，彭真等市委领导考虑，进城之初工作千头万绪，分不出很多精力指导报纸工作。如果管理不到，又担心在重大问题上出差错，会产生难以挽回的影响。因此决定暂出4开2版，以后条件允许后再扩版。

范长江等人认为，时局发生重大转折之时，也是最需要报纸充分报道的时候，必须发表的中央政策性文告和重要新闻也多，很需要版面。因此两个版的报纸不敷分配，也显得太单薄了，与北平这样一个大市的党报形象不符。他们建议出4开4个版为好。

北平市委领导接受了这个意见。1月30日晚上，袁勃参加市委会议后回到程家花园，向编辑队伍传达：市委已经同意我们的意见，出每天4开4版，编辑部要立即准备好创刊号上的稿件，明天出发进城！①

---

① 何燕凌：《从〈人民日报·北平版〉到〈北平解放报〉》，见《北京文史资料》第60辑，北京出版社1999年版，第111—112页。

第19章

接管华北日报和中央社北平分社

北平是中国北方新闻业最发达的城市，既有国民党官办的报社、通讯社、广播电台，也有私人办的报纸、通讯社，还有一些商业广播电台。私人创办的媒体通常规模较小，自生自灭。1948年1月，北平市有大小报纸176家，通讯社65家。

随着解放战争的进展，一些有国民党补贴背景的小报馆，资金来源不足，纷纷关门倒闭。小通讯社的规模通常很小，关门了事者就更多了。到1948年8月，北平的报纸已减少为51家，通讯社25家，广播电台9家。到1948年12月底，北平报纸更是减少到26家、通讯社21家、广播电台仍为9家。

这26家报纸中，规模最大的一家是坐落在王府井大街上，作为国民党中宣部机关报之一的《华北日报》。在相距不远的煤渣胡同里，还有同为国民党中宣部主办的英文《时事日报》。人民日报先遣队要接管的，正是这两家报馆。

国民党中宣部在石碑胡同设有中央通讯社北平分社，也是北平军管会接管的重点目标。

当时北平还有9家广播电台，其中国民党中央广播事业局办的北平电台，国民党国防部的"军中之声"广播电台将被首先接管。

根据预定方案，范长江带队接管《华北日报》，李庄带队接管国民党中央通讯社北平分社。

1月30日晚，袁勃宣布，准备明天上午10时进城。人民日报先遣队成员几乎彻夜不眠，将一切准备停当。

新闻先遣队和平接收的行动是1949年1月31日开始的，这天是农历正月初三。李庄回忆：

> 下午，时候到了。一群新闻兵，三部大卡车，从青龙桥直奔西直门。城门洞开，但沙包、拒马还未完全拆除。岗兵有解放军战士，望着我们微笑，这好理解，自家人来了；还佩戴国民党帽徽的蒋傅军岗兵也望着我们微笑，这很自然，他们新生之后，看我们也是亲人。在我们之前，解放军先开进一个师，其中包括第四野战军通令嘉奖的"塔山英雄团""秋毫无犯团"。成批进城的"地方干部"中，我们是第一批。车到新街口，赶上先头部队。这时万千市民站在街头，欢迎解放大军。我们叨天之幸，也受到热烈欢迎，心里那个美劲儿简直无法形容。第二天出版的报纸用了不少入城部队"英气逼人"，欢迎人群"如狂如痴"等词句。
>
> 北平最早接管的是两个新闻单位。2月1日，北平原有的报纸、通讯社，除国民党党报《华北日报》和党办通讯社中央社外，照常出版、发稿。几家报纸刊出这样的标题：《接管正式开始　范长江接管华北日报　李庄接管中央社北平分社》。[①]

何燕凌回忆说，进城的出发时间从上午延迟到了下午，激动人心的时刻终于到了。他们登上卡车，从青龙桥直奔西直门而去。

---

① 李庄：《难得清醒》，人民日报出版社1999年版，第138—139页。

进城之后，路边和十字路口，熙熙攘攘的人群纷纷向我们招手，汽车只能缓缓而行。许多三轮车工人站在他们的车上甚至跳起来向我们鼓掌、欢呼。我们也向他们鼓掌、挥帽致意。路旁的人们更乐了，高声喊着："好啊！好啊！""欢迎解放军！""共产党好！"

1949年年初来到北平的李庄。后来，他担任了人民日报总编辑。

解放军是从这一天起开进北平城里的。但我们进城后沿途却看不到自己的部队，他们严守纪律驻守在指定的地点，暂不出来活动。在街上，倒是可以看到不少仍然佩戴着国民党军帽花的军人还在一些地方走动着。

我们乘的卡车没有直驶王府井《华北日报》所在地，而是先停在东长安街南边的御河桥街上待命。大家在街上不断地尽情歌唱："解放区的天，是明朗的天……""没有共产党就没有新中国……""你是灯塔……"

……

我们这些新闻工作者的一举一动，反而成了人家的新闻材料。那时候，各式各样以"民营报纸"名义出版的报纸还在照常出版，其内容当然也在力求适应新的形势。只要不是明显反动的，军营就不加干涉。2月1日，一家小报上这样报道了我们初到王府井的情形："接管人员都穿着土布棉军服，华北日报预备好招待的饭他们也没有吃,吃自己带的贴饼,每人一碗清汤——白开水"。①

在御河桥上的等待终于过去了。1月31日晚7—8时,范长江率领人民日报先遣人员来到华北日报社。这家报社的社长张明炜②已经乘坐南方派来的飞机逃走了。在他的办公室里,留下了一张有精致大理石面的古典式书桌。范长江就在桌前坐下,华北日报留下的人员马上拿来一份财务清单交给范长江过目。

看过了财务清单,接管人员来到印刷车间。范长江宣布,所有工人从现在起全部参加人民日报工作,各就各位照常工作,为在北京出版《人民日报》而努力。

范长江宣布完毕,即由蔡善卿拿出事先准备好的《人民日报》报头,要车间工人换上,准备为新创办的《人民日报·北平版》排版。

印刷车间里波澜不惊,当时在场的印刷工人杨春长后来回忆:"在1948年年底我们就听到新华社的广播了。当时广播内容主要是要工人同志们护厂,迎接解放。我厂亦是如此。因为在解放前夕,印刷工人搞罢工,伪《华北日报》亦不例外。当时(罢工)的条件是每月要150斤玉米面的实物待遇。因为解放前夕北京物价确是一天三涨,靠工资确实生活无法保障。我们斗争的结果得到了解决。解放前夕我们在地下党的领导下,亦进行了护厂工作。故此接管伪《华北日报》的工作是顺利的。"③

杨春长清晰地记得,前来接管的人民日报先遣人员身背小米袋子。从这天晚上开始,印刷厂的工人有夜餐可吃了,以往则只有报馆编辑有这种待遇。当日晚上印厂工人吃了花卷和粥,但人民日报接管人员只吃自己

---

① 何燕凌:《进城记》,见《人民日报回忆录》,人民日报出版社1988年版,第63—67页。
② 张明炜(1903—1981),湖北武汉人。1924年考入复旦大学,次年加入国民党。曾参加北伐。历任国民党中央社记者、英文《北京导报》经理、《中央日报》长沙分社主任、重庆总社总经理。1945年10月,到北平《华北日报》任社长,兼国民党中央宣传部平津区特派员。1949年赴台湾,曾创办"民天"广播电台。1981年1月在台湾病逝。
③ 杨春长:《人民日报进驻北平》,《人民日报社社史资料选编》第7期,2005年5月20日。

携带的干粮。这给他留下了深刻的印象。此后,杨春长留在人民日报印厂工作。

出了印厂,范长江来到《华北日报》编辑部宣布:奉北平军管会的命令,接管伪《华北日报》,从现在起,原编辑部人员一律停止工作,听候安排处理。

随着范长江一声令下,人民日报工作者进入各自预定的岗位,编辑人员即开始编报,准备次日出版《人民日报·北平版》创刊号。

负责接收原《华北日报》,创办《人民日报·北平版》的范长江。

与范长江兵分两路,李庄一行于当日傍晚进驻位于石碑胡同北口路西的中央社北平分社。席不暇暖,即要坐落在东堂子胡同的先遣队发报台调出平山人民日报总社的电台频率。报务员驾轻就熟,一发呼叫,立即听到总社的回答。双方情不自禁地通过电波互相祝贺北平解放。

李庄率队陆续接管了中央社北平分社以及属于国民党军方的"军闻社"等单位的电务部门。所接管的中央社、华北日报社的电务人员,基本上继续工作,主要抄收新华总社的新闻电讯。原《华北日报》的报务人员所收电讯供《人民日报·北平版》刊用。原中央社人员所收电讯,供新华社北平分社向各报社发稿。在这段时间,由张连德负责与人民日报总社的报务联络。

被接管的电务人员中,原属中央社的后来归了新华社;原属《华北日报》的，至电务部结束时，或随军南下，凡不愿服从分配的自动离职。只有年轻的董千里改做校对留下来，后来长期在人民日报工作。

在李庄到达之前，中央社北平分社社长丁履进已赶往东单机场，乘坐从那里起飞的最后一架小飞机南去。原分社编辑主任黄卓明负责丁履进丢下的事务。黄是民盟成员，思想倾向进步。在丁履进离去之后，分社即不发中央社的稿件而改发新华社稿，并赶在李庄前来接管前将全社人员名单、装备、物资清单一一造好。

李庄到达后即向留下来的员工讲话，他指出，中央社是国民党及其政府的新闻机关，干了许多坏事，希望大家跟它彻底划清界线，同蒋介石反动集团一刀两断，各司其事、安心工作。

李庄讲话时，在场者非常安静。会后，一个姓蒋的记者一定要和李庄谈5分钟。他对李庄说，自己是"CC"特务，但只搞过学生运动的情报，没有做过别的。今后一定洗心革面，重新做人。今天先向李庄先生挂个号，随时准备向公安机关详细交代。说罢，他掏出一支崭新的左轮手枪交给李庄。

李庄鼓励他说，过去当特务，与人民为敌，是犯了罪的。现在愿意改恶向善，人民欢迎，坦白得好，还可以从宽处理，如能立功还会受奖。

这位蒋姓记者当即表示拥护政府的政策，一定不错过悔改的机会。①

就在接收停当、先遣人员投入夜班工作的时候，突然北平市委领导传来话说："不必仓促上马"，并要报社负责人赶紧前去，有要事商量。

原来，即将出版的《人民日报·北平版》由北平市委直接领导，为解放后的北平市委机关报。1月31日当天，市委书记彭真、第二副书记赵振声（李葆华）及市委宣传部长赵毅敏进入城区，暂住原德国驻华大使馆。

赵毅敏（1904—2002），早年赴法国勤工俭学，1926年转为中共党员。

---

① 李庄：《难得清醒》，人民日报出版社1999年版，第139—140页。

在抗日战争中任延安鲁迅艺术学院副院长、中宣部副部长。抗战胜利后，赵毅敏进入东北工作，辽沈战役结束后即奉调入关，担任北平市委宣传部长，兼任即将创刊的《人民日报·北平版》社长。

范长江、李庄赶到彭真的办公室，赵毅敏也在场，又商议了《人民日报·北平版》的出版事宜。彭真指出，时局在急剧变化之中，人们对许多涉及政策的问题非常敏感，事先准备好的稿件，有些恐怕已经不再适用。需要再次修订发稿计划，以免乱中出错。彭真又一次提出，可以暂时每天出两个版。

赵毅敏也是这个意见。他和彭真都说，北平虽然解放，但城里还比较乱，国民党建制部队虽已出城改编，城内还有散兵游勇几万人，潜伏者甚多。我方各机关陆续进城，门牌号码都不熟悉。《人民日报·北平版》还是先出4开两版，"条件成熟后逐步增加"。

范长江坚决主张维持原定计划，出4开4版。他不但列举各项条件，还说，拼命也要完成这个任务。一天24小时，我只睡6小时，18小时都放在报纸上。

李庄支持范长江的意见，他说，长江同志每天睡6小时，我比他年轻，可以睡4小时。国民党是战败者，它的党报没有人看，尚且出4开4个版。如今我们是胜利者，党报受人欢迎，还只出两个版，我咽不下这口气。如果报纸缺了稿子拿我是问。①

彭真、赵毅敏看范长江、李庄如此坚决，也就同意维持原议，出4个版。但他们又说，办报看起来事情不大，报纸发出去影响不小，要特别谨慎，尤其在开创时候。人家从党报看共产党，大事一定请示，小事你们自己作主。犯点小错误也难免，随时总结经验改正就好。

彭真和赵毅敏还做出一项重要决定，责成北平市委城工部立即向人民

---

① 何燕凌：《从〈人民日报·北平版〉到〈北平解放报〉》，见《北京文史资料》第60辑，北京出版社1999年版，第111—112页。

日报增调一批原地下党员中的新闻记者。①

范长江、李庄从彭真处回来已经很晚了,当夜只编印了一期内部报纸作为试版。这天晚上还发生了一件李庄十分难忘的事。

> 我们接管的中央社在石碑胡同,二层小楼,水泥地面。我警备司令部为安全计,给我们配备一个警卫排,由一位副连长率领。城市找不到铺草,战士宿营成了问题。(原中央社北平分社社长)丁履进原办公室有块大地毯,我提议移到战士住的会议室,可以代替铺草用。这在我们看来是非常自然的事,谁知引起一场争论。原中央社庶务主任说,原中央社没有宿舍,接管的先生们有十多人,行李单薄,夜里恐怕主要靠它。再说主任(我当时的名义是新华社北平分社编辑主任)的办公室没有一块地毯也说不过去,他坚决主张不移动地毯。副连长说:"我们露营惯了,这地毯不能搬,首长白天办公,晚上休息要用它。"我最后决定,地毯给战士,我们利用沙发、桌子休息。战士休息不好,怎么执行任务?我绝对没有想到,这样一件任何干部都会如此处理、我当时根本没有多加考虑的小事,反应竟然这样强烈:"共产党跟国民党就是不一样!""官长这样对待士兵,士兵打仗能不拼命?"
>
> 还有一件事,高飞同志处理非常得体。他是我们的电务部门负责人,这时兼秘书工作。中央社原庶务主任考虑我们晚间进城,准备了一顿夜宵:大锅面条。在刚刚解放、粮食紧张的北平,这已经不容易了。当时我们带着干粮,是农民做好多日的玉米面饼,又干又冷又粗,比热面条自然差多了。
>
> 高飞同志没有接受这番好意,也没有严拒这番好意。他耐心

---

① 2006年4月3日在北京访问王敬的记录。

解释，既没有吃面条，又心领大家的好意。我在石碑胡同工作半月多，跟原中央社的一些人熟了，多次同他们谈心。据说，日本投降后，国民党来接收，北平人原来也寄予很大希望。"过去的事情不说了，看它眼前的表现吧！""谁知两件事情搞砸了，一是'五子登科'，进来就抢房子、车子、女子、金子，搞得神鬼不安，鸡犬不宁。二是打内战。日本糟害八年，老百姓原想喘口气，可它硬是大打特打。如此丧失人心，不垮台才怪。""你们的所作所为，同他们比实在是天上地下。就说我们这个小单位，抗战胜利了，丁履飞了来，第一件事是抓器材。北平的同盟社总分社掌管华北、东北同盟社所用照相器材，全让丁履进私吞了，据说值十万银元。北平临解放，他又坐飞机跑了，能不丧尽人心。"[①]

接管《华北日报》的同时，人民日报先遣队到不远处的煤渣胡同东口接管了英文报纸《时事日报》。

煤渣胡同在明朝时即有，当时叫"煤炸胡同"，清朝光绪年间改称"煤渣胡同"。煤渣胡同长约316米，宽仅8米，两辆轿车对开即感到很狭窄。但在清代和民国年间，这里是北京内城典型的高档四合院汇集区。高台阶、大宅门，其中设有清代"神机营衙门"。还有民国初年当过短暂"大总统"的北洋军官出身的冯国璋旧宅，前后五进，是一个大院落。后来冯家败落，家院为《时事日报》拥有。《时事日报》在院落一角盖了一座礼堂。

接管《时事日报》后，因不再出版英文报纸，人民日报逐渐将这里改作宿舍区，还改建了礼堂，新中国成立以后人民日报有许多大会就在这个礼堂里举行。

2月1日，是人民日报先遣人员紧张工作的一天。版面文章全部准备

[①] 李庄：《难得清醒》，人民日报出版社1999年版，第140—141页。

人民日报社王府井旧址局部（摄于20世纪50年代前期）。

好了，上版排印，打出样子。按照市委的要求，创刊号的全部版面均由市委领导审定。因为准备充分，版样在2月1日午夜就送去了。

由于接管北平千头万绪，市委主要领导人面前排满大事，结果一时之间来不及审稿。整整等了一天，到2月2日临近傍晚，通过了市委审稿的大样终于送回报社，立即上机开印。

此时，王府井报社门前人山人海，挤满了报贩子和急切想读到当天报纸的人。

夕阳斜照下的古都，《人民日报·北平版》创刊号和读者见面了。创刊号以最显著位置发表了1月14日中共中央毛泽东主席《关于时局的声明》，其中包括"八项和平条件"。根据中央指示，全文刊登了12月25日《中共权威人士评战争罪犯》一文，加注说明其中杜聿明已被俘，傅作义已因率部接受改编、和平解决北平问题可望将功折罪。同时发表了解放军两年半的战绩，以及不久前以解放军平津前线司令部以林彪、罗荣桓两将军名义给傅作义将军的一封信，信中指出："任何顽抗必遭覆没，和平解放可望

第 19 章 接管华北日报和中央社北平分社

1949年2月2日《人民日报・北平版》创刊号1版。

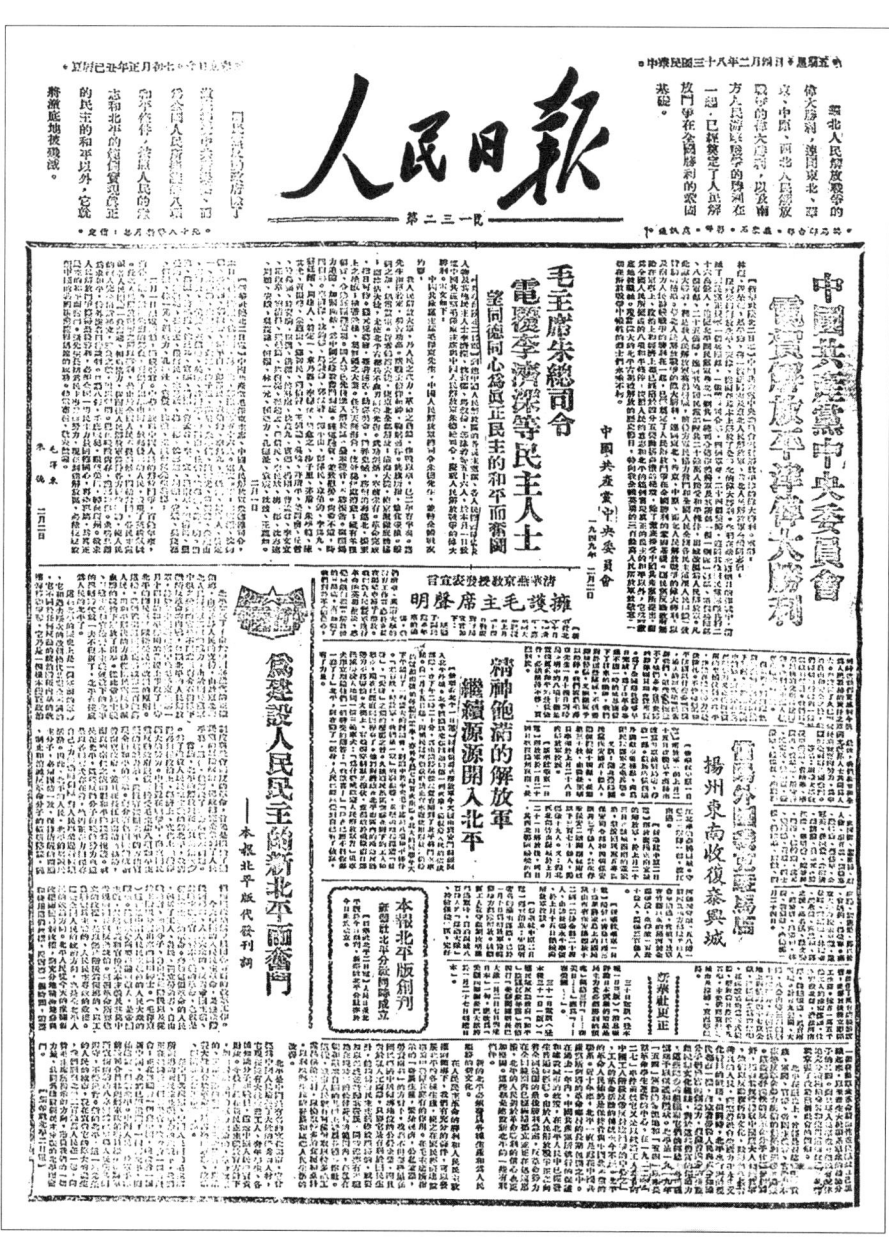

1949年2月4日《人们日报》(总社版)1版。其中刊登了"北平版"创刊的消息。

折罪，保护数百万人民之生命财产，数千年之文化古迹……"这封信，原本是早在和谈之时就要交给傅作义将军的，因为种种原因没有面交，结果傅作义本人在创刊号上才读到这封信。

创刊号发表了55位爱国民主人士对时局的意见。

同时发表的还有平津前线司令部布告。这是一份安民布告，宣布约法八章：保护城市全体人民的生命财产；保护民族工商业；没收官僚资本；保护学校、医院、文化教育机关、体育场所及其他一切公共建筑，任何人不得破坏；除首要战犯及罪大恶极的反革命分子外，凡属国民党市县各级政府机关的官员、警察、保甲，凡不抵抗不搞阴谋破坏者，一律不俘虏或逮捕，其中有一技之长而无反动行为及严重劣迹者，民主政府准予分别录用；警告游匪应投诚报到，交出武器，概不追究，反之逮捕究查，窝藏不报者受处分；保护外侨生命财产之安全，外侨须遵守法令，不得进行间谍活动；市民、各界人士共同维护全城秩序，免遭破坏，有功者奖，阴谋破坏者罚。布告申明："本军纪律严明，公买公卖，不取民间一针一线。"

创刊号刊登了社论《为建设人民民主的新北平而奋斗——代发刊词》，宣布当前的政策是："发展生产，繁荣经济，公私兼顾，劳资两利。"

创刊号副刊上发表的主要作品有杜展潮采写、经范长江润色的特写《解放石景山的英雄们》。

创刊号刊登特写《北平人民的狂欢》，报道了200万北平人民迎接解放的欢乐情景。创刊号上还刊登了《人民解放战争两年半的战绩》及解放平津前线司令部公告。

送出印厂的创刊号墨迹未干，报贩子上前一抢而空，报童的叫卖声很快传遍了古城的大街和胡同。

这天的创刊号共发行5万份。

第20章

创办北平版的41天

在《人民日报·北平版》创刊的日子里,总编辑范长江无疑是责任最重、最忙碌的人。好在他是办报的行家里手,恰值盛年,再忙也累不倒他——新闻名著《中国的西北角》的作者。

范长江,原名范希天,1909年10月出生在四川内江县赵家坝一个没落地主家庭。他自小学习成绩优异,中学毕业后进入革命先驱吴玉章创办的中法大学重庆分校学习,接受了进步思想的熏陶,决心投身革命。1927年,他在武汉加入北伐军,编入以贺龙为军长的第20军第3师教导团,参加了八一南昌起义。结果部队在南下途中被打散,范长江一度流落民间。

1928年,范长江考入南京中央政治学院,选学乡村行政系,希望以陶行知为榜样,探索教育救国的道路。1931年"9·18"发生,日本侵占了东北三省,范长江积极参加学生救亡运动,于当年年底来到北平,次年考入北京大学哲学系。

1933年下半年,范长江开始为北平《晨报》《世界日报》、天津《益事报》撰稿,受到报界关注。次年,他成为《大公报》撰稿人。1935年7月,范长江以《大公报》记者名义从成都出发,开始对中国西北的旅行考察。他将中国工农红军的长征道路作为重点考察对象,一路走来,在《大公报》上公开报道了红军的长征,并将这些文章结集出版《中国的西北角》,几个月内再版6次，引起人们广泛注意。在西北的考察结束后，范长江成为天津《大公报》正式记者。

1936年12月12日，"西安事变"发生，范长江不顾安危到西安采访。他由周恩来介绍，于次年2月来到延安，成为第一个进入陕北采访毛泽东的中国记者。毛泽东与范长江做竟夜长谈，使他接受了中国共产党的主张。

1937年抗战全面爆发后，范长江奔赴前线采访。他参与发起组织了"中国青年记者协会"。

1938年5月，范长江在重庆由周恩来介绍加入中国共产党，在重庆从事新闻工作。1941年1月"皖南事变"发生，范长江来到香港，在廖承志领导下创办中共的境外机关报《华商报》。这年年底太平洋战争爆发，日军攻陷香港，范长江经桂林、武汉、上海，辗转来到苏北新四军根据地，担任新华社华中分社和《新华日报·华中版》社长等职，经历了与日军残酷的战斗。

抗战胜利后，范长江来到南京，成为以周恩来为首的中共代表团的发言人之一。国共谈判破裂后，范长江回到延安，担任《解放日报》和新华社副总编辑。

国民党军大举进攻延安，新华社总社撤至河北。留下的一部分人员，编为中央纵队四大队，范长江任队长，始终跟随毛泽东、周恩来转战陕北，一年后来到河北平山西柏坡。

在曲折的革命历程中，范长江成长起来，成为中共新闻业的高级领导人。他总是领受艰巨的任务，悉心尽力。这次他带队进入北平创办《人民日报·北平版》，是他新闻生涯中的又一个亮点。

《人民日报·北平版》一创刊就成为这座城市里最受欢迎的报纸。燕京大学、清华大学的学生会早在报社人员没有进城的时候就派人接洽预订和代销报纸。报纸创刊后，最先回应的正是充满革命激情的年轻人。北京大学理学院学生给报社来信说："过去我们活在黑暗中，多么渴望有一份自

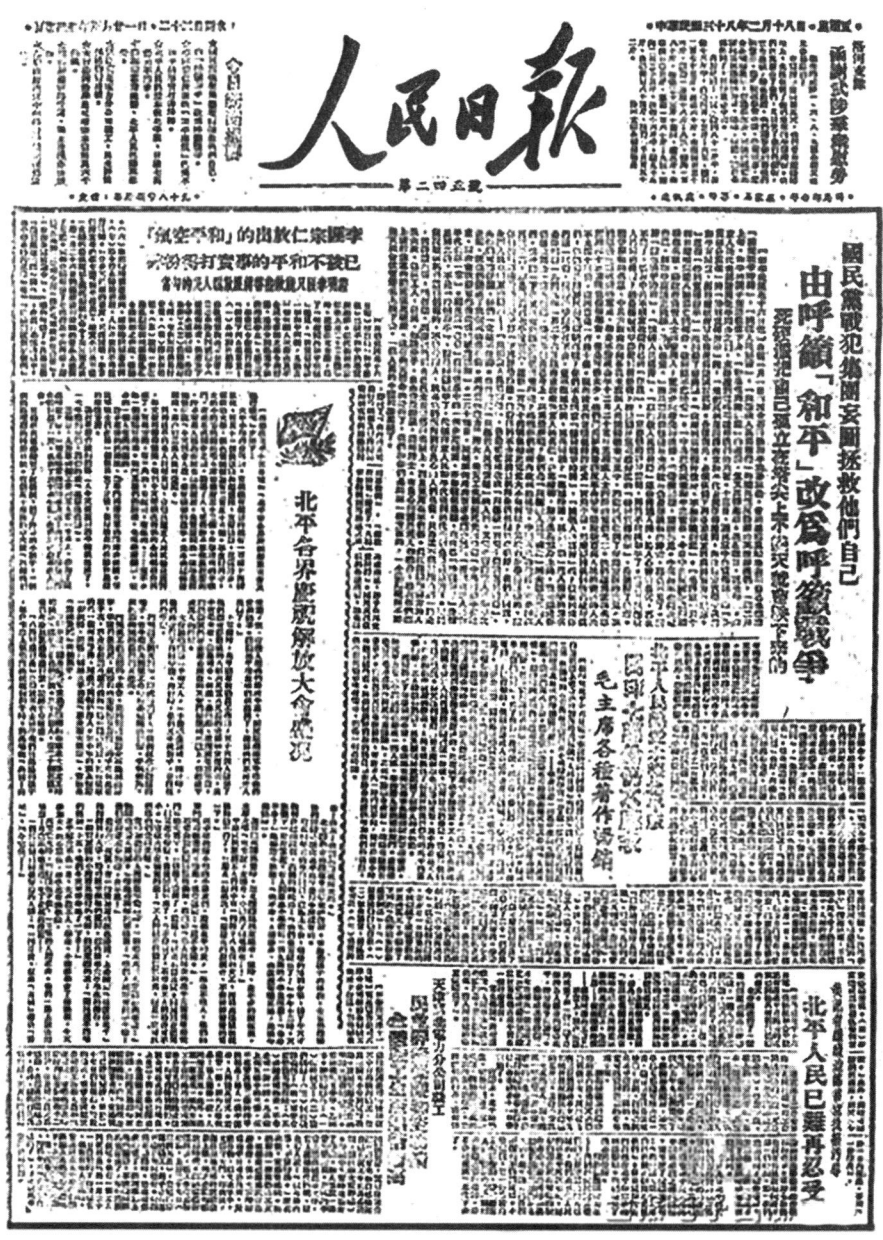

1949年2月28日的《人民日报·北平版》刊登了文章《北平人民热爱北平版》。

1949年初春,邮局工作人员将刚刚印出的《人民日报》搬上邮车运往北京市内各邮局(程庆丰提供)。

己的报纸呵!今天人民的报纸出刊了,同学们欢欣鼓舞的情景,我们都形容不上来。"

北京师范大学学生自治会行知图书馆的同学来信写道:"我们热烈祝贺这份真正代表人民的报纸的诞生,我们愿意在祖国步上自由民主独立的道路上,与您们共同为中国人民的幸福,为中国的自由解放而努力。我们愿意更加密切地联系,接受您们更多的指导。"

北平版创刊后,发行量迅速抬升,很快到达7万多份,是北平发行量最大的报纸。《人民日报·北平版》编委会由范长江、袁勃、刘希玲、张更生、韦明、李庄、李亚群、李千峰、胡若木、武迎山10人组成。马健民任秘书长,总编室主任刘希玲,采访部主任李千峰,副刊部主任李亚群,群众工作部主任张更生。来自人民日报的李庄任新华社北平总分社负责人。

北平版的骨干编辑、记者，是来自平山的人民日报先遣队，他们担任各版的主编、各部、组主任或组长。在他们麾下，一支年轻的生力军加入了人民日报的队伍，是上阵采访的主力。

根据彭真、赵毅敏的决定，由北平市委城工部挑选，增调原北平地下党和进步青年中的新闻记者加入《人民日报·北平版》和新华分社的队伍，从2月2日开始到王府井的人民日报编辑部报到，第一批人员中的李炳泉、李孟北、刘时平、王纪刚、袁柯夫、周毅之、王起、王曰竞到报社编辑部；寿孝鹤、陈柏生、冯仲、赵近宇到新华分社，归李庄领导；还有王云轩分到了北平新华广播电台。

他们中间，有像李炳泉这样的中共地下党组织负责人，他是协助傅作义将军进行和谈的代表，为和平解放北平立下了大功。此前，地下党员刘时平获得了国民党军将袭击石家庄的消息，也是通过他发往解放区的。李炳泉到人民日报后不久后转入《北平解放报》，接着到新华社，曾长期担任新华社国际部负责人，在"文革"中不幸遭迫害去世。

中共地下党员李孟北，[①] 原名李润田，原北平《平明日报》记者。他于1945年3月在解放区入党。1946年受党的派遣打入北平报业，先入《益世报》当校对，几个月后到《北方日报》任记者。1947年初，经李炳泉介绍，进入傅作义"华北剿总"办的《平明日报》当记者。在地下工作中，李孟北利用自己的有利身份，获取了大量重要情报，提供给刘仁领导的华北军区城工部，其中包括和刘时平一起努力，获取了国民党军要奔袭石家庄的重要情报。1948年年底，李孟北奉命来到河北泊镇，留在华北军区城工部工作，系统整理北平新闻界的情况。北平解放后，根据他的愿望，李孟北

---

① 李孟北在《人民日报·北平版》工作到1949年3月，后随编辑部转入《北平解放报》工作，同年8月随军南下云南，与袁勃等一起创办《云南日报》，后任《云南日报》总编辑。1983年5月4日逝世，时年58岁。

1949年,在王府井大街的阅报栏前,市民在阅读新出版的《人民日报》(程庆丰供稿)。

来到《人民日报·北平版》工作。[①]

刘时平也来到了人民日报,这是他从国民党牢狱里被释放出来的第10天。1948年10月送出国民党军突袭石家庄的秘密消息后,刘时平受到了国民党特务的怀疑,上了"黑名单"。地下党组织发现刘时平处于危险之中,于1948年12月底通知他离开报社到"关系"人家躲避。没有想到,"关系人"也被敌特盯梢蹲守。刘时平到他家才住了两天就被捕了。那天正好是1948年的最后一天。被关入监狱后,刘时平守口如瓶,没有暴露自己的地下党身份。1949年1月22日,北平和平解放谈判达成协议,第二天

---

① 刘祖武、孙官生:《李孟北评传》,云南大学出版社2000年版,第17页。

刘时平就走出了监狱。他很快出城,来到颐和园边上的青龙桥,汇入了解放军接收北平的队伍。没过几天,他随着解放军进城了。摆脱了监狱生活的折磨,刘时平像人民日报老记者一般热情张罗着,帮助报社行政人员接待新来的伙伴。

除了刘时平,较早来人民日报报到的有一位24岁年轻女记者王曰竞。她原为《新生报》记者,这时还没有入党。她出身于宝坻县一个知识分子家庭,当记者已经几年了。她的进步倾向很早就为地下党组织关注,时在《平明日报》当记者的中共地下党员王纪刚负责与她联系。在风声紧张的1948年8月,王纪刚奉命撤出北平,到河北泊镇集训,11月又潜回北平。他找到了王曰竞,对她说,北平已经被解放军包围,中共正在争取通过谈判和平解决。如果谈判不成,就要武力解决。为此,你要利用记者身份,想办法收集北平的街道、胡同的地理现状,记清有何名胜古迹。地图和文字都要,而且要尽快交上来。

王曰竞用了一周时间,绘制出一幅古迹示意图,加上文字说明,把这份情报交给了王纪刚。

这时,王纪刚拿出半张金元券钞票交给王曰竞,说,几天后有人拿着另外半张钞票来找你,如果对得上,他就是你的联系人。

几天后果然有一个人来找王曰竞,原来是同事——《新生报》资料室职员寿孝鹤。他来做什么?没有想到他拿出半张钞票和王曰竞手里的半张对上了!平时,寿孝鹤是一个言语不多的青年人,但每逢外埠报纸转载王曰竞的文章,他总是悄悄告诉她。没有想到他是一个地下党员,而且也在刚刚解放的日子里来到了人民日报。此后,寿孝鹤在人民日报工作了一生。

王曰竞永远不会忘记1949年1月31日这一天,解放军进城了。王曰竞听说有一路解放军已从西直门进来,就蹬上自行车赶去。只见一路上人潮如涌,欢声震天,人们手中拿着、车上插着的小红旗迎风飘舞。旃檀寺广场举行军民联欢,人们围坐成一圈又一圈。圈里,解放军战士高唱《伏

1949年2月3日,解放军举行入城仪式,北平市民走上街头欢迎,这两个男孩坐上了炮车(陈志摄)。

尔加船夫曲》,著名舞蹈家戴爱莲踏着西部歌曲《我的青春小鸟一样不回来》的节拍为解放军舞蹈。解放军军乐队一遍遍奏着进行曲。王曰竞赶写了一篇描绘这沸腾场面的特写,第二天在《新生报》上发了头条。

这时,王纪刚来找王曰竞,通知她,领导上已经分配她到《人民日报·北平版》工作。王曰竞听到这个消息高兴得跳了起来,第二天(2月3日)一大早就赶到王府井来报到了。

北平版编辑当场给她派下任务,立即出发采写解放军入城式的消息。王曰竞转身就上街采访了。她看到了解放军的坦克和炮车在街道上隆隆行进,看到了百万北平市民涌上街头的狂欢。她的采访成果汇入了当天记者们集体完成的综合报道。

2月2日到2月6日,新来人民日报和新华分社的记者陆续报到。2月6日这天,刘时平坐着吉普车把各人的行李拉到了煤渣胡同。范长江亲自接待这批新成员,向他们介绍《人民日报·北平版》的性质和任务。他说,眼下我们刚刚进城,万民关注,我们只能把工作做好。

范长江为大家分配了工作,增调来的人员大部分在北平版编辑部当编辑,或是进入采访部当记者,由李千峰领导。小部分参加新华社北平分社的工作,归李庄指挥。①

陈柏生(笔名柏生)后来成为人民日报的著名女记者,是和王日竞同一天来人民日报报到的。她的祖父陈同礼是清朝翰林,饱读诗书。父亲陈伯弢早年留学日本,思想活跃。柏生生长在北京,家中自拥书城,使热爱读书的她有一片辽阔的阅读天空。柏生向往自由、向往进步,中学时期就阅读了大量进步书刊,1946年,她刚刚考入清华大学中国文学系就加入了中国共产党。她积极投身学生运动,组织进步力量,还在校园中发展自己的老师、著名文学家李广田加入了地下党。

水木清华大师荟萃,柏生学习中国古典文学甚有心得,深得文学系主任朱自清的欣赏,视之为得意门生。在文学系,柏生当选为学生会主席,有时忙于各种活动,偶尔疏漏书面作业,朱自清教授多能原谅。

1948年8月,毕业考试之后,地下党组织通知柏生离校去冀中解放区。离开清华园的前一天,柏生来到北院16号朱自清的家中向老师辞行。柏生并没有告诉详情,只说自己有事要离开北平一段时间,待到回来的时候一定前来看望。

文学家朱自清是一个多思的人,柏生估计他一定猜到了学生要去解放区。他没有明说,只是轻轻说道:"为什么这样匆匆地走了呢?"

柏生报之以沉默。

一切尽在不言之中。朱自清扶着病体送别柏生,一边走一边说着勉励的话。他说,柏生的中国文学底子很好,不要荒废,要继续学习。

柏生回忆:"分手时,朱先生不仅把我送到家门外,还缓缓地送了好

---

① 2006年4月3日在北京访问王敬(王日竞)的记录。

几步路，然后伫立在院里望着我。我一面摇着手，一面回过头，望着朱先生，直到再也看不见他的影子时，我才若有所思地发觉泪水已经模糊了我的眼睛。"

告别朱自清的第二天，柏生离开北平，经过天津，按照地下党指示的路径来到泊镇，中央青委的荣高棠接待了她，安排她参加学习。

在泊镇学习未及一个月，柏生听到了导师朱自清因胃病复发，在北平病逝的消息。她独自饮泣，更加努力学习，准备投入火一样燃烧的战斗生活。

在泊镇学习一段时间后，柏生奉城工部的指示又潜入北平，做学生工作。北平刚刚解放，她即由北平城工部安排，和李孟北、王曰竞等一起来到人民日报。①

一到人民日报，王曰竞将自己的名字改成"王竞"。不久听到有人说："竞赛，不好，资产阶级的。"又有人反驳："革命竞赛，有什么不好？是无产阶级的。"年轻女记者听了，觉得虽说有人说话撑腰，毕竟也有人说这名字和"资产阶级"沾边，于是干脆再改名为"王敬"。她和刚刚来到北平版工作的陈泓是当时北平版编辑部十分活跃的两位年轻女记者。

> 陈泓是穿着黄色土布军装，佩戴着军管会的胸章和臂章，梳着齐耳短发进城的，浑身上下都革命。王敬身穿一件旧大衣，梳着两个小辫子，典型的布尔乔亚（小资产阶级），进进出出心里很不是滋味。军装刚一发下，王敬立刻穿戴起来，还央求陈泓马上用剪刀把她的小辫子剪掉。不两天，遇到沈兹九大姐，她说："上星期看到你还是个文弱的小姑娘，现在成了雄纠纠的女战士了！"听了这话，心里真是乐开了花。当时是供给制，领了津贴费，我

---

① 2005年8月24日在北京访问陈柏生的记录。

俩在东单小市的小摊上,每人买了一个绿布背包,一条线腰带,背扎起来,神奇十足,非常得意。①

北平和平解放之初,国民党的散兵游勇还不少,城市夜空中有时会传出枪声。当时人民日报的编辑记者都着军装,外勤男记者全部佩带手枪,并有子弹。女记者的情况不一样,因为她们一般没有受过军事训练,也没有战场经验,为保证枪械安全,外出不佩带手枪。但是也有例外,几次采访接触后,北平市公安局长冯基平给了陈泓一支小手枪,组织上允许她佩带,但不带实弹。记者们在夜晚下班后返回宿舍,都要求男女同行。回到宿舍,他们普遍只能睡几个小时,就要在晨光中起身"扭秧歌"、锻炼身体,开始新一天的工作了。

由于这批新生力量的到来,北平版的工作人员增加至六七十人,采访部记者大约20人。编辑部强调写"当天新闻",记者们大都白天出去采访,傍晚赶回来写稿。

北平版采访部设在一间不大的平房中,正中由4张桌子拼起来,两三个人挤着坐一条长凳,大家围着大桌子面对面地写稿。记者写完稿后,范长江要听取汇报,然后记者们才能散去。

对范长江,王敬留下了深深的印象,她回忆说:

> 我读过他的书,仰慕他的追求真理的精神。现在我在他的直接领导下工作,可谓非常幸运。他第一次同我们见面,从穿着上看,就是一个"老八路"。个子不高,体态稍胖,穿着一身灰布棉军装,一双黑布鞋,棉袄上有许多污渍和油点,袖口上也是油乎乎的。他用那炯炯有神的双眼向大家一扫,每个人都觉得自己进

---

① 王敬:《人民日报北平版的诞生》,见《北京文史资料》第60辑,北京出版社1999年版,第82页。

入了他的视线里。

> ……我们几乎每天都能见到长江的面，听到他的教导。长江的领导方法既高屋建瓴，又具体入微。他与采访部同在一个院子里，东厢房是他的办公室兼卧室，西厢房是采访部，而五间明亮的大北房，则是会议室兼招待室。长江往往日以继夜地指挥着报纸的采访出版工作，重要的稿子他要审阅修改，重要的文章和社论，他还要亲自动笔起草。他不断出现在总编室和采访部，直接同编辑记者对话，还经常直接听取记者的汇报。我们每天采访回来后，要向长江汇报遇到的新情况和新问题，有时直到深夜一两点钟，我们这些年轻记者都熬不住了，刚要打盹，耳边听到长江那爽朗的笑声，立刻又振作起来，我们称他是"不知疲倦的人"。①

在李庄那边，他指挥年轻记者们忙碌地采访新闻。张连德率领电务人员日夜不停地抄发电讯稿向总社发稿，保证《人民日报·北平版》的需求。张连德回忆这段生活说：

> 进北平后，向总社发稿一天比一天多。我的大部分精力用在发报上。因为稿多，译电跟不上，为了争取时间，我就凭在解放区练就熟悉明码的本领，不经翻译，用原稿向总社拍发。这一招还真顶用，保证了北平解放后新闻报道稿件准确、迅速地源源发往总社。胜利的喜悦，使我忘记了劳累，真是不分白天黑夜，有时吃饭也在机器上。除了一天五六小时的睡眠时间外，其余时间，基本上都在工作。在我的10年无线电生涯中，像这样紧张而愉快的工作情况有过两次：进北平后这次是第二次。（第一次是在抗战

---

① 王敬：《人民日报北平版的诞生》，见《北京文史资料》第60辑，北京出版社1999年版，第95—96页。

胜利后）……

2月3日，解放军举行隆重、热烈、规模浩大的解放北平入城式。头一天晚上，李庄同志告诉我，要保证有关入城式的报道稿件及时发往总社，随到随发，不得耽误，并要我放弃观看入城式的强烈愿望，一刻也不离开机器，同总社保持不间断的联系。说实在的，我当时真不愿意放弃观看入城式这样一生中难逢第二次的空前盛典，真是"机不可失，时不再来"呀！但是，为了党的事业，为了把解放北平入城式的盛况及时向全国、全世界报道，我毫不犹豫地接受了任务，坚守在岗位上，一刻不停地眼盯稿纸，手揿电键，篇篇报道，被电波载往总社。作家刘白羽（当时是新华社特派记者）写了篇一万多字的特写稿。他陆续写，稿纸陆续到我手中，立即变成无线电信号，陆续飞往总社。解放军入城部队先到达前门，来了一部分稿子；出东交民巷到东四，又来了一部分稿子……直到最后一页稿子到了我手中。光这篇稿子，就发了10来个小时。使人高兴的是，这10来个小时的劳动产生了效果，新华总社当晚和第二天就向全国、全世界播发了这篇报道，让全国、全世界人民共享胜利的喜悦，影响是可想而知的。

进北平不久，英国《工人日报》记者阿兰·魏宁顿，以新华社特派记者名义到北平采访。他写的稿件都是英文。他来到分社，拿着稿件，要求发往总社。幸好，我在解放区干过收发英文的工作，就大包大揽地收下他的稿件，并说明有多少保证发多少。他以后又送来好几篇稿子，都随到随发了。不久，署名"本社特派记者阿兰·魏宁顿"的中文通讯稿由新华社发出，并刊登在《人民日报·北平版》上。阿兰曾来到石碑胡同分社住处向我道谢。我请他免谢，说明都是"一家人"，发稿是分内事。而且他是为新华社写稿，我们更应该感谢他。①

张连德提到这位英国记者，用他的笔在1949年2月18日的《人民日报·北平版》1版上留下了历史的记录《北平人民热爱本报北平版，日印七万份仍供不应求，毛主席各种著作畅销》。这篇文章也刊登在同日的《人民日报·平山版》上，全文为：

新华社北平2月16日电，本社特派员阿兰·魏宁顿报导：此间报贩觉得难以赶上社会公众对共产党报纸《人民日报》的需求。该报正式订价是二元，但热切的读者甚至不惜以五十块钱去争买一份。这一报纸是在国民党机关报《华北日报》的印刷厂排印的，《华北日报》一向是华北最大的国民党报纸，发行额为八千份。现在它的机器正在印刷着每天七万份的《人民日报》，这些报纸在城内和近郊立即销售尽净。要满足需要还得额外再印三四万份，但在能运行更多印报机之前，这额外的份数就不可能印刷。

每天早上报纸出版时，为了取得一批报纸，总要有一番激烈的竞争。当初，甚至还有为这打架的，但现在报社人员帮助报童组织起来，争执的现象就少见了。社会公众对于国内外的确实消息是这样关心，以至于有些报童远自二十里外骑自行车前来，发觉这样跑一趟还有利可得。有一组报童甚而组织起来，从远在百里以外的保定到这里来轮番贩报。当这一个人骑自行车带着报纸回去的时候，另一个人便已在赴北平的途中了。当然，这些报纸是按规定的价格卖给正规订户的，只有剩下的才给报童。工人、学生和北平的广大劳动人民都热烈地阅读这一份报，它对于他们

---

① 张连德：《回忆人民日报电务部》，见《张连德——他心里装着千万个读者》，人民日报出版社2004年版，第325—326页。

1949年2月3日《人民日报·平山版》1版。

来说，简直是他们自己的报纸。每天都刊发着关于工厂和学生活动的文章，其中许多是工人、学生和进步教授的作品，《人民日报》抓住了而且反映出新解放的北平的蓬勃精神，工人阶级的热情，以及被国民党压制了这样久的求知欲。

这种渴想了解事情的心情，也表现在四天前在此间开办的新华书店。每天早上七点半钟就开始形成一列人群，等待着九点钟书店开门。最畅销的书是毛泽东的《新民主主义论》，其次是《论联合政府》，销路也跟前者差不多。书店里整天都是拥挤的，有许多人一时还买不起，便好几个小时地细读这些书。虽然报馆和书店的职员都在拼命地设法增加他们的供应，但要做到能够应付需要，还得一个长时间。

除了本市新闻，《人民日报·北平版》的稿件主要由新华社提供。进城以后，报上即开始增加美术作品，以提高版面的可视性，为此单独设置了美术组，最初只有组长蔡若虹一人。好在2月10日即有新人补充了进来，他名叫夏雨，中共地下党员，这年刚刚25岁。抗战期间，他在昆明的西南联大读书，抗战胜利后北上"复员"，结果直接进入冀东解放区。1948年9月，由于北平高校中撤出了许多地下党员，为补充这样的空缺，夏雨被派进北平，来到北京大学做学生工作，直接受冀东区党委北平工委（代号"长城部"）、唐山工委（代号"山林部"）的领导。他多次冒着生命危险，输送人员和情报到解放区。

北平和平解放后，夏雨来到市委组织部重新分配工作。接待干部问，是否愿意去公安部门？夏雨认为，自己不适宜做此工作。这位干部又说，人民日报需要一名美术编辑，一直没有物色到。不过，这需要美术专业人员，你恐怕不合适。

组织部的干部一定事先看过了档案。夏雨在西南联大和北京大学读书

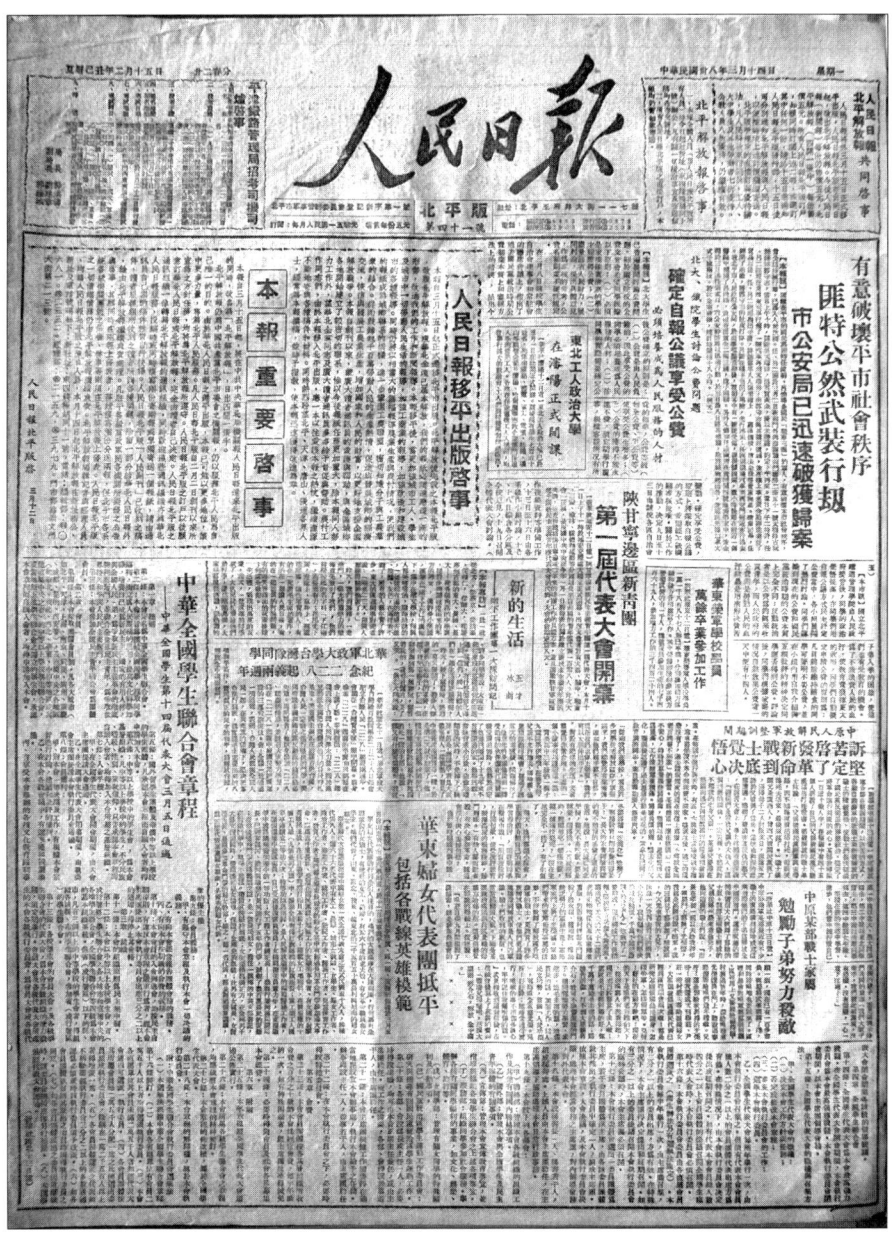

1949年3月14日,《人民日报·北平版》第41期终刊号。

时，先后攻读于数理化专业、外语系和动物系，都与美术无关。

没有想到夏雨马上对他说："我爱好美术，喜欢画画，刻木刻……"这是实情，夏雨的美术有一定基础。

组织部干部当场决定，分配夏雨去《人民日报·北平版》美术组，立即开出了介绍信。不过三言两语，夏雨的工作就定下来了。[①]

夏雨来到北平版，受到美术组长蔡若虹的热烈欢迎。不久又有胡林前来，加入了美术组。蔡若虹在报社工作时间不长，不久即调走，专职地投入他热爱的美术事业了。[②]

从1949年2月2日起至3月14日，《人民日报》出了两个版本，一个是总社版，在河北获鹿县东焦村按原有刊期号顺序出版，通常称为"平山版"。另一个就是"北平版"。"北平版"的核心成分是总社派出的先遣队，可以说是人民日报的一个分支。但从组织关系来看，"北平版"一方面受设在东焦村的总社领导；另一方面，从日常编辑方针和稿件审批层次来说，接受以彭真为首的中共北平市委领导，实际上承担了中共北平市委机关报的任务。不仅如此，北平版由新华社副总编辑范长江担任负责人，他的党内地位甚至比张磐石还要高一些。从这个意义上来说，总社版（亦称"平山版"）和北平版是平行的。

从编辑部的组成情况来看，由于有华北局城工部增派的年轻记者，"北平版"采编人员更年轻，受教育程度普遍达到大学水准，超过在东焦村的编辑部。

《人民日报》以两个版本同时发行，是《人民日报》在特殊历史时期的特殊现象。

《人民日报·北平版》创刊于1949年2月2日，终刊于3月14日，总共历时41天。

[①] 夏雨于同年8月随军南下云南，参加创办《云南日报》，后任副总编辑、总编辑。
[②] 引自2007年6月夏雨致本书作者的回忆文字。

第21章

告别农村根据地

向平津战役前线派出接管人员和创办《人民日报·北平版》的先遣队以后,张磐石率总社留驻东焦村的人员照常出版《人民日报》,工作颇感紧张。人民日报总编室(相当于后来的编委会)深感抽调骨干较多使日常工作受到了影响,曾为此向华北局宣传部长周扬做书面报告。

周扬同志并转一波同志:

我们草拟了几项对平津办报办社办台的建议,特奉上。刚才又收到到北平办报的袁勃等同志来电,现一并送去,并附上我们的答复意见,请考虑决定指示方针。

一、根据沈阳办报经验,解放之后,报纸主要任务是宣传我党政策、法令布告,刊登各种重要文件,不必强求生动多样,适合读者口味,(事实上也不可能)任务比较简单,我们现派往北平的已逾三十人,几乎全部都是主力骨干,人力充足有裕,无再添人的必要。

二、中央局已经确立的方针是,平市报纸目前只是市报性质,现在继续出版的人民日报不能过分削弱,必须稳住目前的农村阵地,发展各中小城市的读者和通讯员,担负元旦后每日的大版报的任务，由于过去对此方针认识不明确，抽人已过多，对现在报纸工作影响不小。

三、现在报社内部情况是勉强维持工作，经理部门走了一个部长，一个厂长，发行部长，领班。记者（方面）走了采访科长，石家庄全部记者。内勤方面走了一个编报部主任，一个通讯部主任及主要的地方、国际编辑。按此名单再调，则除冀鲁豫区我们在华北各地将无一个记者。经理部门一向不健全，刘景汉（副部长）未在家，如他们再走，家中将无法收拾。

四、根据以上情况，我们认为应当明确规定《人民日报·北平版》任务和方针，请他们据此方针订立编制，送来审查，不久，邯（郸）（电）台全部编辑人员即可回来，除抽一二人赴津办台外，可合部参加北平版工作。

五、同意成立联合编辑部，但在人员编制上必须分开清楚，以免将来分时麻烦，总社同总分社人民日报担负的任务不同，编制不同，报销不同，故现在弄得清楚些是有好处的。

致以

布礼

人民日报总编室
1948年12月31日

同一天（1948年12月31日），张磐石签发了向华北局宣传部提交的关于11—12月两个月的工作报告，抄报刘少奇和中宣部。从报告中可以看到当时编辑部的工作状态。报告说：

（一）11月后半月备战复员后，磐石以半病状态参加工作，总编室加强统一领导，听取了编辑（包括报纸编辑、通讯社、资料室），经理（包括出版、发行）两大部门的工作汇报，研究了各部门的工作状况。当时，普遍地反映以下三个问题：第一，大多数同志工作积极努力，但每个人考虑的问题都局限在自己工作的小圈子内，缺乏同整个报社工作的改进、同党的具体政策指导方针紧密结合，眼光放不远，情绪提不高。第二，使各个部门工作均有一定成绩（如资料室的建立、报纸三日出4版、有计划地向总社发稿、建立记者工作等），但由于没有在实质上建立集体领导，工作发展极不平衡，"三轮车"（报纸编辑、通讯社、资料室三者乃是一个机构的三个轮子）未得到并驾齐驱之效，甚至在各个环节上有对销力量之处。第三，大家埋头日常业务，缺乏系统的正规的学习。要求提高理论和经验主义方法，但又苦于工作摆脱不开，学习与工作矛盾未得到解决，而且要学的东西太多，不知该学什么，如何学。根据以上情况，总编室首先肯定了9、10两个月的工作成绩，认为我们工作中存在的根本问题是提高思想指导和加强统一领导问题。

过去统一领导没有很好建立的基本原因是，各部门虽然对本部门工作的一般都积极负责，但由于长期存在着一套传统的片面的认识、经验和办法没有被克服。如认为编辑工作就是干好改卷子工作，终日忙碌于改稿，不去掌握政策、联系群众，主动地组织稿件，把直接组织读者开辟稿源、贯彻实现方针这一重大任务委之于次要的干部去做，造成我们工作长时期的损失。……在这两个月内我们比较系统地发现了各部门所存在的问题。在日常工作中，总编室打破过去下边编什么就发什么的被动状态，统一掌握全社各部门的材料及稿件，经过共同研究后再分工处理。这样报纸便可以依据实际情况及时组织版面，加强了指导性。

（二）对出版发行工作进行了一次较深入的检查。出版方面已能够支持4个版的出版。纸张问题由于市场的建立，也逐步地得到解决。出版方面过去搞不好的主要原因，是有些同志忘掉党报出版部门的任务是一切为了把党报办好，错误地把实行企业化同保证报纸任务两件事对立起来，譬如人少了可以延长出版时间而不加人，字坏了可以不积极地想办法造字，为了赚钱不顾党报出版损失去揽外活，不对工人进行政治动员，单纯强调薪金制，弄得大家情绪不高。为了安插企业化无法供给的老婆孩子可以勉强用一些不称职的人，还借口农村环境，拖延出版时间、浪费很大人力物力，对改进工作过去强调困难，小手小脚，形成一种保守观念。……这次检查确定出版工作必须完全地服务于党报要求，反对报纸出版脱节的无组织现象，制定了出版过程（比过去缩短了3个钟头）、保证当日报纸送上火车。工人校对方面都确定了对各版的负责制。……据各地反映最近有进步，铁路沿线报纸发行很快，（山西）平定可以隔日看报，冀中各地党委对看快报均表示满意。

发行工作最大毛病是不为读者设想，"报社只此一家看不看由你""报纸早到晚到都一样。"工作不细密精确，发报常有差数，对发行报纸工作没有当成一个政治任务。报纸是否为读者所掌握，是否为读者经常阅读，如何给读者以方便去订报等，都还没有科学合理地予以解决。这次检查着重批判了这种思想。特别是对于借口农村环境来掩饰工作缺点的现象做了纠正。现在出版发行有改进，每天能有一万两千份报纸送上火车。现更协同邮局交通部门解决汽车送报问题，并准备进平津后同内地的发行联系。

（三）两个月来编辑工作开始走向主动，12月份全社工作是在一个统一计划下进行的。这一计划针对过去指导思想上的几个缺点（也就是工作的弱点）予以明确解决。譬如在实施问题上我们过去只是把总社电讯编辑一下了事，而没有认真考虑到群众的接受能力认真给予帮助。时事编辑成为无思想无灵魂的工作。现在则明确规定为适应农村生长环境中的干部学习，尽量采取单元集中的编辑方法，而不是总社每天来什么发什么。对文化水准低的同志增加了读报词典辅导学习，设立了新闻摘要、大众黑板报，供给区、村干部向群众做宣传。

……12月规定了开辟城市阵地的计划，开始同工人（首先在石家庄）有了联系。在总的思想指导前提下，同样也规定了提高业务的方针和重点、组织工作方法和制度等。这样经过12月份的实践，虽然去平津走了几乎五分之四的主力，可是由于大家思想提高，工作自觉性、积极性加强了，留下了一部分同志（主要是新手及妇女）能坚持工作，并出了每日4版，其具体表现分述如下：

……11月来，已突破报纸标题生硬呆板格式（过去标题多一般化、笼统、字句生硬），使之生动通俗、切合实际为中心。……我们要求新闻上突破的标准是：政策上明确，能把握新闻基本内容并为群众乐于接受；突破的方法：采取群众性的研究、表扬与批评结合的办法、鼓动大家建立一个新的文风。……目前稿件成品大量出产，仅资料室每日即可有7000字供给报纸或广播。

……12月，中等城市及工人报道逐渐增加。

在记者方面：目前记者工作最大缺点是大家分散各地，对各种工作具体指导意图领会不够。客观上的原因则是三分之二的外勤是新手，文化水准太低，这需要我们从工作中多方面来努力教育帮助提高。

……以上是11月和12月两个月的主要情况。这两个月的工作抓住了思想指导与统一领导主要环节，排除一切由于盲目山头情绪互相照顾客气所引起的工作障碍,打下了人民日报同华北人民密切结合的初步基础。我们准备在这一基础上继续深入的检讨无组织、无纪律、无政府现象,并继续寻求克服经验主义的更有效办法。

华北总分社、人民日报社社长张磐石

1948年12月31日 ①

平津前线战火纷飞,大军对垒厮杀,胜利捷报雪片似地飞向东焦村人民日报编辑部。何燕凌等前去北平前线以后,由杜波、孙良田和林晰接手编辑1版。林晰清晰地记得1948年12月31日那个彻夜不眠的夜晚。

这一天由杜波、孙良田和我编1版,刊登毛主席为新华社写的1949年新年献词《将革命进行到底》。这是一篇迎接中国革命全面胜利的檄文。这篇迎接新中国的文章,就是通过我们的手在《人民日报》上发表的。在革命胜利的前夜,编发这般气势宏伟的巨文,确实令人兴奋不已。这段日子,决定中国命运的三大战役已接近尾声,每天都有鼓舞人心的消息和评论,夜班工作拖的时间很长,可是无人有倦意。在昏暗的煤油灯光下,我们逐字逐句地校正文章,反复推敲标题和版面的安排。那时完全是手工排字和排版,大样是看了一遍又一遍。在等待新大样来到的间隙,我们胸中充满了革命的激情,畅谈着很快就要进入北平城了,欢愉的心情是可想而知的。时过半个世纪的今天,当年在东焦村那间

---

① 2003年12月抄录于中央档案馆。

1949年1月1日《人民日报》1版。

狭小的编辑室里忙碌的情景和喜悦的气氛，仍然荡漾在我的脑海中……①

在为进城而紧张准备的日子里，人民日报实行"编、采、通"一体化运行体制，为了有意识地培养队伍，社领导安排新来的编辑到工业区和矿山采访。这是因为长期在农村编辑出版，报社的编辑记者对城市生活不那么熟悉了。而现在，要迅速熟悉起来才能适应形势发展的需要。

1949年1月2日，邯郸广播电台总编辑萧风②率领该台大部分编辑人员约20余人从涉县驻地沙河村调入人民日报。这些人员中有张晋德、顾湘、王讴、郭常太、石贵荣、潘兰、方越光、丁毅（以上人员进城后调入北京人民广播电台），还有张荣安、刘晓晞、黄植、岳立、杨真、程捷、刘振祥、秦翠香、裴国勋、裴改英等。他们步行3天来到石家庄，由人民日报驻石家庄经理部安排食宿。第二天，雇一辆马车拉上行李，大家又整整走了一天，终于来到了东焦村，受到张磐石等负责人的热烈欢迎。

人民日报和邯郸台的老资格编辑记者，大部分来自太行山上的《新华日报》，熟人相见分外亲切。

张磐石是老领导，安排萧风先做两桩事。首先是对邯郸电台人员近来学习社会发展史的情况进行讲评，然后组织他们在东焦村试编人民日报"城市版"，为进城做准备。③

萧风也是一位"老太行"。他生于1909年，江苏苏州人，原名王兆平。早在1927年就开始为苏州各报撰写文章。1931年"九一八事变"后积极

---

① 林晰《人民日报进北平从东焦村出发———进城前的点滴回忆》，见人民日报《社内生活》，2002年12月15日。

② 人民日报总社于1949年3月迁入北平后，萧风担任人民日报编委兼编辑部主任，总编辑室副主任、主任，读者来信、政文部主任等职。1980年离休。2004年6月26日在北京逝世。

③ 萧风：《从邯郸电台到人民日报》，见《人民日报回忆录》，人民日报出版社1988年版第70—74页。

邯郸广播电台将赴人民日报的人员合影,1948年12月摄于涉县沙河村,背景为电台编辑部,袁靳摄,刘振祥提供。

前排蹲、坐者左起:王讴、萧风、于韵琴之子、于韵琴、程捷、张晋德之子、刘振祥、公务员(戴帽者,名字未详)、潘兰(播音员、戴帽公务员上方的女性)、张荣安、刘晓晞(右前蹲者)。

后排站立者左起:王景训、裴国勋、左3未详、黄植、纪青、方越光、席振厅(高处的男性)、岳立(席前方女性)、张晋德、郭常泰、顾湘、翟世发、王润美。

投身抗日救亡运动,后到上海从事文化工作。1938 年到延安,进入抗大学习。1941 年调太行敌后根据地,先后在《胜利报》《晋冀豫日报》担任编辑,1942 年入党。1944 年调入《新华日报·太行版》,担任国内版主编、副总编辑。在解放战争中,他奉调参加邯郸广播电台的创建,在建立陕北电台接替台的工作中完成任务出色。现在,他又回归报纸工作了,而且知道不久就要到北平办报,更是意气风发。

萧风从涉县带来的人员中有一位 19 岁的小伙子刘振祥,从邯郸台到《人民日报》,完全改变了他的命运。

刘振祥 1930 年出生在涉县固新村一个农民家庭。抗日战争中,这个山村成了八路军的根据地,刘振祥从小读着抗日教材长大。抗战胜利后的 1946 年夏天,刘振祥考进了从涉县迁到磁县的"太行漳滨中学",学校由太行五专署直接领导,具有干部速成学校的性质,刘振祥在这里入了团。1948 年 5 月,各解放区迅速扩大,迫切需要干部,刘振祥所在的初中班提前毕业。分配工作时,正好邯郸电台通过组织部要人,刘振祥被选中了,来到沙河村邯郸新华广播电台当实习编辑。这里距离他的老家固新村大约 60 里。

沙河村地处一条狭窄的河谷中,当年是一个闭塞的地方,便于对外保密和防空,邯郸电台的发射台就设在这里。

1948 年 12 月,华北局通知邯郸台,从 1949 年元旦之日起停止播音,全体人员调入人民日报。邯郸台的人一听,都高兴得不得了,刘振祥更是兴奋异常。

初到东焦村,编辑部实行冬季一天两餐制。下午 3 时晚饭之后,来自"邯郸台"的年轻人喜欢约上人民日报的同伴打上一场篮球。有一天,刘振祥和同伴要去打篮球,一时间却找不到球了。走在村中大街上,只见迎面走来一位身穿黄色军装,大约 30 岁的年轻人,看上去很有风度。刘振祥估计他可能是一位负点责任的干部,灵机一动上前拦住说,你找个篮球借给我们玩一会儿。

这位年轻人也不推辞,爽朗地一口答应说,好,你跟我来。说着就走进一家院落,对住在这里的报社人员说,把篮球借给他们去玩。刘振祥跟在他身后,马上得到了篮球,满脸带笑地捧着出来。

邯郸台的伙伴对刘振祥说:"你怎么向他借篮球,你知道他是谁吗?"

"不知道。"刘振祥确实不知道刚才拦住的是谁。

"是安岗同志,人民日报副总编辑。"

这是刘振祥第一次和安岗相遇,一辈子都忘不了。①

1949年1月31日,人民解放军开进北平城内,平津战役胜利结束。2月5日,中共华北局发出华北各级党政军机关准备迁移入京的通知。为此专门成立了"迁址委员会",由赵尔陆(主任)和陶希晋、平杰三组成。

2月7日,刘少奇为中共中央起草了致聂荣臻、薄一波的复电:"同意华北局机构从现在起即有秩序地迁到北平办公。"

2月13日,华北人民政府迁入北平。

北平和平解放的消息传到东焦村,编辑部准备搬家,其他部门也行动起来。张桂云回忆说:

> 人民日报各个部门安排了第一批随军进京的人员,北焦印刷厂有蔡善卿副厂长和部分管理人员、工程技术人员,经理部有刘景汉、程庆丰、殷德宇、向贤初等,编辑部也抽了不少人。总之是分期分批走。留下的坚持出版和发行,直至人民日报在北平正常出版。领导决定我晚走,要我把北焦印刷厂的全部财产、设备,进行清点登记、造表,然后由印刷厂领导刘威决定哪些带走,哪些移交给华北军区印刷厂和铁路印刷厂。

---

① 2007年10月在北京访问刘振祥的记录,参见他本人撰写的回忆文章《从太行山到北平》。

我们印厂人员有的调往山西，有的调石家庄日报。财产设备大部分移交给华北军区印刷厂了。移交任务完成后，我于1949年3月底或4月初到北平。经理部领导分配我在会计室当会计，会计室是统管全报社财务工作的。当时会计室主任由经理部主任程庆丰兼任，副主任田锡河，总会计仍是张耀秋。①

2月中旬，人民日报采访部（新华社华北总分社）发出通知：正在附近地区采访的记者全部返回东焦村驻地，进行工作总结。

萧航当时正在河南北部采访，接到通知后从濮阳返回。3月初，各地记者集中在东焦村。报社人员分两批前往北平。第一批主要是编辑、记者，他们要在3月15日之前赶到北平出报。萧航编在这个队伍里。

根据萧航日记，这支队伍于3月8

张磐石1948年冬在平山。

---

① 2003年11月18日在北京访问张桂云的记录。

日夜宿石家庄，估计是当天从东焦村出发的。3月9日从石家庄乘汽车北上，行至正定县城以北10公里处车坏了，停顿数小时后换了车继续北上。

3月10日，他们来到涿县，萧航日记记载："涿县为一小城，夜9时即全城皆黑，仅剩一家卖饭者。我们几十人拥挤一屋，没睡好。"

1948年冬，张磐石、王定坤和儿子铁牛在平山（张磐石保存，张志钢提供）。

3月11日下午3时许，这支队伍进入北平，与《人民日报·北平版》的战友会师。①

在获鹿县东焦村，3月14日，人民日报社搬迁的日子终于来临了。安岗回忆说："我们把最后一期《人民日报》出版后，就把编辑部的用品、资料都装在一部十轮大卡车上，我和编辑部的几个同志一块儿坐在大卡车上面，当夜10点左右开进了北平城。看到了北平城，我有一种游子归来的感觉。这个游子就是游击战士。北平，是我党从事过抗日活动的地方。我离开这里，开始是当了持枪的游击战士，以后又当了拿笔的新闻战士，现在怀着一个战士所有的胜利的自豪感，回到了北平城的怀抱。到了北平，我们立刻投入紧张的报纸出版工作中。"②

---

① 据萧航日记（崔小荷提供）。
② 安岗：《入城之前》，见《人民日报回忆录》，人民日报出版社1988年版，第49页。

第21章 告别农村根据地

1949年3月14日的《人民日报》1版。这是在农村根据地出版的最后一期报纸。

人民日报 的诞生

郭渭回忆，报社全体人员进北平，可把他忙了一阵，一共动用了4辆大卡车，把报社的设备和人员全拉上了。人民日报从此离开了农村。①

东焦村、里庄的乡亲涌上街头，欢送即将离开他们的新闻战士。《人民日报》编辑部在这一带驻扎，深刻地影响了这里的生活，特别是影响了当地的农村青少年，使他们知道了"文化"意味着什么。由于人民日报编辑队伍的到来，当地学校的办学条件得到改善，大大激发了农村孩子的学习热情，他们中的一些人从此学习成绩优异，考上了高中、大学，成为一代新人。

社长张磐石走得最晚，他还有华北局宣传部的工作需要处理。林晰回忆说：

> 我是随张磐石乘一辆大卡车最后一批进入北平的，时间是1949年3月25日，正好是毛主席进入北平的那一天。我们的卡车从保定开出后不久，突然被命令开进公路边上的一个村子里，原因是给主席的车队让路。这时沿途岗哨林立。我们的卡车是从广安门入城的。我重新回到了离别两年又四个月的故都。当时，北平街道两侧的民居、店铺破烂不堪，绝大多数人在贫困中生活，我们是来改造和重建这座城市的。当夜，我们住在东单煤渣胡同二号院，这里是《华北日报》英文版所在地和《华北日报》社长张明炜的"公馆"，有几重四合院。这一夜，大家席地而睡，睡得特别香甜。②

---

① 2003年9月26日在北京访问郭渭的记录。
② 2005年6月13日在北京访问林晰的记录。

第 22 章

在刚刚进城的日子里

1949年3月15日,《人民日报》总社编辑部和《人民日报·北平版》编辑部在北平会合。这是欢聚又是辞别,总社抵达后,范长江回新华社,旋即南下赶往解放军渡江前线,参加接管上海的队伍,他担任上海文管会副主任,进城后创办《解放日报》,任社长兼总编辑。范长江离开时带走了刘时平,前去上海担任《解放日报》编委兼总编室主任。①

袁勃也走了,率领"北平版"人员搬到钱粮胡同,创办北平市委机关报《北平解放报》。同月,袁勃正式调离人民日报,组织关系转属中共北平市委。月底,华北局同意安岗担任人民日报副社长。同时调《新华日报》太岳版总编辑魏克明任人民日报副社长,但他随即赴上海任《解放日报》副总编辑。从这时起直到1952年6月,副社长安岗还是人民日报唯一的副总编辑,主持日常编务工作。

新华总社进入北平后,派遣人员充实了北平分社。李庄与接任者李慎之等人交接工作后,率领他的小分队回到人民日报。王金凤、陈柏生等人随之归队,她们从此在人民日报工作了一生。

---

① 刘时平于1953年调回人民日报,任地方记者组记者、副组长(相当于部副主任),1957年被错划"右派",遭遇很不幸。1961年至1978年在贵州省赫章县第二中学任教。1979年获得改正,回到人民日报记者部工作。1985年离休,1999年逝世。

1949年3月15日的《人民日报》1版，这是人民日报总社迁到北平后第一天出版的报纸。

第22章 在刚刚进城的日子里

《人民日报》编辑部全部进入原国民党《华北日报》社址——王府井大街西侧117号,完成了从农村到城市的转移。

3月15日的《人民日报》由来自东焦村的编辑部负责出版,当天报纸在报眼位置刊登《本报移平出版启事》和《人民日报、北平解放报共同启事》,宣告《人民日报》自今日起在北平出版,当天报纸的发行期号为第270期。《人民日报·北平版》从今日起改名为《北平解放报》。

《本报移平出版启事》称:

> 本报自今日起正式迁移北平出版。北平解放后先设之本报北平版,改版北平解放报。现华北全境已基本解放,我们的报纸必须适应这一新的形势,改进我们的工作和新闻报道。本报移平后,当更加强城市工人、学生及城市中一切劳动人民生活的报道,加强工商业的报道,加强改进和建设城市的各种报道。同时将以相当大的篇幅报道农业生产与农村情况,使我们的报纸成为城乡联系的桥梁,进一步巩固工农联盟,密切知识分子与工农群众的结合,从而鼓舞起千百万劳动人民的生产热情,促进与发展城乡的经济交流,恢复与发展工农业生产,增加国家与人民的财富,以更好地支援全国解放战争。本报自创刊以来,蒙广大读者通讯员的爱护与帮助,与全区城乡各地建立了较密切的联系,惟以今后报纸任务更加重大,除本报同仁努力工作外,望华北全党同志、广大读者通讯员多多给予督促与帮助。农村工作同志们,由于本报移入北平出版,应一本以往爱护本报之热忱,继续源源不断地寄予各种稿件和材料。同时热烈盼望北平、天津、唐山、张垣各界人士,经常为本报撰稿,并时予指教,使本报迅速获得改进为幸。

1949年3月26日的《人民日报》1版报道了中共中央和解放军总部来到北平的消息。

这天报纸的左上角刊登了《人民日报、北平解放报共同启事》：

> 人民日报于今日正式移平出版，人民日报北平版亦自同日起，改出北平解放报。今后人民日报（对开版）每份仍售价五元，北平解放报（四开一张半）每份售价五元。所有人民日报北平版订户，如愿同时订阅上述二报，或选订其中任何一份，请即分别通知人民日报与北平解放报，以便按时依上述定价继续寄送。
>
> 北平版所规定的直接订报办法，凡人民解放军指战员、工人、大中学生及其他劳动者七折优待。公职人员八折优待，仍继续有效。

这两则启事说明了《人民日报》与《北平解放报》的关系。

3月17日,由安岗主持,人民日报编辑部在北平召开大会。安岗宣读了张磐石致报社同志的信。张磐石向先期进入北平的战友们问候:"嘱咐大家把报纸编好,而所谓编好,非一鸣惊人,乃是要取老老实实态度,要细心体会中央总路线政策,以及华北局的具体方针。"

安岗接着讲话:"要大家提高阶级警觉性,并集中注意力考虑政治问题,勿纷乱不堪。"①

人民日报从此就在北平安家了。当时的编辑部办公室是一个大四合院,北面为一长排平房,院子里有一株很大的藤萝。平房西侧是一个约有50平方米的大房间,作为报社的编辑室,在上夜班的时候,这里热闹非凡。

院落东侧一间20余平方米的房间,原是《华北日报》社长张明炜办公室,由范长江接管使用了。范长江南下以后,这里变成张磐石的办公室。

张明炜办公室内原有两个书架,一套沙发和一张中国传统工艺制作的红木办公桌。桌子为晚清或民国初年家具,长190厘米,宽100厘米,两边各有4小抽屉,可以两面使用。桌面上镶着一大四小5块大理石,每块石面上均有天然形成的山水图画般形状,非常难得。范长江入主此间,夫人沈谱来到办公室看望,马上注意到这张制作精美的桌子。

张磐石来到北平,接替范长江成为这张书桌的主人。

从原华北日报接收后,由范长江、张磐石、邓拓先后使用过的书桌至今保存在人民日报图书馆。

---

① 据萧航1949年3月17日日记(崔小荷提供)。

1949年5月,人民日报经理部部分人员在北平合影。前排左起:陈达、张恩林、殷德宗、程庆丰、赵国臣、刘桑汉、杜青云。后排左起:左1不详、左2不详、左3范应如、左4不详、左5起:李德强、方景尼、赵恩恭、王岩(程庆丰供稿)。

1949年年底他离任回华北局,后来邓拓接着使用这张桌子,直到1959年调离人民日报。在这张桌子上起草或定稿的重要文件数不胜数。此后,这间屋子里的大部分家具陆续更替或散失损毁,唯有这张办公桌历尽艰辛,直到21世纪还保存在人民日报图书馆。①

张磐石略晚几天来到北平。他进城后没几天,得知远在山西寿阳老家的母亲病危。自从1932年初春离家前往北平投身革命,张磐石已经17年没有和母亲相见了。为了投身革命,这个家庭付出了重大牺牲。张磐石离家参加革命后,他的二哥和嫂子被阎锡山的特务活活打死,大哥受惊吓死

---

① 刘振祥:《一张社长办公桌》,见人民日报社社史资料征集办公室编:《人民日报社社史资料选编》第10期,2005年10月21日。

去，父亲在贫病中去世。张磐石的母亲与幼小的侄子相依为命，过着艰难的日子。听说母亲病危，张磐石非常难过，特意请假回家最后看一眼母亲。他赶回老家看到了病榻上的母亲，使弥留中的母亲得到了一些安慰。可是，他不能在家中久住，几天后又回到北京。他离开寿阳不几天，母亲就去世了。①

在刚进人民日报不久的王金凤看来，当年不过45岁的张磐石"简直就是一个老头子了"，报社同事都在背后叫他"老磐石"。既然资格那么"老"，谁做错了事情，他会毫不客气地当面批评。报社一些老同志有些怕张磐石，但是王金凤不怕。她觉得张磐石对刚刚加入报社的年轻编辑、记者宽厚有加，从来不随便批评。对张磐石，她当面称呼"磐石同志"。这是人民日报在战争年代形成的传统，对领导一律称同志，不称职务。

王金凤回忆说，她采访归来，常常看到张磐石背着手在院子里散步。张磐石看到她来了，总要笑着问道正在采写什么稿件？

这时候，王金凤正因自己的名字经历着不大不小的烦恼。她觉得自己进入解放区时随意起的名字太土气太俗气了，经常受到同事有意无意的嘲笑，说这个名字和一出京戏里的角色同名。而且这个名字确实很普遍，同名同姓者可以碰到许多。有一次，王金凤听说进城以后可以向领导要求改变名字，就琢磨着能不能把这件事向张磐石提一提？

机会来了。有一天王金凤完成了采访稿，恰好看到张磐石在院中踱步，就向上叫了一声："磐石同志。"

张磐石点点头，问道："小鬼，有什么话要说吗？"

王金凤告诉他，自己正在为"倒霉的名字而苦恼"。

张磐石和颜悦色，又问："你现在这个名字有什么不好吗？你原来叫什

---

① 张磐石晚年撰写的回忆录提到了与母亲的最后见面，但没有写明时间。根据现在所知情况，张磐石是1949年3月25日来到北平的，又有档案可以证明，张磐石在4月5日参加了报社负责人会议。由此推算张磐石返回故乡的时间可能在3月26日至4月4日之间。

么名字？"

王金凤回答："叫蒋励君。"

张磐石笑了："这个名字你觉得好吗？要改回原来的名字我想是可以的。"

王金凤连忙说："不，这个名字是父亲给我起的，封建得很，也不好。只是王金凤是清华地下党给随便起的，又没有征求我的意见。我太不喜欢它了，王金凤，人家还说是京剧《苏三起解》里王金龙的妹妹呢。我不要，我想改个新的名字。"

张磐石听罢大笑，笑过之后说："名字，只不过是一个人的符号而已，有什么了不起，值得这么认真对待。我看，随便叫什么都可以，不能凭一个人的名字来判断这个人的品质、才能和贡献大小。我这个名字也是假的，是做地下工作时随便起的。"

王金凤说："磐石同志，你这个名字多好，又响亮，又有意义。"

张磐石说："你觉得好，我把它送给你好了。名字，

1949年，北京市邮局员工向订户邮送人民日报（程庆丰提供）。

第22章 在刚刚进城的日子里

1949年，进入北平后的人民日报校对工作情况，最上角是陈瑞卿（程庆丰提供）。

无关紧要，重要的是做人的内容。汪精卫，这个名字很不错嘛。精卫填海，是一个很优美的神话。他当时取这个名字，大概也有报国之志。可是，他后来当了大汉奸，他这个颇为好听的名字，也就遗臭万年了。王麻子，这个名字很难听吧？可是他造出的剪刀很出色。现在，北京城里不少剪刀铺，都叫'王麻子'，'真正王麻子'哩。天津还有个'狗不理'包子铺，你听说过吗？狗不理，这个名字有多难听？可是，包子香得很哪，包管你吃了流口水！你什么时候出差到天津，可以亲口去尝一尝。你明白吧，不要说王金凤这个名字没有什么不好，就是真不好听，又有什么要紧？重要的不是一个人的名字，也不是他的地位和身份，而是一个人的人品、道德、学问和文章，是他对人民的贡献。人好，名字自然就好，即使他不在人间，

265

人家也会想到他。人不好，名字再好，也将在社会上和历史的长河中发出臭气。譬如秦桧，这个名字也没有什么不好。可是，人们一提到这个名字，马上会诅咒他。杭州西湖岳飞墓前还有他的铜像跪着哩。你听懂了吗，想通了吗，小鬼？"①

王金凤觉得，张磐石给她上了既幽默，又有说服力的一课，从名字讲到做人的根本道理。她有些服气了，从此再也不提改名字的事情了。后来，她写出许多优秀报道，"金凤"的名字广为人知。

林晰倒没有王金凤想要改名的苦恼，他对进城之后最初时日的深刻回忆是："进城后的工作十分紧张。"

> 但是大家的热情很高，乐于夜以继日地工作。因为要干的事情千头万绪，都是不熟悉的新问题，而且政策性颇强。我在资料研究室工作了很短一段时间后，调到记者组工作。在研究室工作期间，我着重研究和采写了有关合作社经济的通讯和调查报告，约有10余篇，以说明合作社经济是新中国一个极为重要的经济领域。这时我的北大老师王瑶来找我，问及我的工作，他竟至于误解我在报社经营合作社呢。在记者组，我最先被派驻天津记者，其中一个重要任务是每晚去《天津日报》范谨处，收集当时天津的重要新闻用电话发回报社。之后，我和金沙被派驻武汉记者。②

进城之际，百废俱兴，报社的人员调动十分频繁。因患脑炎治疗和休养的原晋察冀日报编委陈春森的身体此时逐渐恢复。他感觉继续从事案头编辑，特别是长期上夜班恐怕难以坚持。应老战友之邀，他希望转到铁道部门工作，为此向张磐石请示。

---

① 金凤：《命运》，人民日报出版社2000年版，第125—128页。
② 2005年6月13日在北京访问林晰的记录。

第 22 章　在刚刚进城的日子里

安岗和夫人樊亢 1950 年于北京。

张磐石很体谅陈春森，他说，现在形势急速发展，各方面都需要人。对新闻干部，中央有一个精神，这方面的干部不能往外放，所以这个问题我不能马上答复你。不过，我了解你的情况，作为一个个案，我要向中央组织部报告。

很快，张磐石通知陈春森，已经向中组部报告了你的要求。现在中组部同意了，我们自然也同意放你走，你可以办理手续了。

这样，陈春森从人民日报调到了当时的平津铁路局，从此长期在铁路部门工作。①

---

① 2005 年 8 月 24 日在北京访问陈春森的记录，陈春森后任铁道部政治部副主任。

1949年初春于北平,前排左1张恩林、左3王友唐,前排右1赵国臣。后排左1赵玉明、中为陈达。左2和后排右1姓名不详。

还有一些人的工作也变动了。卞仲耘先是调到了新华社,很快又调到著名的北京师范大学女附中。她为自己钟爱的教师职业奉献了一切,不幸于1966年8月"文革"爆发时在教师岗位上殉职。

杨沫是3月15日离开石家庄前往北平的。她于4月14日来到北平市妇联工作,以后转向文学编辑和创作,在20世纪50年代写成著名长篇小说《青春之歌》,产生了广泛的社会影响。根据这部小说拍摄的同名电影故事片《青春之歌》同样轰动一时。

张布克和邢军先后调离报社,转入经济部门和政府工作。

在那个轰轰烈烈的火红年代里,有过不和谐的声音吗?也有。王金凤回忆说,进城不久,她见到一些人为争吃"中灶"而吵闹,不由得大吃一惊。进城之前,特别在武安河西村的时候,除了社长张磐石由中央局特别要求给予"小灶"待遇外,其余人员从安岗以下全部是大灶。

进入北平以后,报社设立中灶,县团级干部、抗日战争时期参加革命的干部可以吃中灶。当时,大灶为全部粗粮和素菜,一个月改善一次伙食,吃一顿肉或饺子。中灶的菜和大灶是一样的,只是在主食方面,细粮即白面多一些而已。报社中有的人被定为"大灶标准",不够吃中灶,于是找到行政领导吵闹,认为把自己的待遇定低了。当时王金凤是吃大灶的,她觉得大灶和中灶的差别很细微,更重要的是,她认为革命队伍应该纯而又纯,怎么可以为争中灶、为争一套呢制服而争吵呢(当时又有规定,县团级干部由公家配制一套呢制服)。结果,王金凤在给同学写信的时候提到了这件事,批评说"革命又不是为吃什么灶来的"云云。没有想到,信还没有寄出,被一位同事从她书包里偷偷取出看了,还在开会的时候批评王金凤有"小资产阶级平均主义"思想。王金凤觉得很委屈,觉得怎么可以不尊重人家的通信隐私权呢?但又一想自己没有什么"资历"可言,争辩无益,就检讨了自己确实不该有"平均主义思想",要承认"按革命需要应该有大、中、小灶之分"。此事也就过去了。①

然而这件事引起了金凤的思考。经历了日后的风风雨雨,离休后的王金凤撰写回忆录《命运》,回溯了自己一生的经历。她在回顾人民日报历史的时候说,天下没有纯而又纯的事物,人民日报本身就是在风雨波浪中发展前进的。

跟随总社进入北平,人民日报电务部度过了它的高峰期,业务量日渐减少。

这首先是因为新华总社也迁到北平了,总社新闻稿有通讯员直接取回,不必再抄收电码。总分社要发电稿也可以直接送到总社,不必件件都发电报了。同时,华北解放区逐渐取消战争时期行政区划,恢复原先的"省"

---

① 金凤:《四进四出记者部》,见《人民日报社社史资料选编》第18期,2006年10月17日。

建制，邮电系统工作逐渐恢复正常，人民日报采访部（华北总分社）逐渐把和各个新华社分社的联络业务交给各地电信局。人民日报电务部人员逐渐收缩，老资格的高飞回到了军队。张连德、安文一这样的电台高手纷纷转行，进入了编辑或行政管理系统。

到1949年10月1日，人民日报电务部工作基本结束，完成了自己的历史使命。对于离开"嘀嘀嗒嗒"的报务房，张连德有思想准备，满怀热情投入新的工作。不过，对于初到北平的生活，他在晚年还有一个牵挂。

> ……就是有关一位在人民日报只工作了两天的王树林同志的情况。那是在北平解放前夕，我们正驻在良乡，原在冀热辽解放区工作的王树林同志被调来参加工作。他只工作了两天，第三天发现吐血，就在良乡休养。北平解放后，住进陆军医院。孰料一病不起，竟至不治，于六、七月间与世长辞，时年也不过二十一二岁。电务部为王树林同志开了追悼会，并安葬在离现在人民日报社址不远的"慈云寺"墓地。当年王树林到良乡时，可能没有携带必要的档案，一旦去世，没有留下一件说明身世的材料，连他家住哪县哪乡都不知道。问同来的同志，都不清楚，因此无法通知家中，只好刻了一片石头，标明"王树林同志墓"以便事后辨认。时光荏苒，转眼已40年了，王树林同志的家中至今还不知道他的确切消息，想起来也是很可悲叹的事。我现在提到这件事，用以告慰王树林同志于九泉之下，使他知道报社的同志在永远记挂着他。同时让更多的同志知道，在离报社不远的慈云寺墓地，埋葬着一位40年前在人民日报工作过的青年同志。[①]

[①] 张连德：《回忆人民日报电务部》，见徐放主编：《张连德——他心里装着千万个读者》，人民日报出版社2004年版，第327—328页。

安文一、郝菊鲜和他们的孩子安延亮（摄于1950年）。

人民日报的队伍是生生不已的。进城以后，年轻的记者队伍活跃起来了。在抗日战争时期，战争环境异常残酷，敌后根据地的报社编辑部很少女性。解放战争年代，报社编辑部出现了为数不多的女编辑，但女记者是极少的。到了平津战役开始后，在人民日报的历史上，第一次出现了女记者的活跃身影。

进入北平，王金凤和陈柏生逐渐承担比较重大的采访任务，做即时性的动态新闻报道就更多了。王金凤第一次见到周恩来是在1949年3月，她刚刚跟随李庄调回人民日报。那天，她采访了一些著名科学家为筹组中国自然科学工作者协会而举行的会议，她发现，周恩来来了。在场的科学家没有想到周恩来会亲自前来，都站起来鼓掌。

周恩来站着，一口气讲话几小时，推心置腹地与科学家谈心。王金凤真切地感受到,周恩来没有一点胜利者居高临下的傲气,没有说教,没有故作惊人之语。他谈到新中国科学家的任务,谈到了科学家将面临的"思想改造",强调自己也曾经在革命的征途中遭受挫折和失败,也要进行思想改造。王金凤听到身边的科学家在感慨:"共产党有这样出色的领导人,难怪会得天下。"

周恩来讲完了,与会的百余名科学家起立,报以热烈的掌声。

窗外已是万家灯火,王金凤赶回报社写出会场速写,发表在第二天的《人民日报》上。①

柏生初访叶剑英,也留下了难忘的印象。她在回忆录中写道:

(1949年)5月16日下午,我骑着自行车先来到市委。恰巧,叶剑英市长到前门外大栅栏一个电影院里去做报告,我急忙赶了去。等叶剑英市长做完了报告,他招呼我乘他的汽车,一同来到中南海他的住处。在汽车上,他亲切地问起我是哪个学校毕业的,我说是清华大学。他笑了,

李克林、林韦和孩子们1950年8月摄于北京。

---

① 金凤:《命运》,人民日报出版社2000年版,第95页。

第22章 在刚刚进城的日子里

萧风进城时和家人合影,后为保姆。

说英语一定讲得不错吧!还问我,在解放区住过多久。说话之间,车子已经到了中南海叶剑英市长的住处。我因怕耽误他的时间,请他发表谈话。他笑着对我说:"不要着急,你在我这里吃晚饭,饭后我一定和你谈。"

在饭桌上,他见我很少夹菜,便亲自给我夹了许多,笑着说:"这样太斯文了,你们做记者的很辛苦,一定要多吃些才行啊!"饭间,他从北平的解放谈到北平的建设,从文学艺术谈到新闻工作的重要。我在对答中受益匪浅,吃过晚饭,我又忙着拿出采访本来。叶剑英同志当即发表了很精辟的意见,对北平市200万人民切身的住房问题给予极大的关怀和重视。他还说,你们报纸采访得好，这个问题很重要。我们公布的关于城市房屋政策的条例，是经过各方面人士慎重研究讨论的，在目前情况下，我们认为城市房屋应该合理保护，这样不仅可以繁荣新北平的建设，更可以建立起房屋租赁的正常关系。最后，叶剑英市长还对我说，任何法令公布后，都要在实施中随时加以修正，我们需要各方多提意见，以便能更完善地处理人民关心的问题。

采访完毕，叶剑英同志叫我在他的办公桌上写稿，他坐在旁边看报。我的笔像头上扎着的小辫刷似的，一翘一翘地唰唰地紧张写起来。写完后，请他审阅修改。叶剑英同志是那么和蔼可亲，仔细地一句句地推敲后，把改好的稿子交给我，然后叫司机立即送我回报社，还嘱咐我如有问题，可打电话给他。当晚，我把这条重要新闻交到编辑部。第二天，报纸在一版配评论发表了。①

在那个激情四溢的年代里，最使年轻的人民日报记者激动的是，他们能够见到领袖毛泽东。相对于其他报社记者，人民日报记者见到领袖的机会多多了。

王金凤回忆，她第一次见到毛泽东，是1949年5月中旬采访全国青年代表大会的时候，毛泽东和朱德在香山接见代表们。王金凤有机会来到毛泽东的身边，团中央负责人荣高棠拍下了一张她和众人簇拥在毛泽东身边的照片。

又过了几天，5月下旬，中央团校第一期学院毕业，毛泽东在中南海怀仁堂会见他们。王金凤赶去了，紧紧跟在团中央负责人冯文彬的身后。毛泽东迎面走来，冯文彬将身后的王金凤推向前去，说她是"人民日报的记者"。

---

① 柏生：《晚晴集》，群众出版社1987年版。

毛泽东听了,说:"人民日报记者,人民的记者。"他又补充了一句:"今天可不要发消息。"

王金凤一听不让发消息倒是有点儿慌了,向冯文彬求救。冯文彬对毛泽东说:"发消息是记者的职责,不然她回去不好向领导交账呀。"

毛泽东马上就被说动了,说:"好吧,我不审稿,文彬你看着办吧。"

王金凤赶紧说:"谢谢主席!"①

在迎接新中国诞生的日子里,王金凤、陈柏生觉得,生活太火热太美好了!她们愿意跑、愿意写,愿意写尽看到和听到的一切。

---

① 金凤:《命运》,人民日报出版社2000年版,第98—99页。

第 23 章

创办《北平解放报》和万里南征

进京后的《人民日报》继续承担华北局机关报的任务,并为升格成中共中央机关报做准备。《人民日报·北平版》于 3 月 14 日出版了最后一期。预见到《人民日报》总社将随中共中央进京,北平市委事先提出,创办一张自己的市委机关报。1949 年 2 月 22 日,北平市委向中央和华北局送交了请示报告。

中央并报华北局:

  关于北平的报纸问题,在人民日报移平后,华北局原拟令北平市委另出一个晚报和一个大众报,但估计到晚报消息不多,作用不大,同时市委也无力量办两个报纸,我们考虑,结果提出两个方案。

  一、北平暂时只出一个《人民日报》,市委不再出报。但这样北平的地方消息既不能多登,对本市工作指导亦会减弱。加以市民特别是学生、工人过去有看报习惯,其需要恐难满足。

  二、以现在《人民日报·北平版》的干部出一个本市的小报,主要刊载本市工厂和其他团体材料,指导本市的工作。现在的地址、报馆设备交给华北《人民日报》,我们再找一较小的报馆作为本市的社址。这样办，我们的力量亦感不甚足，但尚可勉强维持。现华北局批准后一方案，妥否请即示。

北平市委
1949 年 2 月 22 日

此报告送毛泽东、刘少奇、朱德、周恩来、任弼时、杨尚昆、陆定一、胡乔木阅示。最后毛泽东、刘少奇、周恩来商议，同意"北平市委另办小报"。2 月 24 日，中央正式行文，告北平市委和华北局："同意该电的第二个方案，即由北平市委另办一个本市的小报。"①

北平市委与华北局商定，将《人民日报·北平版》整建制地转为《北平解放报》(8 开 8 版)，作为北平市委机关报。它之所以定名为《北平解放报》，很大程度上是因为两年以前，在北平有过这样一张中共主办的报纸。

那是在 1946 年年初，国共两党签订了停战协定，并决定成立由国共双方加上美国军事代表三方组成的"军事调处执行部"(简称"军调部")，处理具体的停战问题。军调部设在北平。根据中共中央的决定，中共代表团公开驻在北平期间，创办《解放》报，8 开 4 版，开始为 3 日刊，不久改为两日刊。这张报纸也叫作《北平解放报》，或"北平三日刊"。后来担任《人民日报》秘书长的马健民，就是当时《北平解放报》的副经理。

当年，积极靠近地下党组织的进步青年赵近宇联系到了承印《解放》报的印刷厂。《解放》报由钱俊瑞任总编辑，在北平出版了 37 期，历时 3 个多月，于 5 月末被国民党政府查封。1946 年 6 月 2 日，《解放》报和新华社北平分社在延安《解放日报》发表《告全国同胞书》，其最后一段说："我们北平解放报和新华分社是永远扑灭不了的，在全国人民的支援下，

---

① 2003 年 12 月施娟协助抄录于中央档案馆。

1949年3月15日中共北平市委机关报《北平解放报》创刊号1版。

我们一定不久就会更加坚强更加充实地与平津和全国广大读者见面。"

振聋发聩的预言如今变成了现实。

3月16日，新的8开8版《北平解放报》出版了。报纸与《人民日报》适当分工，主要对象是北平市民。《北平解放报》的办报方针是：结合解放区办报的传统和中共在国民党统治区办报的经验，再融合城市民间报纸的优点，既要严肃，又要活泼。既要宣传党的重大决策和时局发展，又要及时反映城市人民各个方面的日常生活。要满足读者迫切希望了解党的路线、方针、政策，学习革命理论的迫切愿望和要求。报纸还要发挥辅导作用，解答现实问题，反映人民呼声。

北平解放报社社长由北平市委政策研究室主任邓拓担任，袁勃任总编辑，罗林任副总编辑，马健民任经理，刘希玲任总编室主任，采通部（下设采访科和通联组）主任是李千峰，群众工作部主任张更生，副刊组组长李亚群、副组长李炳泉。

为了加强采编队伍，北京市委又增调来一些新闻骨干和青年学生。

《北平解放报》的印务在接管《北平日报》印刷厂的基础上展开，当时的厂址在钱粮胡同原《北平日报》旧址。

早在张磐石带队进入北平之前，邓拓、袁勃已为新的《北平解放报》做了策划，新创办的报纸增辟文艺副刊，从创刊当日起连载解放区长篇小说《新儿女英雄传》，还创办了读者服务副刊。此外，开设了读者服务版，回答读者亟待了解的问题。从这个角度上看，《北平解放报》要比它的前身"北平版"更活泼，更贴近读者。

整建制地转为北平市委机关报之后，市委领导彭真等人和《北平解放报》的关系更加密切，凡是重要社论，都须市委书记彭真审阅。1949年3月进入《人民日报·北平版》工作，后来转入《北平解放报》担任国际版编辑的陶涵写有一篇回忆，细致地叙述了北平市委领导人对《北平解放报》的审稿过程。

1949年3月16日的《北平解放报》1版。

1949年5月1日，新政治协商会议筹备会第一次全体会议在北平举行。图为会场外景。

当时，《北平解放报》夜班工作时间是晚间8时到次日凌晨4时。最初，由总编辑袁勃和总编室主任刘希玲轮流将主要稿件送到市委领导人住处来审稿，后来改由夜班编辑陶涵送稿。每天凌晨2时，陶涵从当班的袁勃或刘希玲手中接过送审稿，一一登记在册，再送市委。送审稿件均为印好的小样，平均每天有新闻5至6篇，文章3至4篇，每天均超过一万字，占报社自写或组织稿件的三分之一。

北平市委主要领导人的办公和宿舍都在东交民巷前德国驻华大使馆内，称"德国府"。每次送稿，警卫员先将陶涵带到一层的办公室内，再上楼喊人。不一会儿，市委宣传部长赵毅敏和政策研究室主任兼报社社长邓拓下楼审稿。他们衣冠不整，睡眼惺忪，一看就知道是从梦中被人唤醒的。两人坐在一排，交叉看稿，不时交谈。赵毅敏对稿件修改不多，邓拓则对每一份送审稿都认真修改，无一例外。

有几次送审稿件已在北平市委办公会议之后，时在凌晨。这时经常由赵毅敏和邓拓出面，请几位负责人留下共同审稿。他们中包括市委书记彭真、副书记赵振声（李葆华）、市委办公厅主任赵凡，还有市委统战部部长李乐光。

彭真在审稿中有两次给陶涵留下了深刻的印象。有一篇公安机关破获国民党特务机关的新闻，对主犯历史罪行写得详细，对奉命潜伏后的活动则写得较少。彭说，对主犯的历史部分，只写何年参加特务组织和何时奉命来平潜伏就够了。还有一次当时报纸正开展工人阶级领导权问题的讨论。彭真对两篇送审稿均不满意，认为没有说到点子上。他说，讲领导权，是将工人阶级作为阶级整体而言，不是指个别工人。[①]

4月间，彭真专门召集报社骨干谈了一次话。他指出，当前工作的主流应该是恢复和发展生产，生产中每天都有新的东西，要抓住这些新东西。现在报社对这一点看来还不敏感，有些跟不上。

彭真提醒大家，要关注私营企业的劳资关系，因为现在主要的问题正在变化。《人民日报》报道刚刚举行的私营企业座谈会，有一篇文章《社会上工人阶级领导，工厂中要受厂长领导》，这个标题点得很好。

北平军管会主任叶剑英同样关心《北平解放报》。1949年5月底，叶剑英做了关于进城后4个月工作的总结，其中特意谈到《北平解放报》，指出要重视新闻，继续整顿文风，不要总是重复，不要说废话。

1949年春天，《北平解放报》迅速发展，日发行量达到7万份左右，成为北平发行量最大的地方性报纸。

谁也没有想到，才过了4个多月，由于形势迅速发展，《北平解放报》人员奉命整建制地离开北京，万里南下云南，创办《云南日报》。

事情的发展脉络是这样的，人民解放军于4月下旬渡江作战，刘伯承、

---

① 陶涵：《〈北平解放报〉送审纪实》，见《北京文史资料》第60辑，第125—127页。

第 23 章 创办《北平解放报》和万里南征

1949年5月25日,叶剑英在北平市欢迎出席世界和平大会代表归来时会上讲话。

邓小平指挥第二野战军主力,在取得一连串胜利后,集结于浙江和江西北部,准备进军大西南。7月17日,中共中央决定成立西南局,由邓小平任第一书记。

邓小平向中央组织部提出要求,为西南各省(四川、贵州、云南)和重庆配备新闻干部,随同二野进军西南,在重庆、成都、贵阳、昆明解放后,及时出版西南局和各省委的机关报、创办广播电台,成立新华通讯社分社。要完成这些任务,靠二野现有新闻干部远远不够,请中央支援。

中央组织部马上与华北局和北平市委会商。最初的考虑是,从华北人民日报抽出一部分干部,再调配适合从事新闻工作的大学生,随军南下办报办广播。但是,华北《人民日报》即将升格为中共中央机关报,现有人员已经显得紧张，为保证中央机关报的质量，最好不再抽人。

北平市委从解放全中国的大局出发，决定停办市委机关报《北平解放报》，将整套干部基本上都交给西南局。目前由《北平解放报》承担的宣传任务，由《人民日报》暂出北平新闻专页、专栏，以及关于北平工作的评论替代。等到将来条件具备了，市委再创办新的机关报（后来的《北京日报》）。

彭真亲自来到《北平解放报》，向编辑记者们宣布市委的决定，动员大家跟随刘邓进军大西南，"到最艰苦的地方去！到还没有解放的地方去！"

毛泽东亲笔题写了《云南日报》报头，交袁勃带到云南去。已经被大家称为"老袁勃"的他又要出征了。

刘希玲也要走了。正在怀孕的妻子陈玉秀对他说，刚刚从农村出来进了京城，孩子就要出生，是不是先在这里留一段时间？刘希玲回答：不，我打心底里响应党的号召，要将革命进行到底，要把红旗插到大西南边疆！①

已在《人民日报·北平版》和《北京解放报》当了几个月编辑的周毅之决心去云南，在天津《大公报》当记者的未婚妻傅冬也表示决心，一同万里长征，回到当年求学的地方——昆明，创办《云南日报》。他们的要求得到了批准。

一批从太行山下来的晋冀鲁豫《人民日报》老编辑、记者，也将前往云南，他们中间有李原、吴舫夫妇，还有张更生、杜展潮、张辛民，以及"老印刷"牟沛霖。他们组成了这支万里远征队伍的领导层。

还有一批在北平刚刚解放时充实《人民日报·北平版》的新闻骨干李孟北、林均、陈骥、夏雨、王起、康峻、陶涵等，他们刚刚熟悉了《人民

---

① 引自2007年4月陈玉秀写给本书作者的回忆材料，以及她本人的补充说明。

1949年5月在北平合影，后排左起：赵凡、刘仁、左3不详。中排左起：赵毅敏、彭真、凌莎（赵毅敏夫人）。前排儿童左起：赵战生（赵毅敏之子）、傅瑞（彭真之子）。

日报》，刚刚熟悉了《北平解放报》，又要向遥远而陌生的云南走去。①

7月28至31日，《北平解放报》连续4天在1版刊登《本报终刊启事》，向读者宣告："由于革命战争的胜利发展，新区扩大，干部南调，本报决定于8月1日停刊，工作即与人民日报合并。而本市通讯组织的领导，则由新华分社接替，详细办法由北平分社另行通知。本报创刊以来，承蒙本市各工厂、学校及各界人士、广大读者爱护支持，特此致谢。"

《北平解放报》留下少部分人员，作为日后创办《北京日报》的骨干，

---

① 李孟北（1924—1983），到云南后任《云南日报》总编室主任、副总编辑、总编辑、后任玉溪地委书记。夏雨后任《云南日报》副总编辑、总编辑。王起曾任《云南日报》编委、《春城晚报》总编辑。张辛民、吴舫、林钧、康峻、陈骥在20世纪50年代先后在云南日报编委会委员。

他们是：副总编辑罗林，编辑、记者有王纪刚、袁克夫、陈泓、郝奇、卢念高、诸有琼、丁紫、邢潜、吉荫桐、王敬。组织部门负责人告诉他们："北平市委将来还办报，把你们留下来是储备力量。"

何燕凌回到了人民日报。

在那个充满革命激情的年代，留下来的人大都是不情愿的，他们希望参加万里南征的行列，进军大西南，直抵镇南关。

邓拓为南下的战友开了欢送会，他在会上说："南下光荣，没去成的也是革命需要。"

8月11日，由袁勃带队的118人南征队伍坐上火车，告别古都。

看到火车徐徐开动，袁勃他们走了，在站台送行的陈泓、王敬想到共

1949年夏，北平解放报部分成员合影。前排左1李原，左2郝奇。后排左起：吉荫桐、何燕凌、陶涵、康峻、刘希玲。余者不详。

同经历的《人民日报·北平版》和《北平解放报》的日子，不由得放声大哭。①

袁勃带队走后，留下的同事们搬到北平台基厂头条，编入新华社北平分社。

南下的队伍于8月13日到达南京。在学习、集训期间，听取了邓小平、刘伯承、万里等领导的报告，着手收集有关云南的材料。

1949年5月，李孟北和妻子何伟摄于北平。

9月26日，第二野战军西南服务团云南支队正式成立，新闻干部编入二大队一中队序列，袁勃任二大队政委、张更生任副大队长，刘希玲任二大队政治部主任，李孟起任一中队队长，牟沛霖任副中队长。刘希玲兼任一中队指导员、张辛民任中队副指导员。

10月2日，新中国开国大典后的第二天，西南服务团云南支队从南京出发，向大西南进军。一中队历时约5个月，行程6679华里，于1950年2月进入云南境内，组成以袁勃为社长、刘希玲任总编辑的编委会。3月4日，新的《云南日报》第一期在昆明出版。

袁勃，还有刘希玲、张更生、李原、杜展潮，以及"老印刷"牟沛霖……这些走下太行山，走进古都北平的新闻战士，从此工作和生活在云南。他

---

① 2007年6月在北京访问王敬的记录。参见王敬：《忆〈北京日报〉的创刊》，见中共北京市委党史研究室等编：《抚今追昔话北京》，北京出版社1999年版，第369—370页。

们再也没有回到《人民日报》的序列，而是在遥远的云南度过了一生。

这段故事表明，远在西南边疆的《云南日报》和《人民日报》有着至为密切的"血缘关系"。在《云南日报》许多创办者的血管里，流淌着经过太行山战争风云洗礼的热血。这些创办者还经受了千年古都历史大变革的陶冶。

风萧萧兮路遥遥，壮士一去不复还。假如当年这支远征云南的办报骨干留在北京，他们或许是日后中央机关报的负责人，或许很快就站到了更高的工作起点上。但在创建新中国的那个年代、那个时刻，只听一声令下，他们就打起背包，不远万里，跋山涉水走向云南。在他们的心目中，将革命进行到底，是最崇高的理想，人生到处有青山。

第 24 章

在"大党报"平台上

人民日报总社进入北平后,越来越多地承担起了"大党报"——党中央机关报的责任,突出表现在刊登全国性重要新闻的比例大为增加,人民解放军总部的重要战报首先刊登在《人民日报》上。

"三大战役"结束后,国民党军败局已定,新上台的"总统"李宗仁派出代表北上"和谈"。3月26日,中共中央决定由周恩来为首席代表,林伯渠、林彪、叶剑英、李维汉(4月1日加派聂荣臻)为代表,在北平与以张治中为团长的国民党代表团进行和平谈判。对于决定国家未来命运的重大事件,《人民日报》遵照中央的指示,及时刊登新闻。

构筑了"大党报"平台——《人民日报》以后,中共中央主席毛泽东撰写的新闻性文稿大大增加了。在整个解放战争时期,毛泽东为新华社撰写和修改的文稿有100多篇,其中大量的经典性文章和文稿集中撰写于1948年6月15日《人民日报》创刊以后的一年多时间里,由此达到了他一生中新闻性文稿撰著的高潮。[①]

1948年10月22日,解放军解放郑州,毛泽东撰写了郑州前线22日24时发出的消息——《我军解放郑州》。该文直截了当地指出占领郑州的

[①] 参见胡乔木:《回忆毛泽东》(增订本),人民出版社2003年版,第461页。

战略意义：

> 郑州为平汉、陇海两大铁路的交点，历来为军事重镇。蒋介石因徐州告急，被迫将驻郑兵团孙元良部3个军（按：国民党从10月起整编师均改称为军，整编旅均改称为师）东调，郑州守兵薄弱，我军一到，拼命奔逃。现郑州东西之中牟县、北面之黄河桥均被我军切断，逃敌将迅速被歼。

这篇消息发表在10月25日的《人民日报》1版头条位置，主题之上还有一个肩题《掌握平汉陇海两大铁路的枢纽》，阐述了主题背景。

也在这个月下旬，东北野战军攻占锦州后，掉头向东，将增援之敌廖耀湘兵团5个军包围在黑山、大虎山及以东地区，迅速将其全歼。10月27日，毛泽东为新华社写了辽西大捷新闻《东北我军全线进攻，辽西蒋军五个军被我包围击溃》。新闻写道，我军包围敌人时，"飞将军从天而降，使该敌逃跑也来不及。"新闻稿在结尾处指出，11天内，"蒋介石三至沈阳，救锦州，救长春，救廖兵团，并且决定了所谓'总退却'，自己住在北平，每天睁起眼睛向东北看着。他看着失锦州，他看着失长春，现在他又看着廖兵团覆灭。总之一条规则，蒋介石到什么地方，就是他的可耻事业的灭亡。"在新闻中加入评论，是这一时期毛泽东撰写消息的明显特点。①

同一时期，在北平的傅作义部集中快速部队南袭石家庄，毛泽东连写了几篇新闻稿及述评，在解放军逐退敌军的进程中发挥了重要作用。对此，本书已有详述。

傅作义军刚刚退去，11月5日，毛泽东为新华社撰写了《中原我军占

---

① 这篇稿件，刊登于1948年10月29日的《人民日报》1版，文稿的主题是《东北我军全线进攻》，副题为"辽西蒋军五个军被我包围击溃"。正文全部使用了楷体，这在当时是比较少见的。这篇文稿收入《毛泽东新闻工作文选》时，将原件上的主副题合为一题。

1949年3月27日《人民日报》1版上关于国共双方在北平举行和谈的报道。

领南阳》的新闻稿,这是毛泽东本人深感满意的一篇新闻作品,其中写道:"南阳为古宛县,三国时曹操与张绣曾于此城发生争夺战。后汉光武帝刘秀,曾于此地起兵,发动反对王莽王朝的战争,创立了后汉王朝。民间所传二十八宿,即刘秀的二十八个主要干部,多是出生于南阳一带。"然后作者笔锋一转,写蒋介石如何在南阳设置重兵,企图遏止解放军南进,最终不得不弃城而逃,以此为引子,进而综述我军一年战绩。如此纵论战局,以古论今,挥洒自如,体现了作者的独特风格。文稿写道:

去年7月,南线人民解放军开始向敌后实行英勇的进军以来,一年多时间内,除歼灭了大量的国民党正规部队以外,最大的成绩,就是在大别山区(鄂豫区)、皖西区、豫西区、陕南区、桐柏区、江汉区、江淮区(皖东一带)恢复和建立了稳固的根据地,创立了七个军区,并极大地扩大了豫皖苏军区老根据地。……我武装力量,除补上野战军和地方军一年多激烈战争的消耗以外,还增加了大约二十万人,今后当有更大的发展。白崇禧经常说,'不怕共产党凶,只怕共产党生根',他是怕对了。我们在所有江淮河汉区域,不仅是树木,而且是森林了。不仅是生了根,而且枝叶茂盛了。"

对这条消息的写作,毛泽东感到很满意。消息在《人民日报》发表后,毛泽东致信胡乔木说:"请注意写些综合报道。其办法是借着一个适当的题

1948年10月25日《人民日报》1版(局部),头条消息《我军解放郑州》是毛泽东于10月22日深夜撰写的。

1948年11月9日《人民日报》1版（局部），头条《中原我军占领南阳》是毛泽东撰写的。

目如像占领南阳之类去写。并要各地分社负责人（普通记者不能写此类通讯）或党的负责人学会写这类综合性的报道。而我们是长久缺乏此类报道的。"①

---

① 《毛泽东新闻工作文选》，新华出版社1983年版，第158页。

毛泽东撰写的"占领南阳"于11月5日成稿，是11月9日刊登在《人民日报》1版上的。研究了这些日子的版面可做推测，其中的主要原因可能是11月7日的《人民日报》1版上半版刊登了毛泽东撰写的长篇文章《全世界革命力量团结起来反对帝国主义的侵略》，下半版则刊登了刘少奇的长篇文章《论国际主义与民族主义》（转2版整版）。两篇文章表现了领袖决心解放全中国，将革命进行到底的信念，也使得"占领南阳"稍后发表。

1948年12月30日，毛泽东撰写了新华社新年献词《将革命进行到底》，号召全党全军夺取革命战争的最后胜利。献词以几乎整版的篇幅刊登在1949年元旦的《人民日报》1版上。在1版正中，还刊登了毛泽东手书题词："军队向前进，生产长一寸。加强纪律性，革命无不胜。"

1949年1、2月间，毛泽东为新华社写了一系列评论：《评战犯求和》（1月5日发稿，1月6日刊出）、《四分五裂的反动派为什么还要空喊"全面和平"》（2月15日发稿，2月17日刊出）、《国民党反动派由"呼吁和平"变为呼吁战争》（2月16日发稿，2月18日刊出）、《评国民党对战争责任问题的几种答案》（2月18日发稿，2月20日刊出），这些新闻评论都及时地刊登在《人民日报》头版头条重要位置上。①

对领袖亲笔撰写的这些重要评论文章和述评，《人民日报》是最合适的及时传播载体。

4月，数百万人民解放军大军集结于长江北岸。《人民日报》以比较显著但又短小的篇幅报道各地军民要求"打过长江去，解放全中国"的呼声，也及时报道了在北平举行的国共两党代表团谈判的消息。在4月上、中旬，对战争大局势的报道有所减少。从历史的角度看去，这是一场大战来临前的迹象。

毛泽东在此期间撰写了《南京政府向何处去？》一文，4月4日成稿，

---

① 这几篇文稿的篇名引自《毛泽东新闻工作文选》，新华出版社1983年版。与《人民日报》上的刊出稿相比较，标题略有不同，说明收入书中的标题是后来改定的。

4月5日以"新华社社论"的名义刊登于《人民日报》。

1949年4月21日,毛主席和朱德总司令发布《向全国进军的命令》。第二、第三野战军渡江部队于21日晨,在西起湖口,东至江阴的500多公里战线上强渡长江。4月22日2时,毛泽东为新华社撰写了著名的新闻稿《我三十万大军胜利南渡长江》,刊登在4月22日的《人民日报》1版,这篇著名的新闻篇章,不断地为后人引用。

大军卅万昨日渡过长江

新华社长江前线二十二日二时电 英勇的人民解放军二十一日已有大约三十万人渡过长江。渡江战斗于二十日午夜开始,地点在芜湖、安庆之间,国民党反动派经营了三个半月的长江防线,遇着人民解放军好似摧枯拉朽,军无斗志,纷纷溃退。长江风平浪静,我军万船齐发,直取对岸,不到二十四小时,三十万人民解放军即已突破敌阵,占领南岸广大地区,现正向繁昌、铜陵、青阳、荻港、鲁港诸城进击中,人民解放军正以自己的英雄式的战斗,坚决地执行毛主席朱总司令的命令。

同一天晚上22时,满怀胜利喜悦的毛泽东又为新华社写了第二条渡江新闻稿,全题为《西起九江东至江阴千余里战线上 雄狮百万勇猛渡江前进南下江阴要塞可安庆 接连解放扬中繁昌铜陵贵池四城》。这篇新华社播发稿包含的内容显然比上一篇更丰富,而且宣告:"我军前锋,业已切断镇江无锡段铁路线。"这篇消息刊登在4月24日的《人民日报》头条位置。①

---

① 毛泽东撰写的消息《人民解放军百万大军横渡长江》由新华社播发后,并未刊登在《人民日报》上,后来此文收入《毛泽东新闻工作文选》,新华出版社1983年版,第289—290页。

1949年4月22日《人民日报》1版版面。毛泽东撰写的关于30万解放军渡过长江的报道成为新闻名篇。

第24章 在"大党报"平台上

4月24日,毛泽东撰写新闻稿《南京国民党反动政府宣告灭亡》,刊登于次日4月25日的《人民日报》1版头条,原文主标题是《南京完全解放》,引题是"千里长江防线全部崩溃"。主题下有副题"我大军入城市民夹道欢迎"。在这条消息的上方,加上了一条编辑引语:"国民党反动统治宣告灭亡!"

新华社北平24日6时电:在人民解放军百万大军攻击之下,千余里国民党长江防线全部崩溃,南京国民党反动卖国政府已于昨日宣告灭亡。李宗仁、何应钦及南京的国民党军队于昨日上午逃出南京。李、何等乘飞机逃往上海。国民党南京守卫部队及宪兵,沿京杭公路逃跑。

浦口的国民党军,于22日撤至南京,23日一同往京杭路上奔逃。芜湖及镇江一带的国民党军,亦向同一方向乱窜。人民

1949年4月23日,人民解放军占领南京,右为三野35军炮兵团战士王焕忠摄于当日下午,时年18岁。20世纪60年代,王焕忠调人民日报秘书处工作。

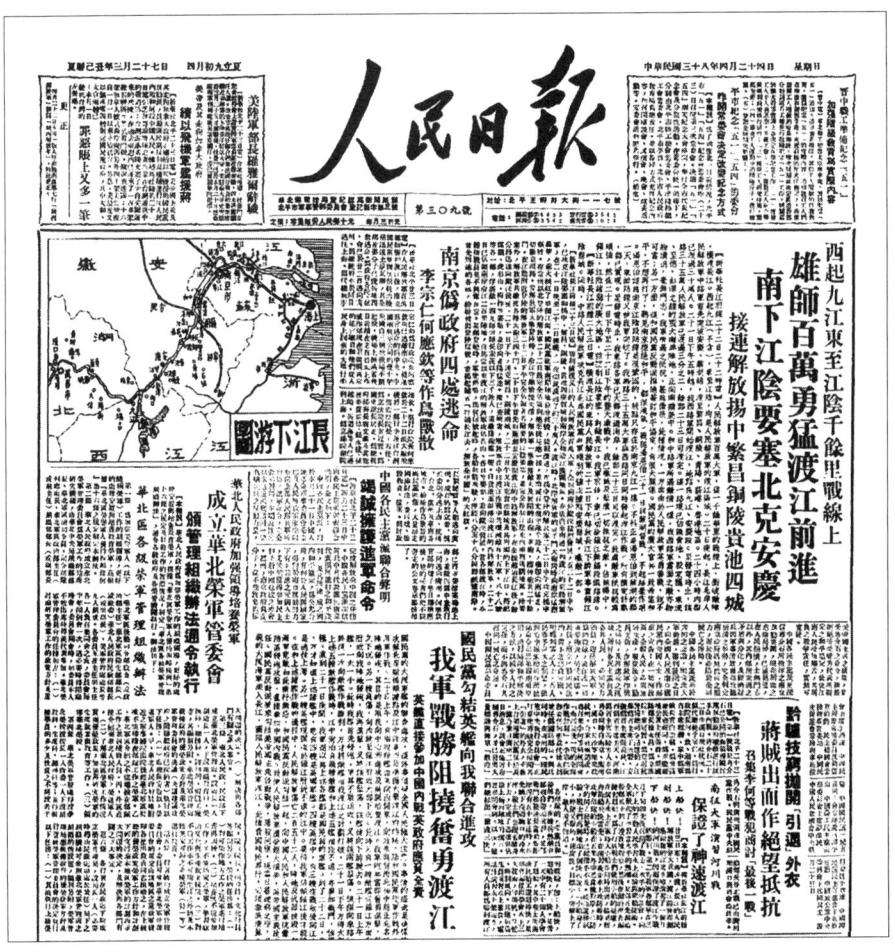

1949年4月24日《人民日报》1版（局部）。

解放军正向南京急进，如果昨夜没有入城，则可能于今日入城。南京人民正在等候着人民解放军。在国民党军已离开南京，人民解放军尚未入城的时间，南京人民已于昨日组织治安维持委员会，并于昨日下午6时发电致毛泽东主席，欢迎人民解放军。该电称：

毛主席勋鉴：南京守军于23日撤退。南京人民为安全计，联合发起各界组织治安维持委员会，推马青苑为主任委员，吴贻芳为副主任委员，及委员13人。地方尚称安定。恳请电饬京陵外围野战

第24章 在"大党报"平台上

1949年4月25日《人民日报》1版头条消息《南京完全解放》是毛泽东撰写的。

军,对南京予以和平接收,以慰民望。何日入城,并请电示,以便欢迎。南京治安委员会主任委员马青苑副主任委员吴贻芳及委员等同叩梗酉。

这3篇新闻稿,文字简练,满怀喜悦,气势磅礴,宣告中国历史进入了新纪元。

《人民日报》以大量篇幅,报道了解放军渡江之后实施的一系列战役和战斗,随着解放区域的扩大,《人民日报》也越过长江,向辽阔的江南发行。

后来担任人民日报副总编辑的翟向东回忆,解放军过长江南下,他奉调参加筹办《河北日报》,从冀南来到北平听取林铁和杨秀峰的指示,顺便到王府井《人民日报》编辑部看望张磐石和安岗。

老战友相聚而言,谈到了正在江南勇猛追击的百万解放军。翟向东问起:"《人民日报》也过江了吗?"当时他没有得到答复。

没有想到,在第二天(5月20日)的《人民日报》一版上,翟向东看到了"本报随军过江南京一日畅销五百份"的消息,此为《人民日报》在江南发行之滥觞。①

《人民日报》关于本报在江南的发行状况是这样报道的:

本报随军过江 南京一日畅销五百份

(本报讯)随着我军胜利的迅速发展,解放区已连成一片,互通邮电,东北、华北、西北等解放区人民纷纷订阅本报,现除沈阳、长春、哈尔滨、济南、徐州等大城市已订有数千份外,南京

---

① 翟向东:《特快列车上的祝愿》,见《安岗新闻工作60年》,经济日报出版社1997年版,第181页。

解放后，本报也已随车过江，仅第一日电悉，即畅销达五百份。

这时候，对今后的《人民日报》怎样发展，毛泽东等中共中央领导人已有新的企划了。

第25章

进入城市办报的新探索

中央档案馆保存了一份人民日报和新华社华北总分社向华北局提交、抄报中宣部和中央政策研究室的《4月份综合报告》，报告发行和印务情况：

人民日报、华北总分社于3月15日移（至北）平，由于转移步骤即干部配备计划临时有很大变动，许多应在出版前解决的问题未得解决，仓促间在城市中新的环境条件下出版，曾在短期内陷于忙乱和被动。这一情况现已基本上改变，并取得如下收获：

（一）报纸发行在乡村中仍保持了原有的阵地，城市除南下部队（订阅）份数外，一般仍保持了初出版时的情况。

（二）原有农村的通讯网大部分仍联系着，在（北）平及附近各工厂、学校均已初步有了通讯组工作。

（三）刚出版时的出版条件极恶劣，纸坏加上机器已老，印刷糊涂。现纸已初步解决，并正安装新机器。①

使印刷厂走上正规化发展道路，是刚刚进入古都的人民日报的重要工

---

① 抄录自中央档案馆原件。

作任务。

总社印刷厂迁入了王府井大街原《华北日报》印刷厂原址,那是一处大院落的东西两侧厢房。东厢房北端是铸字和排字房,南端一间只有一个天窗的屋子是印刷机房,约100平方米,有1台42英寸铅版轮转印刷机。该机只有一个印刷部件,没有折报设备。报纸印出后,满院子都是蹲在地上折报的报贩。有时一个院子挤不下,报贩们跑到王府井大街上折报,成为一景。

当时印厂的辅助机械更简陋:纸型是用长把大刷子一下一下打出来的;烘干设备是在火炉上放一块大铁板,就像一个大饼铛;铸版机仅仅是一个模具盒子,由人工将熔化的铅合金倒进去铸成半圆的铅版;熔化铅合金的是一口烧煤的大铁锅,连检测熔铅过程的温度计都没有。工人们想出了检测铅液温度的"土办法",将一张卷起的报纸插入熔化的铅液后迅速抽出来,见报纸变成深黄色,就差不多可以铸版了。这台印刷机一小时仅能印一万多张对开报纸,经常发生故障,报纸经常到下午才能印完,远远满足不了迅猛发展的需要。

为尽快添置印刷机械,报社决定在全国范围内征集印报机,因报刊停办或其他原因暂不使用的旧机器均在征集之中,以解燃眉之急。其实这项工作早已开始,1949年年初,打听到天津有一台停用多年的旧印刷机。"老延安"干部蔡善卿等多方努力,获得天津市军管会主任黄敬批准,将这台残缺不全的旧机器调拨给人民日报印厂。该机系日本池贝铁工制造,机器的供纸架、刹车用的电动机和一些滚筒合金轴瓦已经损坏,本来就半裸露的齿轮防护罩也遗失了不少。

这台机器于1949年2月开始拆卸装箱,委托天津博达运输公司用汽车装运,于3月15日运抵北京。怕运输途中机器损坏或发生其他问题,应运输公司的要求,朱俊山和李文辉随车押运。当时正逢解放军大部队南下,一路都是汽车和大炮,道路十分拥挤。运送印刷机的汽车早上6时从

1949年5月1日《人民晚报》创刊号1版。

1949年7月1日,彭真、叶剑英在颐和园和游园的女大学生在一起。

天津出发,晚上9时多运抵报社。

报社印厂十分狭窄,印刷机卸车后堆满了整个院子,只能勉强过人。编辑部已将最大的正房腾了出来用作厂房,但要把机器安装进去仍然十分困难。经过精心测量和设计,决定将机械的供纸部装在西墙外,拆掉西墙以便进纸。把折报部装在南窗下,出南门发报。北门外再盖一间4平方米的小房子,安放电源开关和控制盘。这样,机器勉强安装了起来,其外沿与房柱间仅有几十厘米的安全距离。

设计完成后即开始浇灌地基,包括地基设计和钢筋水泥的浇灌。施工中,厂领导和工人一起挖土运土,劳动热情高涨。

进入机器安装阶段,发现机器零件残缺不全,又没有任何图纸资料,只能边安装、边修理、边测绘制造损坏的零件。当时，控制盘电线乱如蛛网，为了找到一根控制线的接点，要顺藤摸瓜查十几个元器件。有时为了解决一个问题一直干到深夜。经过一个多月的艰苦奋斗，终于在5月1日劳动节时试印出第一张报纸，全社上下一片欢腾。

为让机器尽快正式投入生产，从天津、张家口等地请来了王宝贵、魏星南和张进忠等老师傅，又在机器安装过程中培养了李焕新、赵雷忠等青年骨干。后来，《天津日报》的杜万里（后留人民日报社工作）等人调《河北日报》工作途经北京，人民日报印厂将他们请来，帮助理顺了从压纸型、铸版到印刷的工艺流程，终于使机器正常运转。该机全称"高速度铅印轮转印刷机"，每小时可印4万多对开张，从此人们将该车间称作"高速度"，叫了好多年。

增加了印刷机，报纸出版条件有了基本保障，原来的小机器停用。张仲增、冯启祥和张秀山等有经验的师傅调到"高速度"工作。

这是人民日报印厂的第一台大型印刷机，各级领导十分关心和重视。安装期间，不但印刷厂领导经常跟班劳动、督促工作，经理部领导也深入车间了解情况。社长张磐石要了解机器安装情况，又怕影响工人工作，经常站在车间窗外，观察车间里的情况，或者召来厂领导听取汇报。机器安装期间，著名机械专家、后担任一机部副部长的沈鸿，以及朱德总司令的夫人康克清，都曾来到现场视察。①

不管怎么说，人民日报从农村来到大城市，进入全新的工作环境，办报环境大大改善了。更重要的是，随着解放军渡江南下解放全中国的前进步伐，《人民日报》放眼全国，政治视野极大地开阔了。人民日报的办报队伍普遍感受到，过去，他们已经熟悉了在农村根据地办报，在敌人的重重包围中办报，在不断的转移中办报，他们的读者主要是穿上了军装的农民。

---

① 李文辉：《艰苦的历程，辉煌的成就——忆我社印刷设备发展片段》，见人民日报《社内生活》2004年8月25日。

第25章 进入城市办报的新探索

邓拓（右）和赵毅敏1949年春摄于北平。1949年2月进入北平以后，邓拓担任北平市委政策研究室主任。市委宣传部长赵毅敏南下武汉以后，邓拓于5月接替赵毅敏担任北平市委宣传部长，兼任北平解放报社社长。

现在，党的工作重心已经从农村转移到城市，人民日报的办报队伍跟着党中央进城了，他们要熟悉城市，要学会在大城市办报。

进城后，《人民日报》的城市报道逐渐增加。

1949年5月1日，人民日报所属的《人民晚报》创刊。它不但是北平解放后新创办的第一家晚报，也是中国共产党直接主办的第一家晚报。创办《人民晚报》是一次极富探索意义的城市晚报实践。根据已知情况，要创办这份报纸，是安岗提议，报社编委会通过，报胡乔木批准后，由安岗负责筹备，人民日报编委委员萧航任总编辑。根据萧航日记，《人民晚报》的筹办从4月27日开始。这说明，《人民晚报》的筹办期很短。①

1949年4月28日的《人民晚报》1版上刊登了出版《人民晚报》的启事：

---

① 根据萧航夫人杨富珍和女儿崔小荷提供的萧航日记原件。

人民日报出版晚报启事

（一）

本报为适应广大读者要求，定于5月1日创刊《人民晚报》，日出4开1张，除报导国内外及华北、本市要闻外，并刊登工厂、学校、市政、商业等新闻及娱乐节目、广告、启事等，为帮助工人、学生、店员及市民了解各种政策法令，将辟专栏，解答有关学习及生活上之各种问题。尚希各界时赐佳作，并提赐意见！

人民日报总编室

（二）

本报于5月1日出版《人民晚报》，每日4开1张，欢迎各界订阅。

价目：每期5元，每月150元。订阅者请向本报发行部及办事处接洽。

电话号码：24173

人民日报经理部

《人民晚报》的创刊非常平静，非但没有庆祝酒会或类似的典礼，创刊号上就连发刊词一类的文字也没有。《人民晚报》的4字报头采用了毛泽东手书字体。直到目前，没有发现毛泽东亲笔为《人民晚报》题写报头的档案记载。由此推测，这个4字报头可能采用了集字的做法，应该是经过毛泽东同意的。

《人民晚报》创刊号头版头条文章是一篇针对57封读者来信的答

复——《倒卖票子合法？区外可汇金银？货币统一整理？》，回答了在读者群中有疑惑的货币问题，全文如下：

本报接到57位读者来信，询及货币与区外汇兑诸问题，特一并提请中国人民银行。现蒙该行综合答复如下。

问：现在市面货币种类太复杂，政府是否有统一整理的办法？

答：去年12月1日，中国人民银行新币开始发行时，华北、山东、西北三大解放区政府宣布了人民券发行后，各解放区原有货币均将停止发行，并逐步收回。故今后对各种货币在中国人民银行统一筹划下，有计划有步骤地逐渐收回，以使全中国的货币逐渐走向完全统一。

问：华中券为什么不准在华北区内自由流通？北海币、西农币、边币为什么不能获准在平津市内流通？

1949年7月1日，彭真在中共华北局和北平市委举行的庆祝中国共产党诞生28周年大会上讲话。

答：华中券是华中解放区发行的货币，去年11月15日山东、华中两区政府布告规定，华中券与北海币等价互相流通。但在华北区因与华中区经济往返不多，并照顾人民在计算及识别上的困难，故而确定华中券不准在华北区流通，如过往干部、军人、商民带有华中券者可到边地银行以人民券1元等于华中券100元的法价兑换。

平津市所以不准北海币、西农币、边币等票子流通的原因，在平津解放时两市军事管制委员会布告已经阐明，其目的在于简化平津两大城市货币种类，便利交易，减少点款计算的困难。

问：人民币与中州票（当时在中原解放区发行的货币——本书作者注）的比价是如何确定的？

答：是根据两地物价随时规定的，现在有关发行新币诸问题时提到人民券1元等于中州票2元。2月间中原解放区物价上涨比华北较快，故比价曾达1比4，所以当时石家庄分行按1比4兑换是对的。3月15日中原解放区人民政府又公布人民券与中州票暂按1比3的比价在中原境内流通。现华北与中原接壤地带即按1比3兑换。

问：冀钞对冀热辽字的边币比价，政府曾否有1比1的规定？

答：今年1月间华北人民政府对带有冀热辽字的边币与冀钞的比价，曾有冀钞1元比冀热辽字的边币50元的规定，从未有过1比1的规定。

问：倒卖东北券，长城券是否合法？

答：凡投机倒卖货币者均属非法，应予以取缔。

问：区外汇兑是否可以汇黄金、白银？

答：根据华北区区外汇兑暂行办法第四条规定："通汇之本位币，为中国人民银行钞券"，无论汇出汇入均不准以黄金、白银为本币。

创刊号头版头条文稿显示出《人民晚报》鲜明的服务性，从一个侧面表现出随着全国的解放进程，中央政府逐渐统一币制的努力。

1 版中间位置上的《南京解放经过》是一篇补充性通讯，描绘了解放军占领南京的几处细节，颇具历史纪实的意义，文章写道：

（4 月）22 日下午解放军攻入浦口、浦镇，守匪仓皇渡江逃窜，并烧毁或炸沉了浦口码头的大部船只。23 日上午，南京城内残匪放火焚烧了若干房屋，在浓烟烈火中逃窜出城。当日下午，进抵南京东部的解放军前哨部队，由赖长胜营长率领由和平门入城，截获匪军企图运走的大批军用物资。同日下午 8 时，浦口方面的解放军集中了北岸剩余的船只迅速渡江。南岸下关码头的水手们看到解放军船只南来，急忙把自己的小船摇向北岸，兴奋地欢呼："同志们，你们辛苦了！土匪们已经滚蛋了！请赶快坐我们的船过来吧！"

水手们把一切未被匪军烧毁的船只都集中起来，发电厂工人把厂里的小火轮也开过来迎接这支人民的队伍。茫茫江面，一时船只穿梭如织。当成千上万的解放军在下关登陆后，汽车工人们也把他们保存下来的各色汽车开来，兴高采烈地迎接解放军入城。

由 23 日夜 12 时起直至 24 日上午，解放军雄壮的行列，带着新式轻重武器，在千百万夹道欢迎中，经挹江门源源开进这座二十多年来被国民党匪帮作为反革命中心的南京城。

综合起来看，《人民晚报》的新闻版上，从时事新闻到社会生活新闻都有涉及，服务性报道有较大篇幅，如《平津特别快车今准时到达》《北平冀东通汇》《平津张塘等地一千七百职工考入华北工校》《津人民银行增通汇地点》《有本领不怕埋没 津征求各种人材》等。

2版具有副刊性质，主要刊载一些文艺作品及文章，如《两面作战》《解放区的报纸》等。3版主要是读者园地，专设"答复"栏，解答读者提问，还刊载一些旨在请读者参与竞猜的谜语等。4版以社会新闻为主。

《人民晚报》重视图画的刊用，创刊号1版下端刊有《向江南进军》的木刻画。副刊版上有长篇连载《刘小七画传》、漫画《五一是工人阶级的劳动节》以及连环画《两个大土豆》，都通俗易懂。

根据现存《人民日报》分析，这张城市晚报倾向于将自己归于服务类。与此相适应，这张晚报上的消息篇幅比较短小。《人民晚报》创刊这天正是五一国际劳动节，因而这一节日是创刊号着力报道的内容之一。头版二条位置在"全市欢庆劳动节"的总题下，刊登了5条有关消息。

非常有幸的是，档案中保留了晚报编辑部成员的名单，他们是：主编肖航；编辑：胡平、白原；助理编辑：宋西玲、林玮、唐孝瑞、潘兰、陈捷、岳力、杨真。①

据安岗等人回忆，当时参与创办《人民晚报》的还有李亚群。为出版这张晚报设置了专门的编辑部，但未设专职记者，稿件由外勤记者如陈柏生、王金凤、田流、陈迹等人提供。根据对现存报纸的分析，《人民日报》记者撰写的文章数量不很多，版面上采用了大量通讯员及广大读者的来稿。当时的京城内外，有不少通讯组为这份晚报撰稿，如"北大通讯组""师大通讯组""中山公园职工会通讯组""西南通讯组""东南通讯组"等，他们是重要的稿源队伍。②

对于《人民晚报》的工作，在现存档案中几乎找不到什么记录。萧航夫人杨富珍、女儿崔小荷向本书作者提供了两本萧航日记，其中有关于《人

---

① 这个名单摘自中央档案馆保存的华北《人民日报》档案，原文如此。但是，其中的"陈捷"可能是程捷之误，"岳力"可能是"岳立"之误。

② 陈家兴、苏凤兰：《党直接主办的第一家晚报——〈人民晚报〉》，《新闻与传播研究》2001年第1期。

第25章 进入城市办报的新探索

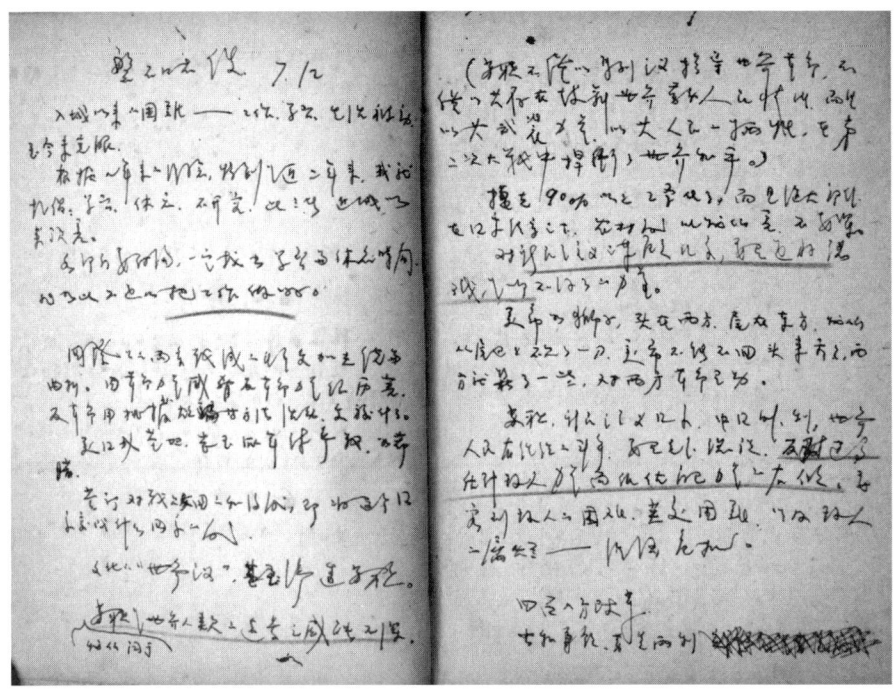

萧航1949年7月2日的笔记。

民晚报》工作的一些珍贵片段。根据萧航日记记载，张磐石和安岗经常就晚报工作听取汇报，做出指示。

萧航在1949年5月4日的日记中写道："从4月27日筹备晚报到今天，晚报已出4期。工作紧张之程度很可观。从早到晚，从晚到早很少休息。对晚报的认识在变化中，这一点很直接地影响着办晚报的方针。办晚报之初，从磐石同志一直到各个工作人员，大家都强调晚报的趣味性。"

他在随后5月16日的日记中写道："晚报光在趣味性上努力不行，必须有好的时事消息才行，因为它是'新闻纸'。"

萧航日记表明，《人民晚报》的相当部分依靠零售，因此天气情况对发行影响很大，他的5月21日日记记载："今日大雨，晚报销路惨跌，为出版以来最低纪录——3300份。"

313

同一天的日记还表现出一代新报人对"晚报"功效的认识："晚间以'办晚报目的'请示了磐石同志，同时将自己考虑的资产阶级办晚报的二三个目的向磐石同志说了。他说，我们的目的也是如此。人家赚钱，我们也要赚，不多赚可少赚，反正不能赔钱。人家是麻醉市民，我们是教育市民；人家是茶余饭后消遣，我们来个革命的消遣。他说，我们不迁就。"

从这段记录来推测，创办《人民晚报》一方面是为了扩大宣传阵地，而且是有一定经济效益的。

5月22日夜的萧航日记载："明日又将增添三个女同志到晚报（可惜萧航没有写下她们的名字——本书作者注）。她们的工作又是一个值得考虑的问题。"

这天的日记还有"'北平街头'栏（目）的影响，今夜已向安岗同志汇报"字样。萧航日记表明，编辑部了解到，《人民晚报》上的"北平街头"专栏具有相当大的社会影响，社会上的一些不良现象，只要"北京街头"批评了，很快就得到扭转或减少。

可惜，萧航的这本日记出现了较多的间隔，没有发现他在6月和7月的记录。而《人民晚报》天天出版，总共出版了91天。

根据现存新闻史料判断，《人民晚报》是在已建立人民政权的区域里中共创办的第一份城市晚报，是《人民日报》迈向集团经营的最初尝试。

第 26 章

升格为中共中央机关报

1949年6月,江南甫定,成立新政权的筹备工作即提上议事日程。在此期间,华北《人民日报》升格为中共中央机关报的进程逐渐明朗化。

晋察冀、晋冀鲁豫两大解放区合并为华北解放区之后,即形成了华北人民政府履行一部分中央人民政府职能、具有中央政府与地方政府双重职能的局面。

中共中央机关进入北平以后,从4月16日起,华北局和华北人民政府召开会议,商议将华北人民政府组织机构并入中央人民政府和变更一部分行政区划的问题。将华北局机关报《人民日报》并入中共中央机构,也是议题之一。①

张磐石晚年回忆说,这年5月或6月,当时负责全国总工会工作的老资格领导人李立三向他说起:"从1949年3月进城起到'五一节'时,《人民日报》的战斗力已明显大于各报之上。"

---

① 原华北人民政府的一些机构,特别是银行和财政机构,是在人民日报升格之前完成升格的。如原华北银行与北海银行、西北农民银行于1948年11月合并为中国人民银行,从12月1日起发行中国人民银行新币。

1949年10月28日,华北人民政府董必武主席发布公告:"奉中央人民政府10月27日命令,'华北人民政府着即结束,原华北人民政府所辖5省2市改归中央直属,中央人民政府的许多机构应以华北人民政府的许多机构为基础建立起来。'本府所属各单位于本月交代手续分别办理完毕,本府定于本月31日结束,停止办公。"

张磐石晚年的回忆涉及一项重要的人事安排。他说，进入北平以后，《人民日报》整体上是好的，"随着全国政协的筹备，大军过江，和平谈判等全国形势的发展，《人民日报》在中央直接帮助下，基本上担当了中央机关报的任务，只是对评论，对于各民主党派的言论，文艺界的意见，以及国际舆论，缺乏我们的有力言论进行引导和阐述。对艾奇逊白皮书的批判还由（胡）乔木动笔写了一篇文章，后来毛主席出马，亲自为《人民日报》撰写文章。所以中共中央决定邓拓来任总编辑是非常合适的"。

张磐石谈道，新中国成立前夕，他自己身体不好，亦不擅长于言论写作，是导致《人民日报》言论偏弱的一个原因。就这个问题，新华社社长廖承志私下和张磐石有过交谈，告诉他中央将邓拓调到《人民日报》来的原因。廖承志说：邓拓"笔杆子硬，也有学问。他虽有书生气，但有中央领导可发挥得更好。"①

张磐石表现出虚怀若谷的品德，他带领副总编辑安岗看望了正在养病中的邓拓，热情地欢迎他到《人民日报》工作。

张磐石的回忆，从一个侧面反映出当时中央领导人，特别是毛泽东对《人民日报》总编辑工作的殷切期望。在新中国成立前夕，毛泽东对新华社和《人民日报》的宣传非常重视，许多文稿的题目由他本人亲自确定，有一些文稿是他在日理万机中亲笔写成的。在1949年6月24日致胡乔木的一封信中，毛泽东对纪念"七一"的宣传亲自安排：

> 写一篇纪念七一的论文（似不宜用新华社社论形式，而用你的名字为宜），拟一单纪念"七七"的口号（纪念七七，庆祝胜利，宣传新政协及联合政府，要求早日订立对日和约，消灭反动派残余力量，镇压反动派的破坏和捣乱，发展生产和文教）——此两

---

① 引自张磐石1990年所做的回忆录手稿。

第26章 升格为中共中央机关报

1949年7月31日《人民日报》1版。这是作为华北局机关报出版的最后一期报纸。

件请于 6 月最近两天拟好，以便于 6 月 28 日发出，6 月 29 日各地见报。写一篇七七纪念论文（带总结性），此件须于 7 月 2 日写好，3、4 两日修改好，5 日广播，7 日各地见报。起草一个各党派的纪念"七七"的联合声明——此件亦须于 7 月 2 日写好，以便交换意见。①

在这封信中，毛泽东把一连串繁重的文字任务都交给了胡乔木。就在同一天，中共中央任命胡乔木为新华社社长，接替原先由廖承志担负的工作。胡乔木后来还担任升格后的人民日报社社长。这一任命，可能也是在这个时候确定的。

调邓拓担任人民日报总编辑，是中共中央为《人民日报》升格所做的重要决定。

邓拓（1912—1966），少年时名子健，1912 年 2 月 26 日生于福州。父亲邓鸥予是清朝最后一代举人，曾在广西当过县知事，辛亥革命后辞官回福州，当了一名中学国文教师。由于家学渊源，邓子健从小学习经史诗画，古典诗词和书法相当出色。

邓子健的小学和中学都在福州度过。1929 年夏，他考取上海光华大学政法系，一年后在上海加入中国共产党。同年，他插班进入上海法政学院政治经济系，一边学习一边从事左翼文化活动，先后担任了中共上海法南区宣传干事，宣传部长和中共南市区工委书记等职。

1932 年 12 月 11 日，在中共法南区委组织的一次活动中，邓子健被国民党当局逮捕，遭受了酷刑。行刑者用烧红的铁钳烙他的腿和脚，在他的腿部留下了多处伤痕。邓子健有一首《入狱》诗抒发情怀："去矣勿彷徨，

---

① 《毛泽东书信选集》，人民出版社 1983 年版，第 327 页。

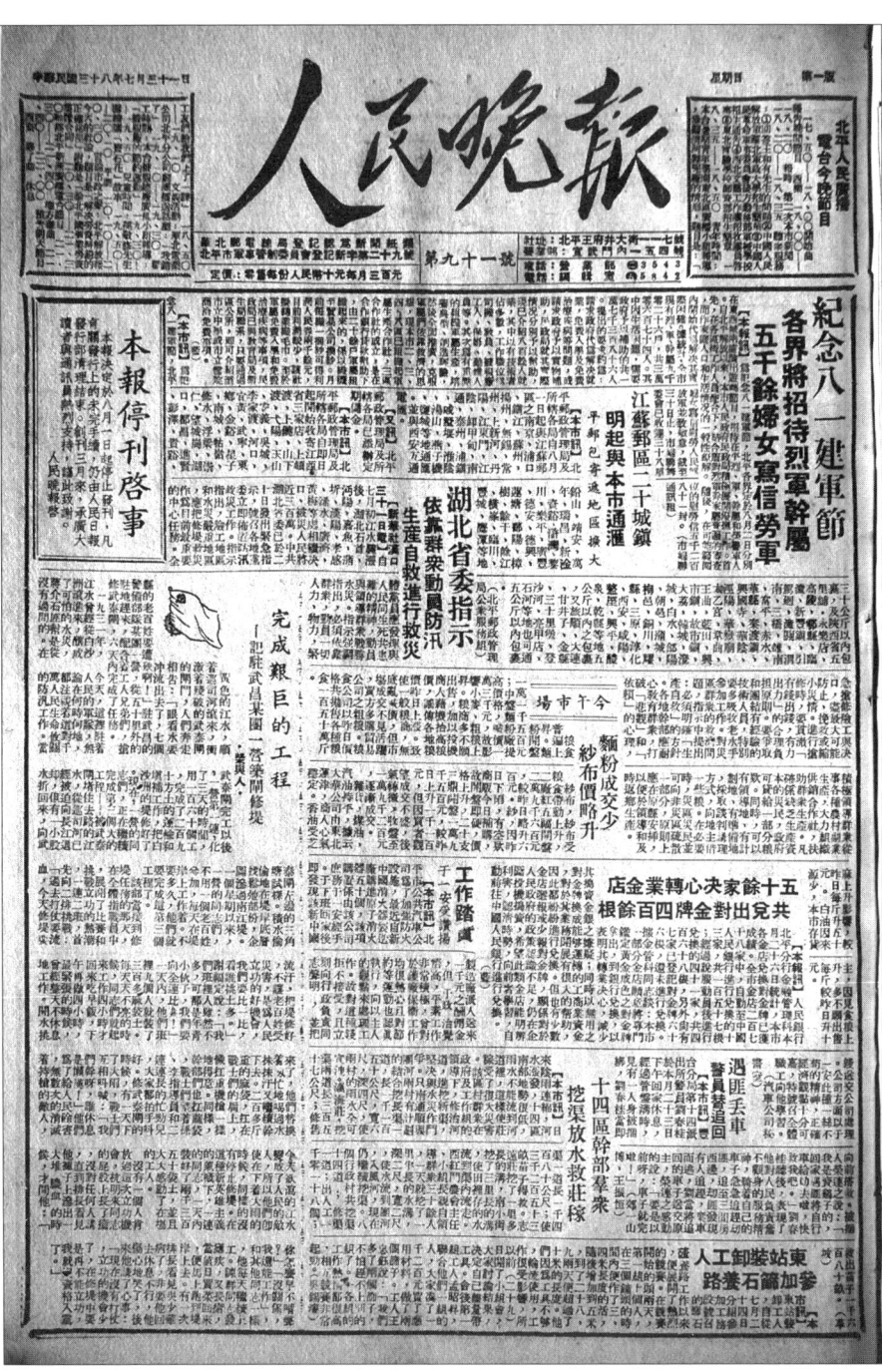

1949年7月31日《人民晚报》第91期(终刊号)。

人生几战场？廿年浮沧海，正气寄玄黄。"

几个月后，由父亲托人，邓子健被保释出狱，写下《出狱》诗明志："只身天地余残泪，一眼河山尽断鸿。莫道群生都懵懵，明朝四野又烟烽。"

出狱后，邓子健回到福州，在父母身边生活了一年，其间坚持自学，读了很多书。他于1934年春再次来到上海，到城郊一个中学任教。秋天，大哥自开封来信，要弟弟到那里读书。他应招而往，进入河南大学经济系学习。

在河南大学学习期间，邓子健深入研究中国经济史，撰写了多篇论文，并在1935年完成了20余万字的专著《中国救荒史》。在河南，他和中共北方局干部刘子厚等建立了联系，成为开封中华民族解放先锋队（"民先"）的负责人之一。

1937年春，邓子健在一次民先活动中被国民党蓝衣社特务逮捕。被关押一个月后，由于全国各地抗战运动风起云涌，当局迫于形势释放了一批政治犯，其中即有邓子健。

不久，"七·七"事变爆发，抗日战争全面展开，邓子健作为"战地服务团"成员到河北束鹿一带前线慰劳抗战的军队。在那里，他决定到延安去。

西行途中，邓子健于9月来到太原，与地下党负责人黄敬取得联系。经黄的介绍，邓子健改变了主意，决心直接投身抗战部队。他回身东去，于10月到达五台山。这时，聂荣臻率领八路军115师一部也刚刚来到这座佛教名山。来到八路军中，邓子健更名邓拓，从此一直使用这个名字。

11月7日，中国共产党创建的第一个敌后抗日根据地——晋察冀军区成立，聂荣臻任司令员兼政委。军区成立后，聂荣臻与中共晋察冀省委书记黄敬、军区政治部主任舒同商议，创办根据地的党报。这时，日军发起了对晋察冀部队的第一次围攻。即使军情紧急，晋察冀军区领导也没有拖延党报创建。1937年12月11日，晋察冀军区机关报《抗敌报》在河北阜平县城创刊，舒同兼任报社主任，著名摄影家沙飞和洪水（越南籍中共党员，时任中共晋东北特委宣传部长）先后任副主任。首印报纸为3日刊，石印8开2版，印行1500份，向军内外免费赠阅。

当时，邓拓任晋察冀省委刊物《战线》编辑。1938年4月，中共北方局书记彭真前来晋察冀主持党的代表大会，将《抗敌报》改为晋察冀区党委机关报，调26岁的邓拓担任报社编辑部主任，负责编务，从此开始了他长达20年的新闻生涯。邓拓来到《抗敌报》后，增调编辑，征召印刷工人，采购印刷物资、机械，于当年8月16日将报纸改为铅印双日刊，发行量明显增加。

1940年11月7日，《抗敌报》改成《晋察冀日报》，邓拓任社长，主持全面工作。此时报纸印数有2万余份。

邓拓领导《晋察冀日报》经历了抗日战争最艰苦的岁月，报社成员经受了多次反扫荡战斗，全报社先后有56人在战争中献出了生命。1940年以后，《晋察冀日报》编辑部主要活动在河北省阜平和平山两县的崇山峻岭之间，即使在战斗中，也保持不间断地出报。

在战争环境里，编辑部经常转移。为了减少携带铅字的数量，邓拓提出，编辑、记者要"在三千字里做文章"，尽可能使用常用字，语言要通俗易懂。另一方面，他鼓励印厂职工革新器材，使全部印刷用机械和工具，用8匹骡子就可以全部装驮。

在战争中，邓拓锻炼文思，成为文章高手。他常常于行军时骑在马上构思，下马即成文排版。评论和社论多而及时，是《晋察冀日报》的一大特色，邓拓本人就是这些评论和社论的主要作者。

邓拓培养了一大批优秀的记者和作家，他们写下的优秀报道在太行山内外的农村中、部队里广泛传阅，在抗日军民中产生了巨大影响。

1945年抗日战争胜利后，邓拓率领《晋察冀日报》编辑部于9月进入河北重镇张家口，他还担任了晋察冀中央局宣传部副部长。解放战争全面爆发后，邓拓于1946年10月率领《晋察冀日报》编辑部撤出张家口，回到河北阜平办报，他曾亲率记者团到大同战役前线采访。

《晋察冀日报》与晋冀鲁豫《人民日报》合并而创建新的《人民日报》后，邓拓调任华北局政策研究室主任，从1948年10月起转任中央政策研究室经济组组长，成为彭真的重要助手。1949年2月进入北平以后，邓拓担任北平市委政策研究室主任，在市委宣传部长赵毅敏南下武汉以后，于5月接替赵毅敏担任北平市委宣传部长，兼任《北平解放报》社社长。

不巧，就在邓拓将到《人民日报》任职前的这年初夏，他在家中查阅书籍时，腰部被翻倒的书柜压伤。正在治疗中的邓拓，曾忍着伤痛，于7月（一说8月初）到人民日报社看望了编辑部的战友。解放战争时期活动在晋冀豫根据地的军事记者、华北《人民日报》创刊后转为《人民日报》记者的纪希晨至今还记得，那天邓拓是由两位年轻人架着走下汽车，走进《人民日报》大门的。①

邓拓到职前，人民日报完成了"升格"的全部工作。

早在1949年5月7日，华北《人民日报》、（新华社）华北总分社在向华北局报送的《4月份综合报告》结尾处写道：我社"在报社规模上现正调整房子，安装机器，为未来的中央党报做准备。"这份报告是上报给薄一波的，薄一波批示："常委传阅。"这里的"常委"指中共华北局常委，说明华北局领导人在5月初已明确华北《人民日报》将要升格，因此有所准备。

人民日报领导在5月初的汇报中说，5月和6月，报社的"工作目标是贯彻二中全会决议，在编采方法上力求深入，加强批评性与指导性，要求显示出自己报纸的特点来。行政方面力求工作、生活、学习上正规化，精简机构，改订制度，大力整顿出版发行工作，并为中央党报准备各种出

---

① 纪希晨：《邓拓同志与人民日报》，见纪希晨著：《时代的足迹》第二集，人民日报出版社2004年版，第143页。

进入北平之初的邓拓与夫人丁一岚。

版条件。"报告还说明,编辑部成员都已认真学习了刘少奇在天津视察时的讲话。

从华北局机关报向中共中央机关报的转变,包括印刷流程的制度化和正规化。上述工作汇报还提道:"为保证整个出版过程,制定了编、采、排、校、审、印、发,逐节负责制,适应读者要求,改用5号字,印刷品已较前清楚。开印时间由6:30—7:00,一般提前到4:00—4:30。已装置了高速度软转机正在试用中。发行上,外埠除建立分销处发行站外,建立了专人巡视制。"

"整个行政机构中,精简了120人。经过反复民主评议,确定干部等级,已拟出了实行薪金制的初步计划。"

在这两个月中,报纸发行量从 6.2 万上升到 6.85 万份。

人民日报领导还在汇报中特意提到了当时在报纸上连载的小说《新儿女英雄传》。报告说,报纸连载的"《新儿女英雄传》,读者很欢迎,特刊有一天未连载,有二三十处来电话询问"。①

7月6日,华北局审计委员会给人民日报社长张磐石发来通知,批准人民日报的新编制为340人,其中报社部分为200人,新华社华北总分社编制为140人。看来,在这个时候,人民日报与新华社在编制上继续保持重叠的部分。这340人,是人民日报编辑部和管理部门的编制,印刷厂人员不计在内。

然而这份通知在下发之日已经滞后。根据中央的安排,新的政治协商会议将于8月在北京举行。中共中央机关报的产生刻不容缓了,进入7月,人民日报加快了升格为中共中央机关报的步伐。

7月11日,华北局报告中央,明确人民日报、华北新华书店、通讯社(新华社华北总分社)均交中宣部接收。

这份报告来到了毛泽东案头,他批复:"请周(恩来)办。"此后又批示:"请周复一信。"根据毛泽东的意见,中央于7月17日复电华北局,对华北局请示的几项组织隶属问题,除了华北军政大学仍留华北局系统外,余皆同意,均由中央接收。

《人民日报》要升格为中共中央机关报了,中共中央对人民日报领导层进行了调整。最引人瞩目的是,毛泽东的秘书、中央宣传部副部长胡乔木兼任人民日报社社长,张磐石任副社长,因成立华北《人民日报》实行两报合并而离开的邓拓调回《人民日报》,任总编辑。

7月18日,人民日报举行总编室会议,布置《人民日报》自8月1日

---

① 2003年12月录自中央档案馆。

起转为中共中央机关报的安排。张磐石讲话说，中央给我们的任务是8月1日转为中央党报。在人事上，胡乔木任社长，我为副社长，调邓拓担任总编辑，安岗为副总编辑。

安岗讲了工作安排。他说，我们的报纸很快要改成中央机关报。争取在8月1日改，自25日开始出6个版。为此需做如下工作：编辑、采访工作，应研究改进。如"版面分配、评论委员会、通讯、组织经验"，都应根据对过去的检查提出方案。①

安岗向与会者通报，《北平解放报》在8月1日停刊，《人民日报》要切实地担负起该报原先承担的任务，如何把北平市的报道工作做好，需要进行研究。

安岗说，对于在升格后的人民日报出"北平版"，有一种意见认为，5、6两个版可以刊登广告、通俗副刊等。新出的北平版可以单独卖。安岗表示，对此可以研究。他还说，升格后，（新华社）华北总分社可能取消。另外，对报社在各大城市设立记者站或特派记者也要讨论。②

安岗传达了胡乔木对人民日报升格后工作的意见：副刊须建立权威。党中央的报纸对读者不应该是迁就，而应该是领导，这应该成为标准。不够水平的宁肯放在新闻版，不应放在专刊上。评论、社论的题目比较窄，应多想些方式，如星期论文，好的通讯等。对编辑工作，过去我们是次要的、主要的区分不开，现在应从政治上加强。

萧航参加了这次会议，他在1949年7月18日的日记中记载，安岗在这天的会议上传达胡乔木的意见说："人民日报定于8月1日转为中央党报。建立权威专刊，给愿意看的人看。中央党报不能是迁就读者，而是领导读者。"他的记录和现存档案记录一致。

---

① 这句话引用了当时的记录稿，原意应为，升格后的版面安排，怎样设立评论委员会，如何组织通讯员队伍、如何组织报社的运转等，都在检查和总结过去经验的基础上提出新的方案。

② 根据下文张磐石的讲话，安岗在这里表述的是胡乔木的意见。

张磐石在会上说，中央给我们的任务是，8月1日改为党中央机关报。时间虽然仓促，但应为此目标奋斗。为此，各方面的工作如何改进，需要大家讨论。想要搞好，一个是靠中央的领导，一个是靠大家努力。乔木同志要我们把工作计划、人事配备等各个方面的安排在22日交给他，然后交彭真、邓拓以及报社全体干部讨论。

张磐石转述胡乔木的意见：第1、2、3、4版仍然"是全国性的"，即主要刊登国内外要闻，5、6版是北平版，可以单张卖。这个意见大家可以商量。

张磐石认为，现在组织机构、人事配备、版面安排这3件事最为迫切。

李庄、萧航、江横参加会议，大家对上述议题进行了讨论。从事后的安排看，胡乔木关于第5、第6版另出单张的意见得到通过，并组织落实了。①

7月21日，华北局在北京举行会议，参加人有董必武、薄一波、刘澜涛、杨秀峰、蔡树藩、王从吾、汤延杰、李哲人、平杰三、胡锡奎、吴波、杨奇清、聂真、张磐石。

张磐石向与会者报告了华北《人民日报》升格为中共中央机关报，转属中宣部领导的各项事宜。

他说，本月16日胡乔木通知他，中央决定，华北《人民日报》定于8月1日升格为中共中央机关报。乔木说，这样是比较仓促的，报纸会准备不及，显得匆忙，但是8月里政治协商会议就要召开，所以非如此不可。

胡乔木说，这样，现在就要先停办《北平解放报》。但是如果停办了，原先《北平解放报》承担的工作怎么办？也许可以由《人民日报》多出两个版，"大报套小报"，看看能否解决。

张磐石说，为此，就要在7月31日前，向华北局做一个正式的报告。

---

① 见成坊《人民日报记事》，人民日报社史资料征集办公室2005年编印，第245—246页。

第26章 升格为中共中央机关报

1949年8月1日《人民日报》升格为中共中央机关报当日的1版版面。

根据工作要求，《北平解放报》全体人员南下，到云南创办《云南日报》。人员如果还不足，从人民日报抽调。还要给彭真同志留一些人。①

《人民日报》此次升格，除宣布胡乔木担任社长、张磐石担任副社长、邓拓前来担任总编辑外，其余人员的职务没有变动。

最初打算在7月25日每日出版6个版的计划有一些改变。25、26日仍出4块版。7月27日，《人民日报》出版了1张半（6块版），为此在报眼刊登了《增刊启事》。7月28日减为4开4个版。

7月29日，《人民日报》再次出版1张半，继续在报眼刊登增刊启事。7月28日至29日，人民日报连续两天在报眼刊登《本报营业部启事》称：本报8月1日起出对开1张半。大张内容为国内外要闻，解放区要闻。另出的半张为4开小型报，名为《北平新闻》，专门刊登北平的消息。大张、半张都可以单独订阅。

7月30日和31日，《人民日报》仍出对开1张4个版。

截至7月底，人民日报的发行量为76403份。人民日报的编辑记者编制共205人。

为了集中力量办好升格后的《人民日报》，决定停办《人民晚报》。

7月30日、31日，《人民晚报》连续两天在1版刊出《本刊停刊启事》——"本报决定于8月1日起停止发刊，凡有关发行上的未完手续，仍由人民日报发行部清理结束。创刊三个月来，承广大读者与通讯员热烈支持，谨此致谢。人民晚报启。"

1949年8月1日，《人民日报》按期升格为中共中央机关报，胡乔木任社长、张磐石任副社长、邓拓任总编辑、安岗任副总编辑、王友唐任秘书长、郭渭任副秘书长。报社设总编室（下属10个编辑组、2个科）、秘书处、

---

① 2003年12月录自中央档案馆所藏华北局档案卷宗。

经理部、发行部和印刷厂,总编制内有人员550人。①

这一天的《人民日报》期号顺延,为407号。对于报纸"升格"和报社的人事安排,这天的报纸版面上没有任何反映。普通读者并不知道《人民日报》的升格,但是这一天对《人民日报》的历史分期却有重大意义。延续期号,意味着今天的《人民日报》是此前报纸的延续。那么,推溯到一年前的6月15日创刊日,可以认为当时的《人民日报》已经具有了中共中央机关报纸的特性,已成为"大党报"指导全党工作。因此,中共中央机关报《人民日报》的创刊纪念日被定为1948年6月15日。②

8月1日的《人民日报》在右上报眼位置刊登了《本报启事》:"本报8月1日起改出一张半。内容包括国内新闻、解放区新闻、北平新闻、国际新闻、专刊、综合副刊等。敬希各界源源惠赐佳作。"

当日的《人民日报》为4开4个版,另外单出8开4个版的《北平新闻》版。《北平新闻》夹在《人民日报》中一起发行,也可以单独订阅,零售价为每份15元,全月订阅费450元。

这天,已经出版了两个月的《人民晚报》终刊。

"升格"非常平静,李庄回忆说,没有举行庆祝会、招待会,没有宴请宾客,发纪念品。大多数读者甚至没有察觉。③

华北局于1949年8月8日向中共中央提出报告:"人民日报已于7月31日正式结束。(《人民晚报》亦于同日终刊)。所有该社之人员、资财、经费领取与开支等均已清理完毕,正在向中央有关部门分别交接中。新华

---

① 中共中央组织部、中共中央党史研究室、中央档案馆编:《中国共产党组织史资料》,中共党史出版社2000年版,第5卷第73页。

② 对于升格后的《人民日报》延续此前的刊期号一事,未见档案中有记录,至今尚不清楚当时是否对此有所讨论。
关于《人民日报》的历史分期,后来有不同的研究观点。主要的不同是,究竟是将1948年6月15日还是1949年8月1日作为中共中央机关报《人民日报》历史的起点?这两种看法分别持有不同的论据。从实际情况看,从20世纪80年代起,人民日报更加明确6月15日是自己的创刊纪念日,在1988年6月举行了隆重的创刊40周年纪念大会。确定这个创刊日的重要依据,就是《人民日报》上延续不断的刊期号,是从1948年6月15日起一直延续下来的。

③《李庄文集》4卷本,人民日报出版社、宁夏出版社2004年版,回忆录下卷第147页。

1949年8月1日，人民日报升格第一天创刊的《北平新闻》版，附于《人民日报》中一起发行，8开4版，总共发行了18天。

社北平总分社亦已随人民日报归中央领导。"①

实际上,升格后的《人民日报》在1949年8月的运行中是相当复杂的。一方面,《人民日报》已经是中共中央机关报。另一方面,由于《北平解放报》停刊,主要人员(绝大多数是原《人民日报》成员)前往云南创办《云南日报》,《人民日报》又承接了北平市委机关报的任务,出版可单独发行的《北平新闻》。

《北平新闻》的创刊号显示它具有都市报纸的特点,头条新闻是《全市分东西城两处,明招待军属荣军,六千妇女写信劳军》。《机制面粉业工会昨举行成立大会》作为城市重要新闻刊登在报纸的中间位置上。值得注意的是,作为《人民日报》副刊的"人民园地"专栏,开设在《北平新闻》第4版。说明编辑人员是将《人民日报》和它的《北平新闻》作为一个整体考虑的。

但是,在建立全国政权之际,作为党中央机关报,同时承担北平市委机关报的任务,彼此的工作层面不同,两者很不容易协调。事实上北平市委很难在组织层面上指挥人民日报的编辑记者迅速落实有关北平市的任务。这个问题很快就显露了出来,因此决定收兵。8月17日,《北平新闻》专版出了最后一期,即告停刊。②

从8月18日起,《人民日报》改出4开6个版,当日在1版左上角刊登启事:"一、本报从18日起改为6大版。为照顾本报外埠及广大乡村读者看报起见,8月份已经专订《北平新闻》与一大张者,一律赠发全份,报价亦不追补。二、从9月份起各地邮局与直接订户,统按全份订阅(6版),不再分订,报价每月每份1500元。各地读者已经向本部或邮局分订

---

① 2003年12月录自中央档案馆档案。
② 在当时,《北平新闻》主要是随《人民日报》夹带发行的。这样,当时的《人民日报》就成了一大一小两张。进入21世纪,人民日报图书馆馆藏中仅有一份《北平新闻》合订本,十分珍贵。
《人民日报·北平新闻》停刊后,根据形势的需要,北京市委机关报《北京日报》于1952年10月1日创刊。

之9月份报纸，不足全份报费者，应一律补交报费后发报，否则按钱折报发给。请各地邮局与读者注意。"

《人民日报》进入北平半年，就经历了从大区党委机关报到中央机关报的转变，其间包括《人民日报·北平版》《北平解放报》《人民晚报》以及《北平新闻》专页的创办与停刊。进城之后，《人民日报》在不断发展变化的道路上积极探索前进，变化之大、发展之快，是前所未有的。

第27章

报道新政治协商会议

升格为中共中央机关报,完成了《人民日报》历史上的重大转折。过去,《人民日报》是战略区地域性报纸,带有明显的地区(或地方)报特点,即使作为华北局机关报并发挥着"大党报"作用时也难免如此。1948年8月1日以后就不同了,它已经是完全意义上的中共中央机关报,并代表国家的声音。不过,它的办报人员,包括总编辑、副总编辑,基本上都是从过去的战略区党委机关报岗位上成长起来的。现在,还是这些编辑、记者,能办好中央机关报吗?

李庄回忆说,报纸升格后,工作人员夙愿已偿,自然兴奋。但是兴奋之后的思考多少有些苦涩:"我们编印的报纸,称得上党中央机关报吗?我们的政治、理论、知识水平,算得上中央党报的工作人员吗?我是编委成员之一,和编辑部人员生活、工作在一起,业余时间经常议论这些问题。"①

不仅是大家普遍有这样的想法,李庄还回忆,因为有同样的考虑,新任总编辑邓拓和他谈过几次,表示压力相当重。②

8月1日升格以后,《人民日报》担当起中共中央喉舌作用,首先集中刊登一系列评论文章,批驳美国国务院于8月5日发表的《美国与中国的

---

① 《李庄文集》回忆录编上卷,人民日报出版社、宁夏出版社2004年版,第109页。
② 《李庄文集》回忆录编下卷,人民日报出版社、宁夏出版社2004年版,第148页。

关系》白皮书。该白皮书有上千页之多，分为8章，回顾了从1844年美中两国签订《望厦条约》以来，直至1949年人民解放军渡江作战时止的两国关系，特别详细地叙述了抗日战争后期至国民党政府溃败这5年间的美中关系。

中共中央首先通过《人民日报》向世人公布对美国白皮书的态度——反对美国现政府的"扶蒋反共"政策。从8月12日起至9月16日的一个多月时间里，《人民日报》刊登了6篇关于白皮书的新华社评论。这6篇文章，第一篇《无可奈何的供状》（8月13日见报）是胡乔木写的，其余5篇，从二评到六评白皮书，均由毛泽东撰写，篇名分别为：《丢掉幻想，准备斗争》（8月15日见报）、《别了，司徒雷登》（8月19日见报）、《为什么要讨论白皮书》（8月29日见报，原题《四评白皮书》）、《"友谊"，还是侵略》（8月31日见报，原题为《五评白皮书》）、《唯心主义历史观的破产》（9月17日见报，原题为《六评白皮书》）。

这一个多月，是毛泽东一生中最集中地为《人民日报》撰写评论文章的时期。一方面，他借此机会对中国革命发生和胜利的原因进行了理论阐述，另一方面，这也可以看作是他对刚刚升格为党中央机关报《人民日报》的运用和支持。通过发表这一系列文章，《人民日报》在世界范围内产生了影响。

在评论美国国务院白皮书时，《人民日报》除刊用新华社稿件外，还组织吴玉章等人撰写评论文章。邓拓本人没有参加有关文章的撰写，他来到人民日报后着手组织的第一次重大采访活动，是调配精兵强将，报道即将召开的新的政治协商会议。

1948年4月30日，中共中央发布纪念五一劳动节口号（"五一口号"），祝贺人民解放军的胜利，号召打到南京去，活捉蒋介石！其中第五条提出：各民主党派、各人民团体及社会贤达，迅速召开政治协商会议，讨论并着手召集人民代表大会，成立民主联合政府。

第27章 报道新政治协商会议

装饰一新的中国人民政治协商会议第一届全体会议会址正门——新华门。

第二天,即5月1日晚,毛泽东致信在香港的中国国民党革命委员会主席李济深、民主同盟代主席沈钧儒,商讨成立政协的具体事宜。

中国共产党宣告,在全国人民代表大会召开以前,政协全体会议执行全国人民代表大会的职权,而且在人民代表大会召开以后,政协也将作为政权以外的统一战线组织长期存在。这个新政协会议的使命,是通过具有临时宪法性质的"共同纲领",并组成中央人民政府。之所以把即将召开的会议称为"新政协会议",主要是为了同1946年1月在国民党统治时召开的旧政协相区别。

此后一年,国共两军展开大决战,终于以人民解放军打过长江,彻底推翻国民党统治而宣告:新中国即将诞生。

1949年6月15日,新政治协商会议筹备会在北平成立。筹备会由23个单位、134人组成,毛泽东为常务委员会主任,由周恩来为组长的第三小组负责起草"共同纲领"。纲领草案完稿于8月中旬，定名为《新民主主义的共同纲领》，于8月22日送毛泽东审阅。

新政协会议即将召开，以中共中央机关报的身份报道这次创建新中国的重要会议，是《人民日报》升格、邓拓主持人民日报编辑工作后第一次重要的时政报道。邓拓主持编委会认真研究，确定了"及时，准确，集中，突出"的报道方针，对采访、编辑、印刷、发行各个环节做了周密安排。李庄被任命为采访新政协会议的《人民日报》首席记者。根据报道需要，将正在外地采访的骨干记者调回北平，又聘请了一些特约记者，组成了总共24人的采访队伍，人员包括李庄、林韦、汪溪、王金凤、陈柏生、林洪、陈迹、陆灏、林沫、郭国涌、商恺、杨永平、纪青、冯仲、张荣安、张家炽、江夏。①

编辑部事先策划采访题目、联系采访对象，分头落实，统一编辑上版。

升格前后，人民日报编辑部人员发生了很大变动，向外输送了100余人。其中原因主要有两个，一是新中国即将成立，各方面工作急需干部，而人民日报早已为进入首都进行了干部储备，在华北《人民日报》创办时集中起来的一批有文化的干部，正是新中国各方面工作所需要的。其二则是因为实践表明，有些编辑人员并不适合做文字工作，其中包括一些从农村根据地调入编辑部的县级干部。他们本来长于行政组织工作，如今调往新的工作岗位，可以更好地发挥所长，有的可以承担更加重要的工作。

为报道新政协会议专门组织起来记者全都训练有素。李庄作为人民日报首席记者，获得了可以自由出入中南海怀仁堂等主要会议地点的证件。他决心每天写一篇特写，一天一个主题，事、情并重，最后汇集起来，成为见证新中国诞生的历史记录。

9月21日，中国人民政治协商会议第一届全体会议在北平举行。参加

---

① 这个名单是本书作者根据《人民日报》上刊登的专访署名统计的，尚未发现有关这个名单的完整记录稿。

单位45个，正式代表510个，候补代表77人，特邀代表75人。《人民日报》在9月22日头版头条刊登消息：《中国人民政协第一届会议上 毛主席开幕词》。毛泽东在会议开幕时宣告，本届会议的任务是"执行全国人民代表大会的任务"，在会议进程中要"制定中国人民政治协商会议的组织法，制定中华人民共和国中央人民政府的组织法，制定中国人民政治协商会议的共同纲领，选举中国人民政治协商会议的全国委员会，选举中华人民共和国中央人民政府委员会，制定中华人民共和国的国旗和国歌，决定中华人民共和国国都的所在地以及采取和世界大多数国家一样的年号。"

毛泽东在开幕词中宣布："占人类总数四分之一的中国人从此站立起来了！"

这句话激发了正在会场采访的李庄的灵感，他的第一篇会议特写就以"中国人从此站立起来了"为题，发表于9月22日《人民日报》1版：

中国人从此站立起来了
——中国人民政协第一届会议特写

李庄

"占人类总数四分之一的中国人从此站立起来了。"毛主席在中国人民政治协商会议的开幕词中说："我们团结起来，以人民解放战争和人民大革命打倒了内外压迫者，宣布中华人民共和国的成立了。"

这是人民民主新中国开基立业的盛典。这个盛典是一九四九年九月二十一日，在人民首都北平举行的。毛主席宣布这个盛典正式开幕，乐队立即奏起"人民解放军进行曲"，礼炮在会场外隆隆齐鸣。这是胜利的声音，我们在艰苦的斗争中深深地懂得，胜

1949年7月5日,毛泽东和新政协会议筹备会议常务委员合影。

利是不容易得来的。中国共产党成立了廿八年,人民解放军建立了廿二年,从开始到现在,一直领导全国人民,和国内外的敌人艰苦的战斗着。这二十多年,使青年变成中年,中年变成老年,多少烈士为革命而英勇牺牲了,但是,人民终于胜利了,打出了一个人民民主的新中国。于是全国人民表示竭诚拥护共产党、毛主席和解放军,全场代表也毫无例外地热爱、尊敬共产党、毛主席和解放军。中共代表团在大会上,成为党派代表的首席;毛主席进入会场时,全场起立鼓掌达两分钟之久。他的开幕词经常为热烈的掌声所打断。人民解放军的代表——战斗英雄李国英、魏小堂、魏来国、刘梅村被选入主席团,他们登上主席台时,全体代表热烈鼓掌欢迎。陈毅将军讲话时,"代表中国人民解放军全体指战员表示无条件拥护人民政协大会",他说:"中国人民解放军随时准备着,听候中央人民政府的调用,为消灭残余敌人和保卫

第27章 报道新政治协商会议

1949年9月22日《人民日报》1版版面。

1949年9月21日,毛泽东在新政治会议开幕词中向全世界宣告:占人类总数四分之一的的中国人从此站立起来了。

新中国的独立自由而奋斗到底。"人们狂热的鼓掌,感谢新中国的坚强保卫者,骄傲于人民政协得到了这个可靠的柱石。

宋庆龄先生在会上讲话,她说人民政协的成立"是一个历史的跃进"。真的,从去年"五一"中共提出召开没有反动分子参加的政治协商会议的号召以来,到现在只有一年又四个多月的工夫,时间不长,中国的情势却大变了。人民解放军神速的胜利进军。全中国的优秀人物都涌向解放区,涌向中共中央所在地的北平。中共的领导加上全国民主力量的团结,使得革命胜利了,人民政治协商会议召开了。会场的一切,都反映了这种真实的情况。

宋庆龄、何香凝、张澜、黄炎培、高岗、李立三、赛福鼎、张治中、程潜、司徒美堂等先生讲话时,一致赞扬中共与毛主席的英明领导,坚信全体人民一致团结,共同奋斗,人民新中国一定建设成功。看吧!在主席台上,悬挂着孙中山、毛泽东的巨幅画像,画像中间是人民政治协商会议的会徽。会徽正面为一地球,地球中间是一幅红色的中国地图。地图上面有四面红旗,象征四个朋友,地球左右饰以麦穗,地球上面饰以车轮,麦穗与车轮表示着农民和工人,车轮中间缀一红色五角星,象征着工人阶级的领导。整个会场是

李庄采写的第一篇政协会议通讯,刊登于1949年9月22日《人民日报》1版。

这个会徽的具体表现。六百多位代表,包含了中国人民民主统一战线中各阶级、各民族的代表人物。党派代表的席位在主席台右前方,中共代表位第一排,毛主席为首席。主席台左前方为部队代表的席位,人民解放军总部位第一排,朱总司令为首席。解放军后面是特邀代表,区域代表和团体代表的席位在党派与部队代表的两旁。大会济济一堂,真是空前的民族大团结。阶级的团结、民族的团结已经从人民政治协商会议的共同纲领上充分地表现出来了,即以年龄而论,也同样说明了这种情况。何香凝和廖承志母子二人,都是政协的代表。萨镇冰已经九十二岁了,中华全国学生联合会的代表晏福民,只有二十一岁,还不及前者的四分之

一。大家团结起来一起奋斗，这就保证了在怀仁堂举行人民新中国开基立业的大典，变封建帝王和蒋家小朝廷的宫殿为人民的议事厅。

人民把会场布置得朴素而壮丽。会徽后面衬着杏黄色的幕布，在中国，这种颜色是象征庄严与伟大的。会场照明全用水银灯，一个接着一个，两廊下排着红色宫灯。新华门油漆一新，鲜红夺目，两边竖着八面红旗。门下挂着巨大宫灯。这一切，都给人们一种富有生命力的印象。中华民族本来是富有生命力的民族，过去被帝国主义、封建主义、官僚资本主义束缚着不能发展，现在真正解放了，相信不要很多时候，新中国就会建设得很好。在各方面送给大会的贺幛中，充满了这种赞美与自信。北朝鲜全体华侨送给大会的贺幛上，精致地绣着彩色的毛主席像，绣像的背景是中国共产党的党旗，还有一座工厂和几部拖拉机。旗上还绣着"庆祝新中国诞生，在毛泽东旗帜下前进"的字。这幅画案表示：工业的中国，独立、自由、富强的新中国在向我们招手了。

全世界的进步人士都在注意着我们，向我们欢呼庆祝。国内外的敌人也许在阴暗的角落里正对我们诅咒着。但是，我们有力量，有信心，"让那些内外反动派在我们面前发抖罢！"（毛主席在大会开幕词中语）

这篇通讯情绪饱满，庄重之中透出激昂，是李庄的代表作品之一，它的意义远远超出一般的新闻报道。李庄本人特别珍爱这篇报道，深感自己得到了历史机遇的垂青。

随着10月1日新中国国庆日的确定，人们普遍将1949年10月1日的新中国中央人民政府成立仪式，以及随后的阅兵式和群众游行视为"开国大典"。按照李庄文中记录，9月21日开幕的新政协会议在当时被称为"开

第27章 报道新政治协商会议

1949年9月,政治协商会议第一届全体会议会场。

国盛典"。

李庄这篇稿件发表后引出了一点波折。李庄在回忆录中写道,见报文稿中有"在怀仁堂举行人民新中国开基立业的大典"和"新华门油漆一新"两句话,被一位保密观念特别强的宣传部门负责人当成了问题,他认为这属于"严重泄密",正式向大会宣传组负责人宦乡提出:"这个同志是否适宜参加这种报道值得考虑。"

李庄据理力争,对宦乡说:"我认为根本谈不到泄密问题。开人民政协这是大好事,无法保密,也无须保密。北平只有怀仁堂能开上千人的会,北平最好的汽车在新华门进进出出,能够保密吗?"他还说:"我在特写里写了新华门、怀仁堂,我觉得没有什么错误。新闻里如果不写,我看是个不足。我们应该千方百计扩大政协会议的影响。"看来宦乡同意李庄的意见,说了一句"保密问题以后要多加注意",将这场"官司"了断。①

---

① 《李庄文集》4卷本,人民日报出版社、宁夏出版社2004年版,回忆录编下卷第155—156页。

毛泽东和范长江在1949年政协会议上。

9月22日的《人民日报》6个版，几乎全部刊登与新政协开幕相关的报道。第2版整版是会议上各位代表的发言内容，发言者分别为：刘少奇、宋庆龄、何香凝、张澜、高岗、陈毅、黄炎培和李立三。在第3版上刊登了新疆代表团团长赛福鼎、特邀代表张治中、程潜和美洲华侨代表司徒美堂的讲话内容。

当日第4版接第3版刊登参加此次政协全体会议的代表名单，及北平、天津、石家庄市民欢迎新政协开幕的报道。

当日第5版上开设了"政协代表访问记"专栏，可以看到多位外勤记者的工作。有庆楣（具体名字不详）和陈迹合作的《记工人旗帜赵占魁》及《炮弹大王甄荣典》，有陆灏采写的《子弟兵的母亲戎冠秀》、林洪采写

第27章 报道新政治协商会议

1949年9月23日《人民日报》1版（局部）。

的《射击英雄魏来国》。

这天的《人民日报》对新政协开幕的报道相当充分，但报纸延期出版。从早晨到中午，读者催问电话不断，不少人对报社"不负责任"延期出版报纸提出了意见。李庄在回忆录中说，其实编辑部人员已有预见，并想方设法防止出版延期，问题出在印厂的整版照片制作上。

新政协会议举行了8天，李庄果然按照预想每天采写一篇通讯，刊登于《人民日报》新闻版，人民日报唯有李庄一人享有这个难以企及的机会。从9月23日起，《人民日报》刊登的李庄特写篇名分别为：《艰苦斗争的成果——记人民政协第一届全会第二天》《新纪元开始了——记政协代表关于国旗国都纪元的讨论》《我看见了勇气百倍的信心——记人民政协第四天大会》《热爱领袖、嘲笑敌人——记人民政协第五天大会》《未来是属于

345

我们的——记人民政协第六天大会》《让全世界认识我们的力量——记人民政协第七天大会》《庆贺中华人民共和国的诞生——记人民政协最后一天大会》。

李庄在政协会场上采访，其他记者在会场外采访，完成了多篇人物专访。对王金凤来说，难以忘怀的是采访第二野战军司令员刘伯承。

这次采访于9月下旬进行。王金凤以《人民日报》记者身份提出采访后，刘伯承在约定的时间等候于中南海住处。初次见面，王金凤按照报社的要求，希望刘伯承将军"谈谈毛泽东的军事战略思想"。

刘伯承闻言大笑，对面前的年轻女记者说："你这个娃娃，提这样大的问题。你知道什么是军事战略思想？你呀，就像是小孩子戴大帽子，快盖到肩上了。"

听到刘伯承的笑声，邓小平和贺龙闻声进屋。说管说笑管笑，邓小平和贺龙都支持刘伯承回答记者提问。刘伯承于是答应下来，而且结合地图，详尽讲解了第二野战军在解放战争中的战斗历程。

刘伯承指出，在解放战争开局的岁月里，二野的作战基地——晋冀鲁豫地区及以后的大别山地区，四面八方都是敌人，是谓"四战之地"，二野是在这"四战之地"中冲杀出来的。刘伯承语言简洁、逻辑严密，记忆力十分惊人。几十次战役、成百个地名在他口中徐徐吐出，勾画出宏伟的战争场面。

这天，刘伯承与王金凤整整谈了8小时，中间吃了简便午餐，午后也不休息。告别之际，王金凤带着感激的心情向统帅刘伯承致谢，表示整理出文稿后马上送来审稿。刘伯承摆摆手，"先不忙给我，我是代表二野谈的。你先请出席政协的二野代表们看看，听听他们的意见，补充修改后再送给我。"

王金凤点头答应，连夜写出访问记，第二天赶到二野代表团驻地北京饭店，开座谈会听取意见，回来做了修改，然后将稿件给刘伯承送去。

第 27 章 报道新政治协商会议

1949 年 9 月 24 日《人民日报》1 版（局部）。

两天后，金凤收到了刘伯承审稿。刘伯承用毛笔在原稿上做了修改，不仅使稿件文字简练，结构严谨，更重要的是确定了题目：《四战之地，四战之军》。刘伯承的改动一定不少，金凤又将稿件抄了一遍，把抄件送到了排字房，把刘伯承的改稿留在身边了。

由于采写和修改过程花费了时间，这篇稿件未能在政协会议期间刊出。它于在开国大典之后的 10 月 3 日刊登在《人民日报》第 6 版上，并加上了副标题《刘伯承将军谈第二野战军》。文章刊出后，作者收到不少读者来信，他们纷纷以为作者是一个老资格的军事记者，谁也没有想到，金凤

1949年9月28日《人民日报》1版（局部）。

是一位20岁出头的年轻姑娘。遗憾的是，王金凤在后来的"文革"中遭受磨难，刘伯承的改稿——具有历史价值的珍贵文稿散失了。①

新政协会议产生了新中国的第一届中央人民政府。《人民日报》1949年9月28日1版头条消息报道：

---

① 金凤：《命运》，人民日报出版社2000年版，第102—105页。

第 27 章 报道新政治协商会议

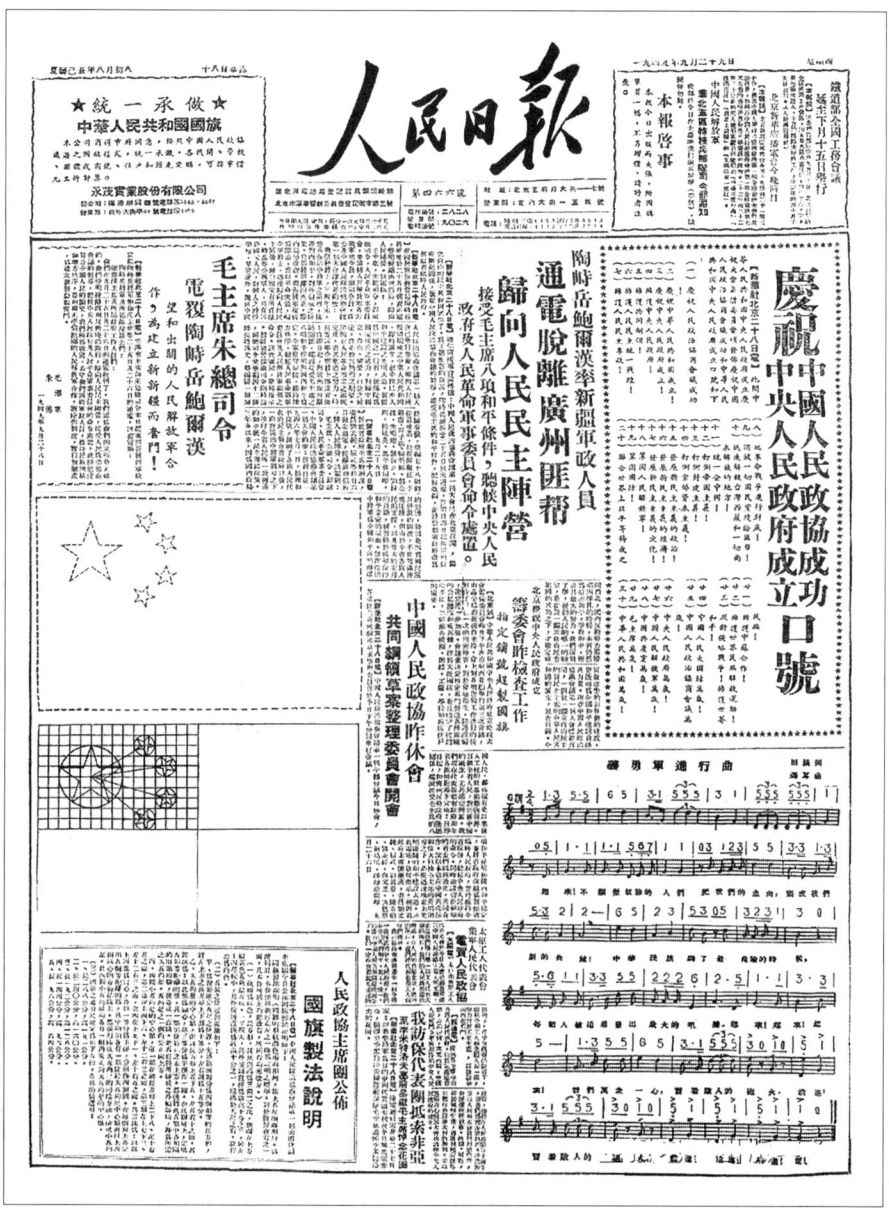

1949 年 9 月 29 日《人民日报》1 版。①

---

① 在这些日子里,《人民日报》版面上曾出现差错。如 10 月 1 日 1 版右下方刊登了《重要更正》:"本报 29 日 1 版所刊《义勇军进行曲》词'最大的吼声'应为'最后的吼声',特此更正。"

人民日报 的诞生

中国人民政协全体会议重大决议：
　　通过中国人民政协组织法
　　通过中央人民政府组织法
　　国都定于北平改名为北京
　　国旗国歌及纪年均已确定

　　新华社北京二十七日电：中国人民政治协商会议第一届全体会议今日继续举行，通过下列重要议案：（一）全体一致通过中国人民政治协商会议组织法；（二）全体一致通过中华人民共和国中央人民政府组织法；（三）全体一致通过中华人民共和国的国都定于北平，自即日起改名北平为北京；（四）全体一致通过中华人民共和国的纪年采用公元，今年为一九四九年；（五）通过在中华人民共和国的国歌未正式制定前，以义勇军进行曲为国歌；（六）通过中华人民共和国的国旗为五星红旗，象征中国革命人民大团结。上述各议案的草案在会前都经过了参加人民政协的各单位周密协商，大会进行期间又组织了专门委员会广泛收集意见，审慎研究修改，所以今日大会的讨论，大部分的发言都是属于个别文字上的修改。每一个议案的通过，都引起全场长时间的热烈鼓掌。

从9月28日起，《人民日报》日出两大张8个版。9月29日的头版头条公布了《庆祝中国人民政协成功、中央人民政府成立口号》共30条。这天的1版左侧刊登了中华人民共和国《国旗法说明》及国旗图案，右下方刊登了作为代国歌的《义勇军进行曲》词谱。

9月30日的《人民日报》1版头条刊登消息《中国人民政协制定人民大宪章，全体一致通过共同纲领，并通过中央人民政府副主席及委员名额、关于选举人民政协全国委员会和中央人民政府委员会的规定、主席团关于

第27章 报道新政治协商会议

1949年9月30日《人民日报》1版。

代表提案的审查报告》。

当天刊登了《中国人民政治协商会议组织法》《中华人民共和国中央人民政府组织法》，刊登了中国人民政协主席团的决定："全国各机关、学校、工厂、部队，除因执行不能休假的任务必须照常工作者外，一律于10月1日、2日、3日放假3天，以庆祝中华人民共和国的成立。"

当天《人民日报》1版左下方刊登了社论《中国人民对全世界的庄严宣告》。指出："中国人民政治协商会议今天全体会议一致通过决议，由即将成立的中央人民政府致电联合国大会，声明中华人民共和国业已成立，中国人民政治协商会议所选举之中央人民政府为唯一能代表中国人民的政府……"

值得关注的是，这天的《人民日报》刊登了关于新疆和平解放的重要消息。有关新闻《陶峙岳、鲍尔汉率新疆军政人员通电脱离广州匪帮，归向人民民主阵营》虽然因为版面稿挤而刊登在第4版，确实在是向新中国献上的一份厚礼。

第 28 章

开国大典：中国人站起来了

公元 1949 年 10 月 1 日，新中国——中华人民共和国中央人民政府成立的日子。当天下午，在北京的天安门广场举行盛大的开国大典。这天的《人民日报》（刊期第 468 号）头版头条注定成为历史的记录——新中国历史第一页。

这天的《人民日报》头版头条新闻是新华社 9 月 30 日电讯：《中国人民政协第一届全体会议胜利闭幕 毛泽东当选中央人民政府主席 朱德刘少奇宋庆龄李济深张澜高岗当选副主席 中央人民政府委员会委员五十六人亦已选出》。版面左上方刊登了毛泽东的大幅照片，左侧和下方是朱德等 6 位副主席的照片。

消息全文是：

新华社北京三十日电：中国人民政治协商会议第一届全体会议在它的最后一天选出了毛泽东为中华人民共和国中央人民政府委员会主席，朱德、刘少奇、宋庆龄、李济深、张澜、高岗六人为副主席。中央人民政府委员五十六人的选举结果如下：陈毅、贺龙、李立三、林伯渠、叶剑英、何香凝、林彪、彭德怀、刘伯承、吴玉章、徐向前、彭真、薄一波、聂荣臻、周恩来、董必武、赛

1949年10月1日,第一面五星红旗即将被毛泽东主席升上旗杆顶端(高粮摄)。

福鼎、饶漱石、陈嘉庚、罗荣桓、邓子恢、乌兰夫、徐特立、蔡畅、刘格平、马寅初、陈云、康生、林枫、马叙伦、郭沫若、张云逸、邓小平、高崇民、沈钧儒、沈雁冰、陈叔通、司徒美堂、李锡九、黄炎培、蔡廷锴、习仲勋、彭泽民、张治中、傅作义、李烛尘、李章达、章伯钧、程潜、张奚若、陈铭枢、谭平山、张难先、柳亚子、张东荪、龙云。

  今天的会议的其他结果是:选举了人民政协全国委员会委员一百八十人(见另电),通过了人民政协第一届全体会议宣言(见另电),通过了给全国人民解放军的致敬电(见另电),通过了竖立"为国牺牲的人民英雄纪念碑"的决定和纪念碑的碑文(见另电)。在今天的会议议程完毕以后,举行了简单而庄重的闭幕式。

今天的会议在下午三点钟开始。会议的第一个和第二个节目就是两项选举——选举人民政协全国委员会和选举中央人民政府委员会的主席、副主席、委员。两项选举用了不同的方法。作为中国人民统一战线最高组织的全国委员会的名单是经过各单位协商的，所以采取了用整个名单付表决的方法，表决的结果是全体一致通过。中央人民政府委员会的主席、副主席和委员的候选名单，也经过各单位的协商，但是由全体代表用无记名联记投票的方法选举。当投票完毕，检票人进行检票时全体代表一致地通过了宣言，向人民解放军致敬电和竖立人民英雄纪念碑办法和碑文，随即到天安门广场举行人民英雄纪念碑奠基典礼。然后代表们回到会场听取关于中央人民政府的选举结果。选举结果的报告引起了会场的狂热鼓掌。当主席宣告毛泽东当选中央人民政府委员会主席时，会场一致起立，热烈鼓掌并欢呼万岁至数分钟之久。人民政治协商会议第一届会议的闭幕式由会议所选出的中央人民政府委员会毛泽东主席、朱德副主席、宋庆龄副主席、刘少奇副主席、李济深副主席，张澜副主席，高岗副主席主持。在毛主席和六位副主席登台时，在毛主席宣布闭幕式开始时，以及在朱副主席致闭幕词时，全场再三地热烈鼓掌欢呼。闭幕式以军乐队合奏义勇军进行曲为结束。在奏乐时，主席台上悬起国旗，全体代表在庄严热烈的空气中起立鼓掌，长久不息。

当日1版上方中间位置的消息是《人民政协第一届全体会议选出全国委员会委员》，全文是：

（新华社北京三十日电）中国人民政治协商会议第一届全体会议在最后一日选举一届中国人民政治协商会议全国委员会。根据

1949年10月1日《人民日报》1版。

二十九日所通过的选举方法，全国委员会是用协商规定的整个名单付表决的方法选举的。候选人名单包括一百八十人，此外留出十八名空额，以便将来容纳新解放地区的适当代表人物。选举的结果是全体代表一致通过了如下的按单位次序排列的名单：

毛泽东，刘少奇，周恩来，林伯渠，董必武，陈云，彭真，王稼祥，李维汉。

李济深，陈劭先，朱蕴山，李任仁，余心清；

郭春涛，王昆仑；

蔡廷锴，蒋光鼐。

张澜，罗隆基，周新民，楚图南，曾昭抡；

沈钧儒，沙千里；

章伯钧，郭冠杰。

黄炎培，章乃器，胡厥文，施复亮，陈巳生。

郭沫若，马寅初，张奚若，李达，符定一。

马叙伦，许广平。

陈其尤，陈演生。

许德珩，黎锦熙。

谢雪红，蔡乾。

冯文彬，蒋南翔，萧华。

马明方，杨明轩。

杨秀峰，蓝公武。

张鼎丞，荣德生。

林枫，车向忱。

黄克诚，张轸。

方方，陈汝棠。

乌兰夫，奎璧。

张友渔，周叔韬。

杜国庠，任谦。

朱德，徐向前。

彭德怀，赵寿山。

邓小平，高树勋。

粟裕、何基沣。

林彪，陈明仁。

陈漫远，吴奇伟。

刘宁一，刘长胜，刘子久，张维桢，易礼容，李凤莲。

邓颖超，李德全，史良，陈少敏，张琴秋，沈兹九。

张晔，王国华，谭余保，胡明，李景膺，李秀真。

廖承志，钱三强，吴晗。

谢邦定，方光宇，宋锡恒。

陈叔通，盛丕华，李范一，简玉阶，包达三，宋棐卿。

刘晓，潘汉年，朱俊欣，蒉延芳。

沈雁冰，周扬，郑振铎。

梁希，李四光，侯德榜。

陈绍禹，邓初民，樊弘。

成仿吾，叶圣陶，林砺儒。

胡乔木，金仲华，王芸生。

潘震亚，宦乡，李承干。

吴鸿宾，张冲，朱早观，天宝，朱德海，王国兴。

陈嘉庚，司徒美堂，戴子良，蚁美厚，庄明理，费振东。

吴耀宗，马坚，赵朴初。

宋庆龄。

陶孟和，董鲁安，钱昌照。

萨镇冰，李书城，张元济，何燏时，黄琪翔，李明灏，李明扬，宁武。

陈瑾昆，陈其瑗，张文，冷遹。

张治中，邵力子，章士钊，黄绍竑，颜惠庆，江庸。

程潜，傅作义，邓宝珊，董其武，林遵，邓兆祥，刘善本。

周信芳，梅兰芳。

赛福鼎，阿不哈依尔吐烈。

赵占魁，李时良。

《人民日报》在1版中间位置刊登消息《中央人民政府成立盛典今日在首都隆重举行》：

本报讯：一九四九年十月一日（今日）中央人民政府委员会暨中国人民政治协商会议第一届全体代表齐集天安门，参加中华人民共和国中央人民政府成立典礼。北京各机关团体工人学生市民数十万人将参加盛典。据悉，大会典礼程序如下：

大会程序

一、中央人民政府秘书长宣布开会。

二、中央人民政府主席就位，副主席就位，委员就位。

三、奏义勇军进行曲。

四、中央人民政府主席宣布中华人民共和国中央人民政府成立，并升国旗（同时鸣礼炮。礼炮毕，奏义勇军进行曲）。

五、中央人民政府主席宣读中央人民政府公告。

六、阅兵（1.中国人民解放军总司令检阅；2.中国人民解放军总司令下达阅兵命令；3.进行分列式）。

七、游行。

这天的《人民日报》第2版，刊登了开国社论《中华人民共和国万岁》：

前程无限光辉的中华人民共和国已经诞生，四万万七千五百万中国人民开始自己当权管理国家，我们这个古老的东方民族揭开了历史的新的巨册。

中国人民政治协商会议，代表全国人民，执行全国人民代表大会的职权，在今天已经闭幕。这个会议的主要工作有三类：一是通过了人民政协组织法，中央人民政府组织法和人民政协共同纲领；二是选举了中央人民政府委员会的主席、副主席和委员，选举了人民政协全国委员会；三是决定了国都、国歌和纪年方法，制定了国旗。这个会议的伟大成就，会上各位代表的发言中已经说得很多。这里我们对会议所通过的三个文件说一些意见。

中国人民政治协商会议所通过的共同纲领，是全国人民意志和利益的集中表现，是革命斗争经验的总结，也是中华人民共和国在相当长的时期内的施政准则。这个共同纲领规定我们中华人民共和国是新民主主义即人民民主主义的国家；政权是中国工人阶级、农民阶级、小资产阶级、民族资产阶级及其他爱国民主分子的人民民主统一战线政权，而以工农联盟为基础，以工人阶级为领导；目标是反对帝国主义、封建主义和官僚资本主义，为中国的独立、民主、和平、统一和富强而奋斗。它给我们新生的中国，订定了政权机构、军事制度以及经济政策、文化教育政策、民族政策、外交政策的总原则。它保障了全中国人民广大范围的民主权利，也规定了人人必须遵守的若干义务。这原本是中国共产党的最低纲领，即新民主主义纲领，现在已被各民主党派、各人民团体、各民主阶级、各少数民族、海外华侨及其他爱国民主分子所一致接受,成为新中国的建设蓝图。这个蓝图,完全切合中国的国情和人民的理想。事实上它已经不只是一个理想,因为中国人民很久以来,特别是从抗日战争以来,就已在按照它的基本轮廓动手从事建筑,而且已经获得胜利的成果和丰富的经验了。有了这个历史的基础,有了全国各级人民政府的统一领导,有了全国各民主党派各人民团体的一致支持,和强大的人民解放军的忠贞保障,我们相信这个纲领一定能在最近数年内完满地实现。

中华人民共和国中央人民政府组织法,其基本特点是规定:"中华人民共和国是工人阶级领导的,以工农联盟为基础的,团结各民主阶级及中国境内各民族的人民民主专政的国家。""中华人民共和国政府是基于民主集中原则的人民代表大会制的政府。"(见该法总纲第一、二两章)这是新民主主义的政权。它不同于资产阶级的旧民主主义政权。因为旧民主主义政权是资产阶级一个阶级的专政,是压迫广大人民的工具。资产阶级的议会制度和三权分立办法,其目的只是便利于统治阶级内部不同的派别之间争权夺利、分赃肥私;同时也是为了便利于统治阶级玩弄政治手腕,欺骗和压榨劳动人民。我们的新民主主义政权也不完全相同于苏联的社会主义政权和东欧各国的人民民主政权。苏联是一个已经消灭了阶级的社会主义国家,它的政权是工人、农民和知识分子的联盟。东欧各国正在实现社会主义。而中国的新民主主义政权则有工人阶级、农民阶级、小资产阶级和民族资产阶级四个阶级参加。但是,在属于世界反帝国主义阵营,以工人阶级的革命政党为领导力量和实行民主集中制这几点上,中国现在的新民主主义政权,却是与苏联的社会主义政权和东欧各国人民民主政权相同的。在中国新民主主义的民主集中制中,"人民行使国家政权的机关为各级人民代表大会和各级人民政府。各级人民代表大会由人民用普选方法产生之。各级人民代表大会选举各级人民政府。各级人民代表大会闭会期间，各级人民政府为行使各级政权的机关。国家最高政权机关为全国人民代表大会。全国人民代表大会闭会期间，中央人民政府为行使国家政权的最高权力机关。""人民代表大会向人民负责并报告工作。人民政府委员会向人民代表大会负责并报告工作。在人民代表大会和人民政府委员会内，实行少数服从多数的制度。各下级人民政府均由上级人民政府加委并服从上级人民政府。全国各级人民政府均服从中央政府。"（见共同纲领第十二条和第十五条）这是高度民主基础上的高度集中，最真正的人民民主，是资产阶级虚伪的民主所绝对不可比拟的。

中国人民政治协商会议组织法的通过，标志着中国人民民主统一战线在组织上的完成。这个统一战线具有广大的代表性，其组织成份包括工人阶级、农民阶级、革命军人、知识分子、小资产阶级、民族资产阶级、少数民族、国外华侨及其他爱国民主分子的代表；但又具有高度的严肃性，一切反动分子不被允许参加。结成这个统一战线的宗旨，已在该法的总则表明，就是经过各民主党派和人民团体的团结去团结全中国各民主阶级、各民族，共同努力，实行人民政协的共同纲领。这个统一战线内部实行高度民主，凡参加单位对中国人民政协全体会议及全国委员会所通过的决议，如有不同意见，得保留至下届会议提出讨论，而对重要决议根本不同意时，且有声请退出的自由；但另一方面，又具有严格纪律，凡参加单位及代表对中国人民政协全体会议及全国委员会所通过的决议，均有信守及实行的义务，如有违反中国人民政协组织法、共同纲领或重要决议而情节严重者，得分别予以处分。这个中国人民民主统一战线组织——中国人民政治协商会议，在普选的全国人民代表大会召开以前，代行了全国人民代表大会的职权，而在人民代表大会召开以后，仍将长期地存在，成为各民主党派，各人民团体团结的形式和协商的机关。它将由全体会议产生全国委员会，并在中心城市、重要地区及省会，设立地方委员会，继续进行活动。中国共产党和中国人民二十八年来一向主张建立民族统一战线。第一次大革命时，中国共产党即曾与孙中山先生建立这种合作关系，因而能够推动中国人民革命，并在此基础上举行胜利的北伐战争。在蒋介石叛变以后，中国共产党仍然坚持革命统一战线的方针。经过土地革命战争时期和抗日战争时期的曲折发展，现在才在新的形势下，结成新的空前强大的人民民主统一战线。这个新的统一战线，有着中国共产党的被众所公认的领导地位，有着中国人民的空前的觉悟程度和组织力量的监督，而又有着共同纲领和人民政协的组织法作为共同信守遵行的章则，这就足以充分地保证它的巩固和健全了。

中国人民政治协商会议已经完成了很好的工作。它为全国人民制定了国家的根本大法，选举了以毛泽东主席为首的中央人民政府。现在，放在我们全国人民面前的任务是什么呢？是在中国共产党领导之下，紧紧地团结在中央人民政府周围，不折不扣地执行共同纲领和大会其他决议，使它们变成群众的实际行动。是监督各级人民政府和一切民主党派、人民团结忠实地履行这些国家的根本大法，使人民的意志得以迅速地而又有步骤地成为国家的现实。是协助政府，把革命进行到底，肃清公开的和隐藏的反革命残余力量，治愈战争的创伤，恢复和发展人民的经济事业和文化教育事业，巩固国防，使我们新中国富强起来。是爱护我们新生的祖国，加强人民民主政府的力量，和以苏联为首的爱好和平民主的国家和人民团结在一起，以保障中国人民革命胜利的果

1949年10月1日《人民日报》2版。

实,并促进世界的和平与自由。中华人民共和国万岁!

10月1日《人民日报》第2版上方和左侧刊登了新当选的中央人民政府委员50人的照片(另有6人因无照片暂缺)。2版中间位置刊登了2条文稿和消息,分别为《中国人民政治协商会议第一届会议宣言》《全国政协全体会议致电慰问全国人民解放军》。2版下方为3条消息《朱副主席闭幕词》《人民英雄纪念碑奠基》以及《拉科西致电毛主席祝贺中华人民共和国成立》。其中"人民英雄纪念碑奠基"是重要的历史文献。消息全文为:

革命先烈永垂不朽!
为国牺牲的人民英雄纪念碑 昨在首都隆重奠基 毛主席宣读碑文

(新华社北京三十日电)中国人民政治协商会议第一届全体会议为纪念在人民解放战争和人民革命中牺牲的人民英雄,一致决定在首都北京天安门外建立一个为国牺牲的人民英雄纪念碑,并在通过决议后遂即在天安门广场举行了纪念碑的奠基典礼。纪念碑的碑文如下:

三年以来,在人民解放战争和人民革命中牺牲的人民英雄们永垂不朽!

三十年以来,在人民解放战争和人民革命中牺牲的人民英雄们永垂不朽!

由此上溯到一千八百四十年,从那时起,为了反对内外敌人,争取民族独立和人民自由幸福,在历次斗争中牺牲的人民英雄们永垂不朽!

纪念碑奠基典礼是在全体会议最后一天的下午六时举行的。

当各代表就位后，周恩来代表主席团在严肃的空气中致词说："我们中国人民政治协商会议第一届全体会议为号召人民纪念死者，鼓舞生者，特决定在中华人民共和国首都北京建立一个为国牺牲的人民英雄纪念碑。现在，一九四九年九月三十日，我们全体代表在天安门外举行这个纪念碑的奠基典礼。"

在周恩来致辞之后，全体代表均脱帽静默致哀。默哀毕，毛泽东主席宣读纪念碑的碑文。

典礼的最后的节目是奠基。在举行奠基仪式时，毛泽东主席和各单位首席代表一一执锹铲土并表示他们对于先烈的崇敬。

当日《人民日报》第 3 版是国际消息，头条是《全世界人民向中国人民致贺 欢迎我人民共和国成立》。这一版上消息较多，覆盖面较广泛，基本上都是新华社国外电讯，重大事件性消息较少。值得后人注意的是，在第 3 版上方刊登了电讯《苏（联）声明废除苏（联）南（斯拉夫）条约》。①

李庄的第 8 篇特写《庆贺中华人民共和国的诞生》刊登在 10 月 1 日第 4 版左上方，记录了 9 月 30 日政协闭幕典礼上，朱总司令致闭幕词时的宣告："我们全体一致宣告了中华人民共和国的诞生。"

这时候，会场中各种灯光齐明，掌声，如急风骤雨。主席台上展开一幅巨大的国旗，鲜红中泛着金光；乐队三奏国歌，人们屏息凝神，鼓掌应和。一种说不出的激奋情绪弥漫会场。是欣慰？是感激？每一个经过长期艰苦斗争的人都是懂得的。我们出生入死，英勇奋战，究竟为了什么？就是为了人民的大翻身，为了一个人民共和国。现在，我们的理想已经变成了现实，我们的

---

① 这条消息的副标题是对南斯拉夫政府的负面认识，称"铁托政府已成为帝国主义侵略工具"。历史证明，这条消息的内容是缺乏根据的。

努力开花结果了。每一个爱国的中国人,都来为人民的胜利而歌唱吧!

李庄笔下的这番情感,若不是亲身经受过战火中出生入死的考验,是不容易写出来的。李庄在特写中记录了毛泽东当选为中央人民政府主席的场景:乐队高奏《东方红》,"全场代表一致起立,热烈鼓掌"。面对这个历史性场面。李庄写道:

> 毛主席和六位副主席在持久的掌声中走上主席台。毛主席宣布:"我们的会议已完满成功,现在举行闭幕式。"朱总司令走到麦克风前,宣读了闭幕词。我们的开国盛典至此胜利结束,新中国的远大将来方在开始。

李庄的文稿在当晚写下最后一个句号的时候,庆祝新中国诞生的天安门广场阅兵式和群众欢庆游行——后人通常指谓的"开国大典"就要开始了。①

10月1日午后,参加开国大典的人民日报工作人员组队进入天安门广场,在国旗南边不远处列队,聆听领袖讲话,观看盛大阅兵式。

《人民日报》记者分派到不同地点:首席记者李庄登上天安门城楼,来到毛泽东身边采访。按照预先的分派,林韦的任务是报道开国大典仪式,王金凤采访参加游行的学生队伍,陈柏生采访新组建的人民解放军空军,寒青采访开国大典当夜的狂欢。

陈柏生说,开国大典当天乘坐空军的飞机飞过天安门广场上空是她人

---

① 第6版继续刊登记者对新政协代表的访问记,分别是陈浚的《钳工郭尚义说要认真往好里干》,冯仲的《李烛尘谈工业建设》,陈迹采写的《访问左协中》,林沫采写的《彝族代表张冲》,还有纪青采写的《访问周信芳》。

人民日报记者部1949年夏合影。

生最精彩的篇章。

因为有前期采访新政协空军代表的准备,接受任务后的陈柏生前往空军部队联系,办妥了10月1日乘飞机飞临天安门广场上空的各种手续。指挥部安排,当天对受阅空军机群的现场文字采访由人民日报记者负责,陈柏生和张家炽获准登机采访,另有摄影记者同时登机。

张家炽(他当时在《人民日报》发表报道多用"家炽"的署名——本书作者注)和陈柏生同样年轻,出生于1924年,浙江湖州人,抗日战争中考入在昆明的西南联大,抗战胜利后"复员"到清华大学外文系,是王金凤的同学。他是进步学生运动的积极参加者和组织者,北平解放后入党。《人民日报·北平版》创刊,他即调入成为活跃的外勤记者。①

新中国诞生这天清早,陈柏生梳好两条小刷辫,穿上崭新的银灰色列

---

① 张家炽(1924—1986),北平解放后到《人民日报》任记者,1951年调新华社上海分社,后调新华社国内部任编辑、组长、编委等职。1981年参加创办《经济参考》报,任副总编辑。

宁服——当时最流行的职业女装，爱美的天性使她将白衬衫衣领翻在制服领子外边。她挎上绿色的帆布包，里面装好了笔记本、笔和稿纸。午后，报社派出一辆吉普将她和张家炽送到了空军战斗机群所在的南苑机场。解放军空军飞行员在这里整装待发，其中就有他们不久前采访过的最早从国民党空军起义，飞到延安的刘善本。

陈柏生和张家炽坐进了参加受阅飞行的教练机。陈柏生记下该机飞行员姓王，是1949年春天驾机起义的。

机场上的所有飞机均是美国制造，油饰一新。下午4时，在天安门广场阅兵式已进行一小时之际，南苑机场塔台接到起飞命令，受阅飞机一架接一架飞上天空。

陈柏生第一次乘坐飞机，心中充满了新奇感和激动，后来她在回忆录中写道："我从飞机的舷窗口，看到田地、村庄、工厂、绿树、白塔……慢慢地向身后移动。祖国啊，让我好好看看你吧！今后的看和记就是我最重要的任务。"

受阅机群在北京通县双桥铁塔上空会合、编队。下午4时20分，空军指挥部发出前进命令，受阅飞机编队即向天安门广场飞去。

在飞机上的陈柏生和张家炽，看到了庄严雄伟的天安门广场，看到了一片金色琉璃瓦的故宫，看到了在天安门广场海潮般的人群。陈柏生后来写道："我的心因狂喜而跳跃。祖国啊，请检阅我们的队伍吧！飞机上，每一个人都想飞低一点，飞慢一点，好仔细端详共和国开国大典的盛况。在首都北京沉浸在这欢乐海洋中的时刻，我甚至希望我们的飞机能在祖国的心脏——天安门上空飞翔一圈，亲吻一下我们祖国升起的第一面五星红旗。"

坦克群正在天安门前隆隆通过。这时，飞机出现了，和坦克同时出现了。站在天安门城楼上的毛泽东向空中的战鹰挥手。

当晚，朱德总司令在北京饭店宴请陆海空受阅代表，他举杯向空军祝贺说:"从今天开始,我才是真正的三军总司令。"

陈柏生乘坐的飞机飞离天安门上空后即返回南苑机场。陈柏生走下飞机仍觉得精神抖擞,张家炽却有些不适应空中飞行。他们赶回报社时已是傍晚,张家炽身体还没有完全恢复,陈柏生顾不上吃饭,伏案疾书,很快写出特写《飞行在人民首都的上空》。写完的稿件通过编辑立即交给排字房排版。

在开国大典的日子里,年轻人的精力是无穷的。交出了稿件,陈柏生跑出编辑部,和同伴们一起去天安门城楼下,参加提灯游行晚会的采访。[1]

这天,来到天安门广场亲身参加开国大典的人民日报工作人员无不心情激动,经理部副经理程庆丰是其中之一。半个世纪以后,年届90岁高龄的程庆丰回忆说,看到阅兵分列式的队伍走来,看到游行的队伍走来,"我心情的激动是语言无法描述的。我突然想到了战争岁月里在身边倒下的烈士们。为了今天的美好场面,他们牺牲了,看不到眼前这一切了!我不禁流下了眼泪。我要加倍勤奋工作,告慰牺牲的战友!"[2]

---

[1] 2007年8月27日在北京采访陈柏生的记录,参见陈柏生的回忆文章《难忘的历史画卷——我参加了开国大典的空中采访》,见《人民日报社社史资料选编》,人民日报社社史资料征集办公室编,第8期。

[2] 2002年8月25日在北京访问程庆丰的记录。

第 29 章

记录新中国诞生的日子

10月2日《人民日报》1版头条，是对前一天开国大典盛况的记录：

首都三十万人齐集天安门广场隆重举行庆祝典礼
中华人民共和国中央人民政府成立
毛泽东主席宣读中央人民政府公告
朱总司令检阅海陆空军宣读人民解放军总部命令

（新华社北京一日电）中华人民共和国中央人民政府毛泽东主席，今日在新中国首都宣布中华人民共和国中央人民政府公告。这是在北京庆祝中华人民共和国中央人民政府成立的典礼上宣布的。典礼在北京天安门前举行，参加这个典礼的有中国人民政协全体代表和首都各工厂职工、各学校师生、各机关人员、市民、近郊农民和城防部队共三十万人。主席台设在天安门城楼上，面对着列满群众和飘扬满红旗的人民广场。当毛泽东主席在主席台上出现时，全场沸腾着欢呼和掌声。

下午三时，中央人民政府委员会秘书长林伯渠宣布典礼开始。中央人民政府主席、副主席、各委员就位，乐队奏义勇军进行曲，

1949年10月1日下午,在天安门城楼上的毛泽东主席。

毛泽东主席宣布说:"中华人民共和国中央人民政府已于本日成立了。"毛主席亲自开动有电线通往广场中央国旗旗杆的电钮,使第一面新国旗在新中国首都徐徐上升。这时,在军乐声中,五十四门礼炮齐鸣二十八响。毛主席宣读中央人民政府公告(见另电)。

第29章 记录新中国诞生的日子

1949年10月1日，左起：刘少奇、毛泽东、刘伯承、陈毅在天安门城楼上。

毛主席宣读公告完毕，阅兵式开始。阅兵式由人民解放军朱德总司令任检阅司令员，华北军区司令员兼京津卫戍区司令员聂荣臻将军任阅兵总指挥。朱总司令驱车检阅各兵种部队回到主席台上宣读人民解放军总部命令。受阅部队随即分列经主席台前由东向西行进，前后历时三小时。受阅部队以海军两个排为前导，接着是一个步兵师、一个炮兵师、一个战车师、一个骑兵师，相继跟进。空军包括战斗机、蚊式机、教练机共十四架在全场上空自东向西飞行受阅。在阅兵式中，全场掌声像波浪一样，一个高潮接着一个高潮。

阅兵式接近结束时，天色已晚，天安门广场这时变成了红灯的海洋。无数的彩色火炮从会场四周发射。欢呼着的群众在阅兵式完毕后开始游行。当群众队伍经主席台附近走出会场时，"人民共和国万岁！""毛主席万岁！"的口号声响入云霄。毛主席在扩音机前大声地回答着："同志们万岁！"毛主席伸出身子一再地向群众招手，群众则欢呼鼓掌，手舞足蹈，热情洋溢，不能自已。当游行的队伍都已有秩序地一一走出会场时，已是晚间九点二十五分。举着红灯游行的群众像火龙似的穿过全城，使新的首都浸在狂欢里直到深夜。

这篇消息是新华社记者撰写的，人民日报记者林韦写了另一篇通讯，刊载在10月2日《人民日报》第4版头条位置上，题目是《记中央人民政府成立盛典》，与新华社的稿件互为映衬：

记中央人民政府成立盛典

林韦

中华人民共和国中央人民政府正式宣告成立了！这一声震撼世界的巨响，由中国四亿七千五百万人民的伟大领袖、中华人民共和国中央人民政府毛泽东主席在北京天安门上庄严响亮地喊出的时候，参加盛典的三十万群众中爆发了经久不息的欢呼，红底五星的国旗徐徐升上二十二公尺的高竿，五十四门大炮齐鸣，军乐队奏起十多年前曾经激发了无数万爱国人民向日本帝国主义冲锋前进的义勇军进行曲。时间是十月一日下午三时。

经历过无数次深重灾难的中华民族与中国人民将永远记得这个可珍贵的时刻：它宣布了旧中国完全死亡，宣布了人民的新中国的诞生。中国，中国人，将不再是屈辱的殖民地与殖民地奴隶的代名词，而要永远地受到全世界爱好和平民主的人民的尊敬了。中国人民从此有了屹立于世界和平民主阵营的祖国，有了真能保护自己，代表自己的政府。受过多少代封建帝王直接统治与日本法西斯、蒋家小朝廷血腥屠杀的北京人民,将更加清晰地永远记得这个可珍贵的时刻。密林般飘扬在高空的红旗,无数红色的五星灯、圆灯、各种兵器与镰刀斧头,都在"中华人民共和国万岁""中央人民政府万岁""毛主席万岁"的巨幅标语下标志出人们一致的强烈愿望:要巩固自己的祖国与人民政府。所以,在朱总司令检阅人民的海陆空军部队与这些部队在会场中心举行分列时,群众中涌起了同样狂热的欢呼。整整两个半钟头的检阅,许多人连坐也没坐一下。电影机、照相机、望远镜和几十万双眼睛,一直集中凝结在受检阅的部队身上,生怕看不清或漏过任何一个可以看得到的武器与战士。

人民的武装部队两个半小时的检阅,给予人民的是更加坚固的胜利信心。我国年青的海军部队与空军部队,第一次公开的列队出现在人民领袖和广大人民的面前了。海军陆战队整齐的步伐、焕发的精神,使人坚信它们既从无变成有,必将从小变成大。随着我们伟大祖国的繁荣鼎盛,我们会建设起一支强大的海军。空军成列成队地飞过会场的上空,人丛中帽子飞舞起来,手巾挥舞起来,手里拿着的报纸和其他物件都飞舞起来。人们随着军乐队奏出的解放军进行曲的响亮节奏拍着手,合着拍子,发出这样那样的声音,几十万的脉搏同速地跳动。

步兵部队、炮兵部队、战车部队与骑兵部队以等距离、等速度整连整团整师地稳步行进,是检阅中历时最长的一段,一直顶到太阳西下。但是,人们不厌其多,不厌其久;人们互相询问着:"这是什么炮呀?""这是什么人呀!"每个人都把别人当成全知者,想更多地得到对自己部队的知识。指挥台上久经战阵的军官们向身旁的非部队人员不断地解答着:"头两辆并排的小吉普车是指挥员和政委,后两辆是参谋长和政治主任,后面一辆是旗兵,这队野炮是日式九零野炮,能打三十华里,这是美国的十五生(原文如此,似应为150毫米口径——本书作者注)的大榴弹炮,这是中型坦克,这是装甲车营……"所有摩托车与战车、炮车……都是油漆了的,装了红星与八一字样,轮子一圈白,颜色壮美而一致。这是人民的战士们加意装饰了的。

往西长安街看,不知部队已走出多少里;往东长安街看,不知还有多少里长的部队准备走进会场来,人们越看越振奋,觉得自己祖国的武装力量已是如此地强大。骑兵部队的许多连队最后以极整齐的五马并跑经过主席台前时,激起多次的热烈鼓掌。不仅跑的齐,而且马的颜色也是以各个连队为单位,要白全白,要红全红。

最后一队骑兵跑过去的时候,天安门紫壁上的太阳灯、各色灯光在黄昏里开始发亮,人丛里的灯笼火把都点着了火,全场一片火光红浪;爆花筒向高空成群成群地放出红色、绿色、雪白色火球,拉着无数美艳的火丝,回头下降,哗哗拍拍响成一片。东西长安街上夹道的人群,开始围观提灯游行的漫长行列,交互地喊起"中华人民共和国万岁""中央人民政府万岁""毛主席万岁"的欢声。

和头版头条消息刊登在一起的,是天安门广场上升起的第一面五星红旗——中华人民共和国国旗。报纸右上方报眼位置是毛泽东主席在开国大典上宣读中央人民政府公告的照片。左上角刊登了朱德总司令阅兵的照片。

1版上方第二条消息是《中央人民政府委员会首次会议 正副主席及委员宣布就职》。

副标题是:

林伯渠被选为秘书长;任命:周恩来:政务院总理兼外交部长,

第29章 记录新中国诞生的日子

1949年10月1日下午,朱德在开国大典上宣读《中国人民解放军总部命令》。

毛泽东:人民革命军事委员会主席,朱德:人民解放军总司令,沈钧儒:人民最高法院院长,罗荣桓:人民检察署检察长。

消息正文是:

(新华社北京一日电)中央人民政府委员会今日下午二时举行第一次会议。出席会议者有中央人民政府主席毛泽东,副主席朱德、刘少奇、宋庆龄、李济深、张澜、高岗,委员陈毅、贺龙、李立三、林伯渠、何香凝、刘伯承、吴玉章、彭真、薄一波、周恩来、董必武、赛福鼎、陈嘉庚、罗荣桓、乌兰夫、徐特立、蔡畅、刘格平、马寅初、陈云、马叙伦、郭沫若、张云逸、邓小平、高崇民、沈钧儒、沈雁冰、陈叔通、司徒美堂、李锡九、黄炎培、蔡廷锴、彭泽民、张治中、傅作义、李烛尘、章伯钧、程潜、张奚若、陈铭枢、谭平山、张难先、柳亚子、张东荪当即宣布就职，中央人民政府即于本日成立。中央人民政府委员会随即互选林伯渠为秘书长，任命周恩来为中央人民政府政务院总理兼外交部部长，毛泽东为中央人民政府人民革命军事委员会主席，朱德为人民解放军总司令，沈钧儒为中央人民政府最高人民法院院长，罗荣桓为中央人民政府最高检察署检察长，并责成上列诸负责人员从速组成各项政府机关，推行各项政府工作。会议决定接受中国人民政治协商会议共同纲领为中央人民政府的施政方针。会议又决定向各外国政府宣布中华人民共和国中央人民政府为中国唯一合法政府，愿与遵守平等、互利及互相尊重领土主权原则的任何外国政府建立外交关系。

1版左上方刊登了《中华人民共和国中央人民政府公告》：

中华人民共和国中央人民政府公告

自蒋介石国民党反动政府背叛祖国，勾结帝国主义，发动反革命战争以来，全国人民处于水深火热的情况之中。幸赖我人民解放军在全国人民援助之下，为保卫祖国的领土主权，为保卫人民的生命财产，为解除人民的痛苦和争取人民的权利，奋不顾身，英勇作战，得以消灭反动军队，推翻国民政府的反动统治。现在人民解放战争业已取得基本的胜利，全国大多数人民业已获得解放。在此基础之上，由全国各民主党派、各人民团体、人民解放军、各地区、各民族、国外华侨及其他爱国民主分子的代表们所

第29章 记录新中国诞生的日子

1949年10月2日《人民日报》1版。

组成的中国人民政治协商会议第一届全体会议业已集会，代表全国人民的意志，制定了中华人民共和国中央人民政府组织法，选举了毛泽东为中央人民政府主席，朱德、刘少奇、宋庆龄、李济深、张澜、高岗为副主席，陈毅、贺龙、李立三、林伯渠、叶剑英、何香凝、林彪、彭德怀、刘伯承、吴玉章、徐向前、彭真、薄一波、聂荣臻、周恩来、董必武、赛福鼎、饶漱石、陈嘉庚、罗荣桓、邓子恢、乌兰夫、徐特立、蔡畅、刘格平、马寅初、陈云、康生、林枫、马叙伦、郭沫若、张云逸、邓小平、高崇民、沈钧儒、沈雁冰、陈叔通、司徒美堂、李锡九、黄炎培、蔡廷锴、习仲勋、彭泽民、张治中、傅作义、李烛尘、李章达、章伯钧、程潜、张奚若、陈铭枢、谭平山、张难先、柳亚子、张东荪、龙云为委员，组成中央人民政府委员会，宣告中华人民共和国的成立，并决定北京为中华人民共和国的首都。中华人民共和国中央人民政府委员会于本日在首都就职，一致决议：宣告中华人民共和国中央人民政府的成立，接受中国人民政治协商会议共同纲领为本政府的施政方针，互选林伯渠为中央人民政府委员会秘书长，任命周恩来为中央人民政府政务院总理兼外交部部长，毛泽东为中央人民政府人民革命军事委员会主席，朱德为人民解放军总司令，沈钧儒为中央人民政府最高人民法院院长，罗荣桓为中央人民政府最高人民检察署检察长，并责成他们从速组成各项政府机关，推行各项政府工作。同时决议：向各国政府宣布，本政府为代表中华人民共和国全国人民的唯一合法政府。凡愿遵守平等、互利及互相尊重领土主权等项原则的任何外国政府，本政府均愿与之建立外交关系。特此公告。

中华人民共和国中央人民政府主席　毛泽东

一九四九年十月一日

第29章 记录新中国诞生的日子

1949年10月2日《人民日报》2版。

这天 1 版的下半版中间位置，刊登了《中国人民解放军总部命令》：

公历一九四九年十月一日于北京

全体战斗员，指挥员，政治工作人员和后勤工作人员同志们！

中华人民共和国的武装部队，今天和全体人民在一起，共同来庆祝中华人民共和国中央人民政府的成立。

我们中华人民共和国的武装部队，在反对美国帝国主义所援助的蒋介石反动政府的革命战争中，已经取得了伟大的胜利。敌人的大部分已经被歼灭，全国的大部分国土已经解放。这是我们全体战斗员、指挥员、政治工作人员和后勤工作人员一致努力英勇奋斗的结果。我向你们表示热烈的庆祝和感谢。

但是现在我们的战斗任务还没有最后完成。残余的敌人还在继续勾引外国侵略者，进行反抗中华人民共和国的反革命活动。我们必须继续努力，实现人民解放战争的最后目的。

我命令中国人民解放军全体指战员工作员，坚决执行中央人民政府和伟大的人民领袖毛主席的一切命令，迅速肃清国民党反动军队的残余，解放一切尚未解放的国土，同时肃清土匪和其他一切反革命匪徒，镇压他们的一切反抗和捣乱行为。

在人民解放战争中牺牲的人民英雄们永垂不朽！

中国人民大团结万岁！

中华人民共和国万岁！

中央人民政府万岁！

毛主席万岁！

中国人民解放军总司令　朱德

第 29 章 记录新中国诞生的日子

1949 年 10 月 2 日《人民日报》3 版。

10月2日1版左下角是人民日报社论《不可战胜的人民国家》，全文为：

不可战胜的人民国家

全中国和全世界人民都将会永远记住一九四九年十月一日这一天，在中华人民共和国首都北京的庆祝大会上，由中国人民伟大领袖毛泽东主席所宣布的中华人民共和国中央人民政府公告，与中国人民解放军朱德总司令的阅兵命令和中国人民的陆、海、空军各武装部队的大检阅同时，以无比的巨响震撼着全世界。他宣布了中华人民共和国的诞生；他宣布了代表中华人民共和国全国人民的唯一合法政府——中央人民政府的成立。

一个世纪以来中国人民奋斗的理想业已成为伟大的现实，四万万七千五百万中国人民的空前大团结已经产生了中国人民自己的空前强有力的政府。这个政府，由于它是在中国共产党领导的中国人民解放战争和人民革命推翻了国民党政府的反动统治、取得了伟大胜利的基础上建立起来的；由于它是在全国各民主党派、各人民团体、人民解放军、各地区、各民族、国外华侨及其他爱国民主分子所结成的最广泛的统一战线及其代表所组成的中国人民政治协商会议大团结的基础上建立起来的；由于它是以工人阶级为领导的、以工农联盟为基础的、团结各民主阶级和国内各民族的人民民主专政，并采取了适合于人民民主专政的议行合一的民主集中制，因此，它就必然成为中国历史上空前未有的唯一能够得到全国人民的热烈拥护、唯一能够真正统一全中国、唯一能够担负新中国艰巨的建设任务的、最廉洁、最有效率和最强有力的政府。中国人民多少年来渴望着这样的政府而不可得，今天得到了。全国人民如此欢欣鼓舞地庆祝中华人民共和国中央人

第29章 记录新中国诞生的日子

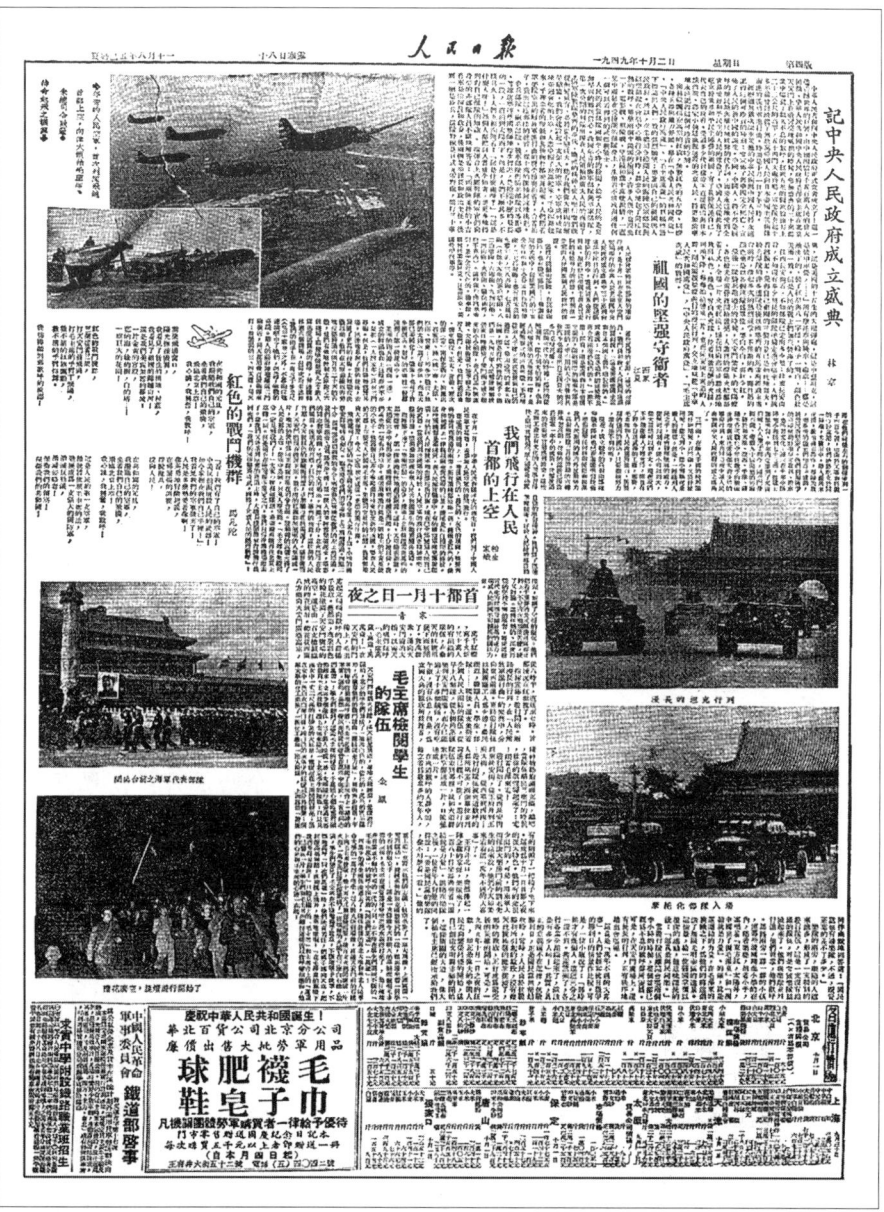

1949年10月2日《人民日报》4版。

民政府的成立是极当然的，从帝国主义、封建主义和官僚资本主义的重重压迫和长期黑暗生活中解放出来的中国人民，不能不庆幸得到毛泽东主席这样伟大英明的领袖，在他的领导下继续彻底战胜一切内外敌人，建设起独立、民主、和平、统一、富强的新中国，成为世界爱好自由和平的各民族大家庭中重要的一员。

这个空前受人民拥护的统一的强有力的中央人民政府，当然是代表中华人民共和国全国人民的唯一合法的政府。在已经取得了伟大胜利和已经建国立业的中国人民伟大力量面前，任何帝国主义都是无力的。我们要立即警告华盛顿和伦敦的政治厨子们：你们再不必搬弄你们早已破烂的外交"菜单"了，你们妄想把联合国大会作为你们的表决机器，纵容亡命之徒蒋廷黻在大会上胡言乱语，污蔑伟大的中国人民及其伟大的友邦苏联，借以干涉中国内政和鼓动战争的歇斯底里，这是中华人民共和国所决不许可的。

国民党蒋介石集团本来只是在中国开了一个窃盗公司，现在也已经根本倒闭了，谁还把它当成一个什么"政府"，主张把它的什么荒谬的"控告"列入联合国大会的议程并予以附和，谁就是自欺欺人，自找失败，谁就是公然对中国人民采取不友好态度，并将承担由此产生的后果。

在中央人民政府业已宣告成立的今天，我们中国人民可以确信：我们已是一个不可战胜的国家了，我们要迅速动员全国的一切力量，有步骤地实现中国人民政治协商会议的共同纲领，实现中国人民革命的大宪章，努力巩固和加强人民武装力量，支援革命战争，把人民解放战争和人民革命进行到底，解放中国全部领土，完成统一中国的事业，镇压一切反革命分子的活动，一刻不要松懈我们的警惕性，坚决保卫人民国家的利益。我们必须努力

人民解放军步兵受阅方队在开国大典上。

恢复与发展现有的生产，并有计划地发展新民主主义的人民经济与文化教育事业，以便逐渐改变落后的农业国成为文明进步的工业国。我们必须亲密地团结国际友人，学习苏联及各人民民主国家的建设经验，并积极参加世界政治事务，以增进中国和各国人民的合作，保卫世界的和平。

同胞们！光荣的日子已经到来了，让我们为伟大的自由的祖国贡献我们的一切！

同在1版，以稍小字号刊登了 消息《外交部周恩来部长将毛主席公告送达各国政府愿与各国建立正常外交关系》，全文为：

（新华社北京一日电）中央人民政府外交部长周恩来，本日已将毛泽东主席的公告具函送达各外国政府。周部长系以公函送达各国在北京旧领事馆领事,请其转交各国政府。在北京无领事馆,而在南京有大使馆或公使馆者,则送达南京各国旧大使馆或公使馆。周部长的公函如下:

"径启者,中华人民共和国中央人民政府毛泽东主席已在本日发表了公告。我现在将这个公告随函送达阁下,希为转交贵国政府。我认为中华人民共和国与世界各国建立正常的外交关系是需要的。

中华人民共和国 中央人民政府外交部部长周恩来
一九四九年十月一日,于北京。

除上述新闻外,1版还刊登了《多列士及奥共中央电毛主席庆贺新中国,匈和平运动委员会向中国人民致敬》,及《新中国诞生上海万民欢腾》这两条短消息。①

当日的第2版仍为日常新闻版,主要新闻是欢迎由法捷耶夫率领的苏联"文化艺术科学工作者代表团"。刘少奇、周恩来、宋庆龄等亲往迎接,规格甚高。

这天的3版下半版还是关于新政协会议代表的采访记录,刊登了由金

---

① 多列士是法国共产党总书记。此消息中的"奥"指奥地利共产党中央委员会,"匈"系匈牙利和平运动委员会。

在这天的《人民日报》1版下方,还刊登了《新华社更正》:

本社9月30日所发关于中国人民政治协商会议第一届全体会议最后一天会议新闻(载本报昨日1版)内,"中央人民政府委员会主席"均系"中央人民政府主席"之误。第一段"选出了毛泽东为中华人民共和国中央人民政府委员会主席",应为"选出了毛泽东为中华人民共和国中央人民政府主席"。第三段"选举中央人民政府委员会的主席"应为"选举中央人民政府主席","中央人民政府委员会的主席"应为"中央人民政府主席"。"当主席宣告毛泽东当选为中央人民政府委员会主席"应为"当主席宣告毛泽东当选中央人民政府主席"。"由会议所选出的中央人民政府委员会毛泽东主席",应为"由会议所选出的中央人民政府毛泽东主席"。特此更正,并希注意。

又"9月30日本社所发'苏联摄影团抵津'"(载本报昨日4版),系"苏联摄影团抵京"之误。该新闻内"今日抵津"应为"今日抵京"。"到达天津东站"应为"到达北京东站",电头亦应改为北京电。"

凤、林洪、海原采写的对青年团中央书记冯文彬、教育界代表成仿吾和华侨代表陈嘉庚的访问记。

这天的《人民日报》第4版是本报记者的开国大典特写专版。4版头条是林韦采写的开国大典场面，紧随其下刊登了而东、江夏采写的《祖国的坚强守卫者》，描写人民解放军的受阅炮兵部队：

祖国的坚强守卫者

人民解放军特种兵部队的雄伟行列，是十月一日在北京天安门广场举行的中华人民共和国中央人民政府成立盛典中三十万到会者集中注目的行列。人们从这个雄伟的行列中，看到将革命进行到底、彻底肃清帝国主义及其走狗的残余势力的保证，看到进一步巩固人民国家与人民政权的保证。

这里有机动炮部队，有高射炮部队，也有战车部队……参加检阅的大炮中，包括美国造的十五公分口径和十公分五口径的榴弹炮，三七高射炮；也有日本造的九零野炮，三八野炮，七五高射炮（其他十五生的重迫击炮、八二迫击炮、六零炮、九四山炮、一四山炮、火箭炮、战防炮等，均不在内）。这些炮均由汽车牵引，是完全近代化的。战车队，则包括美造坦克、日造坦克、美国装甲汽车等。

这些武器的来源，这儿的指挥员、战斗员和政工人员都用诙谐的语调说："这是美国帝国主义和日本帝国主义给咱装备的。"或者说："这是咱们的运输队长蒋介石运送给咱们的。""一点不错；你看，炮是美国和日本帝国主义的，随炮所带的弹药全部是美国的，牵引用的大小吉普与其他汽车也都是出自美国最大的司多白克摩托厂。"

这个近代化的特种兵部队的从无到有、从小到大的过程，也和人民解放军的其他部队一样，是经过无数次的浴血奋战，不断地从敌人手里夺来武器装备自己的过程。这次参加检阅的华北×炮兵团，即是有代表性的例子。他们是一九四五年人民解放军解放张家口时缴获了几门炮才成立起来的小小炮队，在人员马匹无训练、大炮技术还不能掌握之时即投入战斗。但是，他们经过绥东、怀来战役、正太、青沧、历次的保（定）南保北战役、清风店、石家庄、满（城）南、太原、察南、冀东等多次战役，他们的大炮增加了好多倍，而且大部已美械化了。战术上也有了许多新创造。射击的准确性一般都达到了第一发就命中。

某团的炮五连（现称一连），成立的经过也和上述情形差不多。最初（一九四五年）只有三门野炮。但是，他们以战场为练兵场，迅速地掌握了新的技术，并发展了更高的技术。太原战役决战以前，他们在太原前线以劣势地位坚持过六个月另二十天的苦战，他们有效地控制太原敌之六个机场，前后击毁敌机九架。敌人为逃开这个连的轰击，曾连续转移过六个机场，但每次均未逃掉。我们的炮手，在一万五千多公尺（合三十华里）之外，不移炮位地连续击中了它们，创造了炮战的奇迹。

敌人的前沿阵地离这三门炮很近，每天都用几百发炮弹来打；最紧张的三四天里，每天落在他们前后左右的炮弹达到一千四百多发，而由于工事和伪装的巧妙运用，他们始终屹立于同一阵地，未被击中。敌人派兵来夜摸，派飞机来轰炸，都归失败，而英勇的战士们却百炼成钢，越发沉着坚定了。他们利用战争的空隙帮助驻地群众收秋、担水，也学习文化；连队在半年中出阵地小报出到七十三期，帮战士加紧学习、半年内竟达到了文盲消灭、人人识字。而今，这三门身经百战、带着九十处伤疤的野炮，终于和太原、辽西、平津、沈阳等各次战役中夺自敌手的新炮并排地构成比当时强大许多倍的雄伟行列，来共同庆祝中华人民共和国中央人民政府的成立盛典了。

三门炮，在敌人手里的时候能顶什么用呢？百门炮，又顶什么用呢？从大到小、从小到无就是敌人的规律。但是，一经转到人民之手，就会发挥无穷的威力。从无可以到有，从小可以到大，从大当然可以到更大。现在我们不仅能从敌人手里夺得，而且有了许多自造武器的工厂，那么，毛主席和人民政协所号召、所预期的强固的国防，只要继续努力，还有达不到的吗？

现在，成立较晚的高射炮部队和战车部队也已在加紧学习技术，准备迎击任何胆敢侵犯和捣乱我们人民祖国的国内外反动势力。高射炮部队三月份发动的六礼拜学习运动，技术的进展已相当于敌军一年半的成绩，使解放过来的技术军官都感到惊奇，这些老粗工农比有文化的人还学习得快。原因其实很简单，这就是高度自觉的学习精神。他们为了迅速掌握技术，好些人把结婚都自动推迟，拒绝了父母的催促。他们把若干重要的公式与法则写在胳膊上，不分昼夜地轮流苦练，练了又讨论。这种狂热的、高度自觉的坚持不懈的学习，将使这些近代化的武器发挥最高的威力，构成人民祖国不可撼摇的国防力量。

接下来，是陈柏生和张家炽采写的《我们飞行在人民首都的上空》：

我们飞行在人民首都的上空

陈柏生　家炽

在十月一日——中华人民共和国伟大的诞生日，我们到了中国人民空军某基地，去参加人民空军的检阅飞行。

在辽阔的机场上，一排排银色的、绿色的、灰色的飞机，整整齐齐的排列在跑道的两旁。所有飞机都油饰一新：机头是红色的，机身和翅膀上一律饰以镶金黄色边的红星，机尾是红白相间的条纹。这些飞机都是美国货，在人民解放战争中，有的被空军健儿驾驶起义，有的经人民解放军地面部队所俘虏，现在已全部变为人民自己的武器。当我们到达机场的时候，人民空军的飞行员正精神奕奕，整装待发，准备参加庆祝中华人民共和国诞生的隆重阅兵典礼。

指挥部下达了"准备出动"的命令，机场上立刻响起雷霆万钧的马达声音，第一队飞机轻快地划过跑道。这时，天空阴云渐散，太阳从云朵中射出金光，飞机划破云层腾空而起。十分钟以后，我们乘坐的一架也升到空中。这架飞机飞行员是一个姓王的年青英俊的小伙子，他驾着自己在今春起义时飞来的全新的飞机，要在人民的首都上空接受人民领袖毛主席、朱总司令庄严的检阅，他兴奋地向大家保证：今天一定坚决完成这一光荣的飞行任务。

飞机都到了指定的集合点。机群等待命令进入北京上空。小队的机群安详地转着圈儿。驱逐机在我们的旁边和上空飞腾而过。四点二十分指挥部发出前进的命令，两架绿色飞机从我们的左上角掠过，我们紧紧跟着，沿铁路西进。机上每一个人的神经都紧张起来，摄影的同志对准镜头，等待着伟大的场面。四点三十分，北京出现在我们眼前。琉璃瓦的宫殿，红色的墙门，整齐的街道，这庄严的人民首都，今天被红色的旗帜所掩盖，愈加显得庄严美丽了。摄影机响了，天安门出现在机翼下面，数不清的红旗和黑压压的人群连成一片，地面的装甲部队正缓缓行进在司令台前。发动机的震响充满了人民首都的上空，从空中鸟瞰，只见人群晃动。"毛主席和朱总司令一定见到我们了！"大家心里都这样想，希望机群能再往北京上空转一回。但是这不在检阅程序规定之内，我们只得奔飞机场而去。当我们又降落到原来的跑道上时，大队长赶紧跑来告诉飞行员同志们，"我们的队伍整齐威武，赢得了北京人民的热烈欢呼"！

这一版上刊登了6幅关于阅兵式（包括空军受阅飞行编队）和欢庆游行的照片。此外还有寒青采写的《首都十月一日之夜》：

首都十月一日之夜

万千红灯，万千火炬，三十万人的有组织的队伍，在蔽天的红旗招展下面展开了。数万群众，涌向天安门前的大桥，以震天的吼声狂呼"毛主席万岁，万岁，万万岁"！在天安门的门楼上，毛主席起立频频向欢呼的人群扬手致意。蓦然间，万朵彩色的礼花撒满了天安门广场的高空。这是由一百支枪组织成的礼花放射。礼花从四面八方腾向天安门广场高空，从六时半，直延至七时。首都浸沉在狂欢里了。

指挥宣布：游行开始。两路漫长的行列，在"人民解放军进行曲"的乐声中，分向东西前进。东路游行队伍以被服厂工人为先导，农民跟进，机关人员、学生、部队………继后。这支象征着全国人民大团结的队伍，从早上八点钟，从各个角落汇集到天安门广场，而今已经过去了十多个钟头，没有吃午饭，没有休息，但是，为立国大典的欢欣所鼓舞着，精神始终饱满而充溢，听吧，当队伍踏出三座门的时候，壮伟的歌声响起来了：走！跟着毛泽东走！

游行开始了。从西长安街到东长安街，从王府井到王府大街，从西单到西四……游行的队伍被夹道欢呼的人群所堵塞，两个单位并列前进已经不可能了。游行的队伍走到哪里，就和夹道群众的掌声连成一片，口号声连成一片。

在夹道欢呼的人群中间，杂立着为数众多的老年人，有的则搬了一把椅子坐下来。这成为十月一日首都之夜的很大特色。他们有的是很少出门的，可是，用东单大街保康大药房门前的刘老先生的话来说，他们今天却要来看看这"万年不遇的大喜事"了。

王府井北口，突然卷起一阵急骤的掌声，乐队来了，一百八十件乐器齐奏着"团结就是力量"。追随在乐队之后，一位青年人对他的同伴说："要是国民党的乐队，你不用想看一看。"他的同伴幽默地回答道："国民党也有过乐队，不过，跟卖茶叶的差不了多少。"

乐队的两旁，跟随的人越来越多，形成了一支特别的游行队伍，这是一支没有组织的队伍，可是它被乐队组织起来了。他们与乐队并列行进，他们鼓掌，他们欢呼。马路两旁一群一群的小孩，连那些还刚刚进小学的在内，随着乐声，拍着小手，高唱着"东方红，太阳升，中国出了个毛泽东"和"团结就是力量"。的确，就是这团结的力量，在毛泽东的旗帜之下，为他们的前途创造了无限光明幸福的远景。这情景，给一位酱园掌柜以很深的感动，他意味深长的说："这真是与民同乐。"

当游行队伍离开会场两个半小时的时候，整个首都已经为不息的欢呼声所震撼。可是，在天安门广场上，还有长长的行列，正有秩序地踏出会场呢。

这真是"万年不遇的大喜事"。人们曾经和抗日战争的胜利日的情景作比较。可是，一位小贩说了："那时候才有几个人，连这三分之一还不到。共产党来了，各行各业全组织起来了，这该是有多少人呵！"其实，真正的意义还不在这里，抗战胜利日，正是国民党匪帮劫收时，当时，人民由于抗战胜利所引起的欢欣，没有几天就被匪帮的魔掌扑灭了，那时的欢欣，正好成为蒙受新的灾难的开始。可是，一九四九年十月一日之夜的狂欢，却正是伟大的中国人民走向繁荣昌盛的开始，为自己创造文明与幸福的开始，这条广阔的大道，伟大领袖毛主席已经指示给我们了。

刊登在寒青特写下方，可互为映照的，是王金凤采写的通讯：

毛主席检阅学生的队伍

天安门四周焰火升起，满天彩星飞逝，遍地火龙翻滚，提灯游行开始，北京的学生们排成了一队队白色的，蓝色的，黑色的密集队形，高歌着他们的战斗歌曲"团结就是力量"，挺胸齐步前进，年轻的声音清脆地高呼着"毛主席万岁！"激起了主席台上一阵阵的掌声。这时，蓦然一声洪亮坚毅的声音在高空中回旋："青年同志们万岁！"学生们听到了这是毛主席的声音，千万颗心顿时感奋激动起来，立即整顿队伍，三十个人横成一排，大纵队行进走过主席台前向毛主席致敬，让毛主席来检阅一下北京学生的队伍：只见贝满女中一丈二尺高的红纱扎的大红星，电灯泡在上面闪闪发亮；慕贞女中一色白衣白裤白鞋，纯白色的队伍中的红灯笼分外鲜艳；清华大学的化工系扎了一所化工厂和一座大锅炉，上面写着"发展重工业"来表示他们的志愿；航空系扎了一座大飞机，上面写着"巩固国防"，机械系做的坦克模型和真的一样，里面还坐着一个学生扮成的坦克手……这是一支为着今天和明天的幸福而歌唱毛主席的队伍，毛主席在扩音器里吩咐着把水银灯打亮了，他仔细地在看着这年轻的幸福的一代的行列，并不时在学生们继续不断的"毛主席万岁"的欢呼中回答着"同志们万岁"，"万岁"！

四万多的学生队伍走过去了，队伍最后的华北大学和华北人民革命大学的一万四千学生，以八根火炬前导着，直达天安门前的石桥上向毛主席致敬，几十面大红旗在后招展，几百支火把闪耀成一片火海，一万多面红灯花灯组成了一条矫健的火龙，在三座白石桥上滚过，学生们望见了毛主席在不断地扬手致意，不断地举手鼓掌，不断地高呼"同志们万岁"时，他们欣喜若狂，把帽子掷向天空，把红灯高高举起，直向桥上飞奔，欢乐地歌唱："在毛泽东的旗帜下我们胜利地前进！"只听见桥上的"毛主席"和主席台上的"万岁"已响成一片，学生们和毛主席距离得这样近以致呼声相应和，他们的心更和毛主席的心连在一起！

这些消息和通讯，构成了新中国开国大典的记录。不管多少年过去，不管人们的认识发生着怎样的变化，如果追寻中华人民共和国初生之日的历史留痕，那就一定要阅读当天的《人民日报》。在当年，在中国的土地上，只有《人民日报》，对中华人民共和国的创建，进行了如此庄严、详尽的记录。这是在战火中诞生的《人民日报》理所当然承载的责任。

正是从这一天开始，《人民日报》成为中国最令人瞩目的第一报。如果要阅读中国并从一张报纸开始的话，人们通常会首先选择《人民日报》，渐及其他。

对于创办了《人民日报》的人们来说，报道新中国开国大典是他们一生的辉煌。这支新闻队伍在反法西斯战争的枪林弹雨中成长起来，太行山是他们的根据地。随着胜利凯歌的奏响，他们走出太行山，走出河北大平原上的青纱帐，走进千年古都北京。他们的崭新人生从这里开始。

他们是一代创业者。

时间长河奔流不息，淘洗古往今来。中华人民共和国的历史，一页一页由《人民日报》记载着。《人民日报》行进在新中国的发展道路上，将人民共和国的发展历史定格在《人民日报》的版面上。

附录一

人民日报（华北总分社）1949年春干部名册

社　　　长：张磐石
副　社　长：安　岗
总　编　室：张磐石　安　岗　江　横　萧　风
　　　　　　杜　波　李　庄　王定坤①
秘　　　书：赵　烽
文　　　书：王唯一　裴国勋

编辑部

时事组组长：武迎山
编　　　辑：于　明　孙良田　张连德
助理编辑：黄　植　周存远　郭龙春　刘兢昌

城市组组长：林　韦
地方组组长：李克林
编　　　辑：宋　铮
助　　　编：王　青　陈维仁

---

① 当时所称的"总编室"成员，相当于后来的"报社编委会成员"。

副刊组长：　王亚平　　贺　笠
编　　辑：　中　流
助　　编：　陈大可　　袁先禄
美　　术：　连嘉第
事 务 员：　秦巩义

晚报编辑部
主　　编：　肖　航
编　　辑：　胡　平　　白　原
助理编辑：　宋西玲　　林　玮　　唐孝瑞　　潘　兰
　　　　　　陈　捷　　岳　力　　杨　真

校对科
科　　长：　刘　钊
副 科 长：　崔　凌
科　　员：　陈瑞卿　　李　琦　　姚　勤　　禹　平
　　　　　　程岫华　　师　于　　陈贵五　　李廷弼
　　　　　　康昌泉　　张继如　　施式方　　韩鸿钧
　　　　　　张秉中　　周桂林

采访部：
采访组长：　金　沙
特派记者：　田　流　　陆　灏　　周子芹　　古维进
　　　　　　李　翼　　艾　方　　朱　波
记　　者：　陈勇进　　林　远　　韩朝阳　　于乐夫（疑为余药夫）
　　　　　　苏幼民　　游柳塘　　孙保春　　姚力文

　　　　　　　林　里　　张克江　　吕光明　　张荣安

　　　　　　　邢　军　　赵　刚　　商　凯　　桑柏青

摄影记者：　张　力

访　　　员（相当于见习记者）：

　　　　　　　张家炽　　候建如　　陆朝祺　　纪　青

　　　　　　　郝志坚　　林　洪　　王金凤　　陈柏生

　　　　　　　秦军光　　陈　迹　　赵近宇　　冯　仲

　　　　　　　寿孝鹤

资料研究室

主　　　任：　王定坤

副 主 任：　张布克

秘　　　书：　孙　振

城市组组长：　张布克（兼）

正式研究员：　蓝　邮

研　究　员：　康伟中　　王辛夫　　林　晰　　肖　力

　　　　　　　乔雨舟

农村组组长：　汪　浩

正式研究员：　白玉峰

研　究　员：　方越光　　　周容止

保存组组长：　方　堃

资　料　员：　彦　颖　　张今吾　　刘增祥　　夏四平

练　习　生：　赵金郎

图书组长：　黎　玲

管　理　员：　万　青

时事组组长：　吴　舫

研 究 员： 艾铁民　陈　扬
俄文翻译： 王英秀

通联科

科　　长： 朱　波
科　　员： 江　夏　穆　扬　梁时熹　赵培兰
　　　　　　刘　野　柳　梛　吴士珍
文　　书： 崔思静

秘书处

秘 书 长： 王友唐
副秘书长： 郭　渭
秘　　书： 安文一
干部科长： 牛　剑
科　　员： 胡光山
文　　书： 祁　毅　岑履信
打 字 员： 金毓英

总务科

科　　长： 石养澜
副 科 长： 邢兆兰
干　　事： 刘世藩　唐　米
收　　发： 邰志胜　郭长泰

管理股

股　　长： 陈水祥

管　理　员：　宇文仓　　薛长林　　张西才　　苗俊杰
　　　　　　　杨有云　　谢英俊

会计股

股　　　长：　杨会辰
会　　　计：　阎彩铭
出　　　纳：　裴改英
簿　　　记：　秦翠香

供给股

股　　　长：　杨会辰（兼）
会　　　计：　史世英
事　务　员：　刘治平　　李慕颜　　李公瑜　　施如松

卫生所

所　　　长：　王俊峰
医　　　助：　赵建生　　宇文芳
司　　　药：　王颖峰
护　　　士：　上官成土

通讯部

副　主　任：　罗林
编辑组组长：　刘晓晞
编　　　辑：　徐兑　　林沫　　肖甲　　赵纯
　　　　　　　肖英　　李剑虹
文　　　书：　吴茵　　周平

大广播

缮　　　写：　张光华　　　王聿森　　　李昆生　　　罗景贤
　　　　　　　王学奇
印　　　刷：　张增华　　　柳永增

经理部

经　　　理：　刘景汉
秘　　　书：　成　坊
事　　　务：　郭世凯
收　　　发：　李　伟

会计室
主　　　任：　程庆丰
副　主　任：　田锡河
副总会计：　张耀秋
会　计　员：　牛延川
簿　记　员：　于蕴刚
发行会计：　郭　铭
出　　　纳：　邢进奇　　　赵锡忠　　　范雪华
制　据　员：　苏　瑞

广告科

副　科　长：　方景尼
业　　　务：　康昌其
划　　　报：　穆戈栋

记　　　帐：刘文昌
门　　　市：刘静杰
校　　　印：刘德懋

发行部
部　　　长：赵国臣
副　部　长：杜庆云　　殷德宇
秘　　　书：张思休

业务科
科　　　长：赵国臣（兼）
定 报 组 长：和培芳
电　　　订（电话订报）：傅泽民
门　　　订（门市订报）：刘家瑞
续　　　订：李又神　　王永胜　　陈汉昇　　车保证
外　　　订：贺云生　　王敬众　　高　璞
小　卡　片：徐立德　　董凤桐
大　卡　片：王仲元　　李书铭

本　　　批[①]：李士烈
外　　　批：谢保璋
统　　　计：吴睿轩
收 费 员：马　友

[①] "本批"和"外批"是缩略词，未解明确意义。

发报科

科　　　长：　杜庆云（兼）

发 报 组 长：　史吉祥　　王雁峰

发报副组长：　孙承孚

报 签 员：　靳大鸣　　阎印元

统　　　计：　殷秉玺

发 报 员：　尚诗润　　李怀田　　徐玉云　　韩有生

　　　　　　　陈保真　　靳春堂　　王睿鑫　　杨世奎

　　　　　　　刘永福　　李俊青　　王梅蓉

巡视科

科　　　长：　殷德宇（兼）

巡 视 员：　赵思恭　　李德浪　　丁　伟　　马良骥

印刷厂

厂　　　长：　刘　威　　陈仕敏

工务科

科　　　长：　鹿松林

工　　　务：　穆成仁　　单国亮

统　　　计：　宋景岳

材料科

科　　　长：　孙玉云

采 购 股 长：　吴述俭

保 管 股 长：　赵殿臣

材 料 会 计： 赵齐臣
采 购 员： 石祥云　　樊士增　　尚世昌
保 管 员： 庞德海

会计科
科　　　长： 石志军
会 计 员： 苏兰田　　毕登士①

（2003年12月摘录于中央档案馆）

---

① 名单原文如此，但有的名字当时写法可能有误，其中陈捷可能为程捷之误，岳力可能是岳立之误，于乐夫可能是余药夫之误。

这份档案未注明确切的产生日期。从一些后来去了《北平解放报》的人员名字在册的情况看，这可能是1949年春天人民日报总社编辑部从平山迁来北京不久后的名单。

附录二

部分人员待遇花名册

1949年7月月终报销供给制人员个人部分花名册

职别	灶别	姓名	上半月实有天数			下半月实有天数			老年优待	妇女卫生	技术津贴
			起讫日期	合计	包干米市斤	起讫日期	合计	包干米市斤			
总编辑	小	邓拓	1—15日	15	140	16—31日	16	140			
副总编	小	安岗	1—15	15	115	16—31	16	115			
总编室编辑	中	江横	1—15	15	85	16—31	16	85			
总编室编辑	中	肖凤	1—15	15	85	16—31	16	85			
总编室编辑	中	杜波	1—15	15	85	16—31	16	85			
总编室编辑	中	李庄	1—15	15	85	16—31	16	85			
资料主任	中	王定坤	1—15	15	85	16—31	16	85			
秘书	大	赵锋	1—15	15	70	16—31	16	70			
文书	大	王唯一	1—15	15	70	16—31	16	70			
文书	大	裴周勋	1—15	15	70	16—31	16	70			
办报员	大	靳泽	1—15	15	70	16—31	16	70			5
警卫员	大	郝西望	1—15	15	70	16—31	16	70			
时事组长	中	武迎山	1—15	15	85	16—31	16	85			
时事组长	中	李亚群	1—15	15	85	16—31	16	85			
编辑	大	于明	1—15	15	70	16—31	16	70			
编辑	大	孙良田	1—15	15	70	16—31	16	70			
编辑	中	张连德	1—15	15	85	16—31	16	85			
助编	大	黄植	1—15	15	70	16—31	16	70			
助编	大	周存远	1—15	15	70	16—31	16	70			
助编	大	郭龙村	1—15	15	70	16—31	16	70			
助编	大	刘兢昌	1—15	15	70	16—31	16	70			

职别	灶别	姓名	上半月实有天数			下半月实有天数			老年优待	妇女卫生	技术津贴
			起讫日期	合计	包干米市斤	起讫日期	合计	包干米市斤			
城市组长	中	林韦	1—15	15	85	16—31	16	85			
地方组长	中	李克林	1—15	15	85	16—31	16	85			5
编辑	大	宋琤	1—15	15	70	16—31	16	70			5
合计	干部24人				1970			1970		10	5
副秘书长	中	郭谓	1—15	15	85	16—31	16	85			

说　明

小灶2人	上	280	下	280	60天
中灶10人	上	850	下	850	300天
大灶12人	上	840	下	840	360天

（摘自中央档案馆）

附录三

早期《人民日报》版面发展沿革

（1948年6月15日至1949年10月4日）

1948年6月15日华北《人民日报》创刊号为对开2个版，直到当年10月日均为每日出2个版。从10月7日起，每3天出4个版。因此，10月7日、10日、13日、16日、19日、22日、25日、28日为4个版。

在10月的最后几天，出现了傅作义军组成南下集团袭击石家庄的紧张局面，人民日报大部分人员在社长张磐石带领下向山西阳泉转移，留下一部分人员坚持出报，从10月29日起版面压缩为2个版。随着傅作义南下集团被击退，战局趋于稳定，《人民日报》于11月7日出4个版，恢复为每3日出一次4个版。

从1948年12月起，《人民日报》单日出2个版，双日出4个版。进入12月下半月，从12月16日起，每天出4个版。

1949年2月2日至3月14日，增出《人民日报·北平版》每日4个版，形成了两地日出8个版的格局。

1949年3月15日，华北《人民日报》由河北平山迁至北平出版，日出4个版。

1949年7月，华北《人民日报》着手为升格为中共中央机关报进行准备。7月27日，《人民日报》出版了对开1张半6个版，为此在报眼刊登了《增刊启事》。7月28日复减为对开1张4个版。

7月29日，《人民日报》再次出1张半6个版，随后的两天为每天4个版。

1949年8月1日，《人民日报》升格为中共中央机关报，出对开4个版，另出4开4版《北平新闻》（相当于对开6个版），随同报纸一起发行。《北平新闻》专版在8月17日出最后一期后停刊。

从1949年8月18日起，《人民日报》每日出对开6个版。9月26日出了8个版，9月27日又出6个版。

开国大典期间，从9月28日起至10月1日，《人民日报》日出对开两大张8个版。10月2日的《人民日报》为6个版，10月3日和4日为8个版，此后为6个版。

从1949年10月5日起，《人民日报》每日出对开6个版。

钱江2008年5月整理于北京

附录四

参考文献

中共中央文献研究室编:《毛泽东年谱（1893—1949）上、中、下卷，中央文献出版社1993年版。

逄先知、金冲及主编:《毛泽东传（1949-1976）》，中央文献出版社2003年版。

《毛泽东书信选集》，人民出版社1983年版

《毛泽东新闻工作文选》，新华出版社1983年版。

中共中央文献研究室编:《刘少奇年谱》上、下卷，中央文献研究出版社1996年版。

金冲及主编:《刘少奇传》，中央文献出版社1998年版。

《刘少奇选集》，人民出版社1981年版。

中共中央文献研究室编:《周恩来年谱（修订本）》，中央文献研究出版社1998年版。

薄一波:《七十年的奋斗与思考》，中共党史出版社1996年版。

胡乔木:《回忆毛泽东》（增订本），人民出版社2003年版。

《李庄文集》4卷本，人民日报出版社、宁夏出版社2004年版。

宁京编:《红蓝记忆·怀念李庄》，宁夏人民出版社2007年版。

晋察冀日报史学会编:《晋察冀日报史》，人民出版社1993年版。

晋察冀日报史研究会编:《文旗随战鼓》，解放军文艺出版社1995年版。

《冀南日报史（1939—1949）》，河北日报编辑，1999年版。

《冀中导报史料集》，河北人民出版社1990年版。

安岗：《十七到七十》，重庆出版社1991年版。

《安岗新闻工作60年》，经济日报出版社1997年版。

《安岗新闻工作50年》，经济日报出版社1988年版。

《王亢之纪念文集》，天津人民出版社1999年版。

肖风主编：《太行新闻回忆选辑》，人民日报出版社1998年版。

肖风：《八秩回顾》，人民日报出版社1991年版。

丁济沧、苏若望编：《我们同党报一起成长》，人民日报出版社1989年版。

田流：《我这样做记者》，人民日报出版社1984年版。

纪希晨：《时代的足迹》（一、二集），人民日报出版社2004年版。

《杨沫文集》第6卷《自白—我的日记》（上），北京十月文艺出版社1994年版。

金凤：《命运》，人民日报出版社2000年版。

陈泓：《冷暖人生七十年》稿。

柏生：《晚晴集》，群众出版社1987年版。

刘时平：《我是记者》，内蒙古人民出版社1990年版。

刘祖武、孙官生：《李孟北评传》，云南大学出版社2000年版。

人民日报报史编辑组编：《人民日报回忆录》，人民日报出版社1988年版。

《人民日报社社史资料选编》，人民日报社社史资料征集办公室编辑。

新华社新闻研究所编：《新华社回忆录》第二辑，新华出版社1991年版。

《新华社文件资料选编》：第一辑，新华社新闻研究部1982年编辑。

杨兆麟主编：《八十年来家国——梅益纪念文集》，社会科学文献出版社 2005 年版。

《不尽长江滚滚来——范长江纪念文集》，群言出版社 2004 年版。

成坊：《人民日报组织机构名录 1948—1992》编辑稿。

成坊：《人民日报记事》，人民日报社史资料征集办公室 2005 年编印。

北京市政协文史资料委员会编：《北京文市资料》第 60 辑，北京出版社 1999 年版。

中共中央组织部、中共中央党史研究室、中央档案馆编：《中国共产党组织史资料》13 卷，中共党史出版社 2000 年版。

晋察冀日报史研究会编：《北岳风云——晋察冀日报史图像集》（2007 年）。

安子贞：《报人报事》，华夏出版集团 2005 年版。

中国人民革命军事博物馆编：《中国人民革命战争地图集 1927—1949》，地图出版社 1981 年版。

张泊川主编：《可爱的平山》，河北教育出版社 2002 年版。

关于本书体例和照片的说明

本书中使用"人民日报"这个词汇时,当所指为一个工作单位时,多数情况下直接写作人民日报,不加书名号;如使用书名号,即"《人民日报》"字样时,更强调它的报纸属性。

文中的页下注,一部分是对当时历史情况和历史人物所做的简要介绍。对于曾有人民日报工作经历的人物,介绍文字略多一些,以便从报史角度帮助读者增加对他们的了解。由于资料积累和来源方面的原因,对许多人物生平仍缺乏了解,挂一漏万之处,请识者多予赐教。另一部分为引文出处,以方便读者进一步研究和考证。

本书直接引用的报载文章,有的在作者收入文集时有所订正、修改。为追溯历史原貌,本书尽量引用刊登时的原文,除个别明显的错字予以更正外,余者悉照原样。如需深入研究版本,还请查阅原文。

本书中的照片,绝大多数人物照片是当事人提供的。凡未标出作者的,都因为不知道他们的名字。本书出版后,若有摄影者提出版权问题,敬请联系,当即致稿酬。

书中有些历史照片的清晰度不足,是因为当年条件的限制。

鸣谢名单

李　庄	安　岗	萧　风	程庆丰
郭　渭	何燕凌	宋　琤	赵培蓝
李　原	吴　舫	成　坊	赵玉明
吴　象	张桂云	郝菊鲜	陈瑞卿
范守田	曹德贵	上官成土	曹广兴
张喜才	姚　勤	周景融	陈玉秀
陈勇进	姚力文	姚　文	邢　军
师　于	陈春森	左　录	张布克
赵继英	刘炳威	刘时平	于　明
夏　雨	傅　冬	陈大可	穆　扬
王金凤	陈柏生	林　晞	王　敬
梁　明	乔羽舟	陶　涵	

在本书成书过程中，上述曾在人民日报工作过的前辈接受了我的采访，谨致谢忱！

张志钢（张磐石之子）
邓小岚（邓拓之女）邓　壮（邓拓之子）
高东棉（高飞之子）

崔小荷（萧航之女）

他们提供了父辈的宝贵历史资料，我表示深深的感谢！

在完成本书之际，我向许许多多在这个过程中给予我帮助的领导和同事、朋友们表示感谢。

李庄老前辈和他的夫人赵培蓝老师，最早对我着手收集人民日报早期报史表示支持，时常询问著述进程。赵培蓝老师除本人回忆和口述历史外，还热情地提供了她收藏的历史照片。

上海经达事业发展有限公司董事长罗赞文博士，是我在上海工作时结识的朋友，他对中国现代史有浓厚兴趣，见识精辟。他对本书的出版给予了热情帮助，我深深感谢！

在本书撰写过程中，本报老干部局局长刘宝元、副局长赵沈平给予始终如一的支持和帮助。

报社办公厅许宇勇主任当年指导和帮助我组织报史电视片的拍摄，他的思维活跃、办事细密，对报史研究一直关心，他的帮助使我获益良多。

报社人事局琚平和局长一直重视新闻史和报史研究，给予我许多指导和帮助。

我得到了身边许多年轻记者同事的帮助，禹伟良、张志峰、刘鑫炎、袁振喜协助我完成了对数位前辈的采访，施娟帮助我查阅、摘录了有关档案文献。

明茹帮助我找到远在成都的前辈陈玉秀，她对早期报社生活的回忆增添了本书色彩。

报社《社内生活》报编辑李鹏阅读并编辑我的部分文稿，提出了宝贵意见。

为完成这两部书的撰著和出版，我要感谢早先记者部的同事、现任人民日报出版社社长董伟。我在去年秋天向他通报了关于人民日报创建史的撰著，他很快列入选题，多方筹划，使本书在人民日报创刊60周年前夕出版。

本书责任编辑张亚平，她严谨细致的编辑工作提高了本书的质量。

我的同事张雅文绘制了两部书的插图并设计版式。

归结起来，我要深深感谢人民日报的同事们，他们的出色工作和敬业精神总是在鞭策和鼓舞我抓紧时间工作与生活。

感谢的话是说不完的，其中当然包括感谢报社的领导们，有他们的信任和帮助，我已从事多年的采访和编辑工作，深深地热爱在信息时代永远充满活力的新闻事业。

2008年5月2日于北京

后记

定格战火染红的报史

到 2008 年 6 月 15 日,《人民日报》创刊 60 年了。

《人民日报》史是中共党史的一部分,也是中国当代国史的一部分。一家报纸的发展过程能够被赋予如此意义,在世界上是少见的。

这部书记述的是《人民日报》的创建历程。

我是 1984 年走进人民日报办公大院的。那一年,我作为中国社会科学院研究生院新闻系的研究生,开始了在这个大院的生活。我的导师,是人民日报记者部主任林钢。从那时起,我经常作为人民日报的实习记者,从事不同领域的采访。

1987 年,我正式进入人民日报记者部,先是担任驻云南记者,后来工作几经变动,但始终是在人民日报这个集体中采写和编辑新闻。我眼前常常幻化大海的景观,波涛汹涌,宽阔无边,而我只是沧海一粟,只因汇入了大海,感觉到身边充满了新闻素材,取之不尽。

大海是江河的归宿。日积月累的新闻,最后凝聚为铭刻人类发展轨迹的历史。

在从事各种不同内容新闻采访的时候,我收集整理各种材料,以便了解在这个新闻题材上,我的前辈和同事们已经做了什么,我还能或者应该做什么?

后记 定格战火染红的报史

这就是新闻的积淀和承传。我们是站在前人事业的基础上，继续向前跋涉的。由于已经有了前人的探索，我们也许可以走得更高更远。在行至一个历程后，身后赶来的年轻一代，会超越我们，朝新的目标奔去。如此无穷反复，产生各领风骚的锦绣篇章。

新闻记者的基点是现实。他站在现实的基点上，回顾即为历史，展望则是未来，回顾和展望都是为了更真切地反映和认识现实。所以，从新闻记者中产生当代史学家和未来学专家，是非常自然的事情。

如上所述，我在采写新闻之时，需要经常不断地回顾历史和展望未来。随着时间的积累，就回顾这一头来说，自己对《人民日报》历史的了解逐渐增加了。做此种了解的基本出发点是要弄清楚：你从哪里来？如今在何处？要到哪里去？

了解得多了，待到有了积累，认真梳理，渐渐有了头绪，加以阐述，于是形成了这部书——描述华北《人民日报》怎样于1948年6月15日创刊，到它于1949年8月1日正式升格为中共中央机关报，再到1949年10月1日，《人民日报》是怎样进行开国大典报道的。

很巧，当我完成这段历史撰述的时候，《人民日报》就要走过整整60年的历程了。60年为一甲子，岁月周而复始，人间沧海桑田。人生到60年，自当回首往事。《人民日报》走过60年了，也需要回溯历史。万里江河有源，不捐细流。条分缕析，是为了发现其中的规律。尊重历史，是因为在历史看似千变万化的纷繁进程中，不断指示着社会发展的朝向。

我已在《人民日报》工作了20多年。眼看多少历史事件在身边发生，多少历史人物就在身边走过或是端坐，你有机会注视他们，甚至和他们交谈。人生不会第二次踏入同一条河流，我身在人民日报工作得越久，越加感受到它和国家命运共同着呼吸，它是时代的一面镜子。我渐渐感觉到有责任表述这段历史。

说起来，我对人民日报历史的研究，在我正式成为人民日报记者之前

左起：袁勃、张磐石、李庄、安岗20世纪50年代合影于北京。

就开始了。1985年，在尊敬的导师林钢主任指导下，我着手完成硕士论文《论人民日报1956年改版》，最后成稿3.5万字，它帮助我获得了硕士学位。这篇论文后来选登于《新闻研究资料》杂志。我感到高兴的是，在此后20年时间里，许多涉及这段历史的论述还在引用这篇论文。完成这篇论文之后，我暂停了对人民日报史的撰著，因为我感到自己的学识积累不足，需要一定时间的积淀重新再来。

临近21世纪的时候，我结束了长期的驻外生活，从上海回到北京。这时，我不仅早已熟悉了朝夕相处的同事，和诸多报社前辈也熟悉了起来，听过了许多动人心魄的或平凡的故事，日积月累，耳濡目染，零散的片段逐渐连贯起来。当别人介绍我说"这是一位资深记者"的时候，我听来会别有一番感触，这就是说，该是援笔记录和梳理的时候了。否则，往事的落叶会无声地飘零在喷珠溅玉的河流上，如果不及时撷取加以编织，它们会流向漫无边际的远方无影无踪，也会伴随沙石沉入水底直到消失。然而，如果要叙述一部人民日报史，从哪里入手呢？

2002年7月，我参加了在西山八大处举办的地方党委宣传部长培训班。这段学习使我有比较完整的时间来思考历史。一天傍晚，我走在八大处登山道上，看晚霞飞腾，听松风如涛，突然心有所悟，灵感迸发。我立即快步下山一口气写到深夜。这样用了几个晚上写出了上下集电视片《从西柏坡到北京——人民日报的创建》的初稿。在社领导的关心和亲自主持下，这个片子很快投入拍摄，于2003年春节前基本完成，赶上了人民日报创刊55周年纪念。当年，中央电视台和十几家省市电视台播出了这部上下集电视片。①

拍完了这个电视片，我深深体会到什么是拍摄的遗憾。这种遗憾是多方面的：从内容到画面，从光线到声音。尤其从内容上看，40分钟的电视片难以详述《人民日报》从创刊到1949年10月1日开国大典的历程。在拍摄过程中，我又积累了相当一批早期《人民日报》的史料。那好，我就在这个基础上系统收集资料，决心以两卷本著作的方式反映从晋冀鲁豫《人民日报》到华北《人民日报》，再到中共中央机关报《人民日报》创刊的历史。它可以说是对当年电视文本的细化和详述，但规模和系统性远远超出前者。这一写就写了将近6年。虽然时断时续，却也不绝如缕，每每于夜深之时从计算机键盘上嘀嘀嗒嗒迸跃出来，排列到计算机屏幕上听从检阅。

本书即将脱稿的时候，我将它定名为《战火中诞生的人民日报》。如果说《晋冀鲁豫〈人民日报〉纪实》一书比较偏重于人物介绍的话，这部书侧重于叙事，将事件的发展作为贯穿历史的主干，依事件而展开人物。

在这个过程中，我得到的帮助是不胜枚举的。首先，是每一个我找到的当事人都支持我，不仅详尽地口述回忆，还提供或帮助我寻找照片，尽

---

① 回过头来看，这个片名不够准确，如果改为"从里庄到北京"更为确切。

可能地寻找当年记录。他们都认为,在有生之年留下这些口述材料,互为印证,认真梳理,是一种面对未来的责任。他们的回忆和提供的文稿,是本书的基本依据。

我庆幸对李庄、萧风、程庆丰、于明、张桂云等前辈做了采访,和他们一起讨论人民日报历史的情景我永远不会忘记。他们在本书成稿之前先后乘鹤西行,我愿以本书作为对他们的最好怀念。

我数次前往华北《人民日报》的诞生地——河北平山县里庄,还有今天的鹿泉市东焦村,寻访报社旧址,和那里的乡亲共话当年。站在当年以土坯为墙的旧址前,后来者的心灵会受到很大震撼。就在这些低矮简陋的农家院落里,《人民日报》的前辈不辞艰辛,不怕牺牲,在战争岁月里创建了《人民日报》,我们直到今天还生活在他们的事业里。他们是充满革命理想的一代,是艰苦创业的一代,他们这一代人的献身精神无与伦比。

人们常常说起,记述渐行渐远的往事,怎样做到真实、准确,怎样写得生动一些?我想,这是千千万万新闻记者每日每时都在实践中的事情。事实是新闻的基础,也是历史的基础,两者是相通的。要做到真实和准确,没有捷径,唯有认真的采访、记录、整理,对材料仔细核对、互证、辨析,这是一个认真细致而且无穷反复的过程。在这个过程中,经得起时间的检验者,其文传之也久,行之亦远。

我相信,年轻的朋友来继续研究人民日报的发展史,他们一定会做得比我好。我祝福他们!

2008 年 5 月 2 日于北京

再版后记

十年过去了,这部书再版了。面对读者的信任,作者的心情总是沉甸甸的,充满感谢又深负责任感。这次再版对前一版做个别字词订正,增添了在战争岁月里,人民日报的队伍受傅作义军南下袭扰时进出山西阳泉,以及返回人民日报战争年代最后一个农村编辑部所在地——河北获鹿县(今鹿泉市)东焦村的准确时间记录。这是因为几年前发现了总编辑张磐石的片段日记,弥足珍贵。

过去十年,电子传媒飞速发展起来了,社会进入网络时代。在电子阅读的大环境里,这部书得到再版的机会,我深深地感到,曾经为完成这部书做出的努力是值得的。

我的另一种心情是深感幸运,幸好在投身人民日报工作的时候就留意到对社史资料的积累,20世纪和21世纪相交之际,对健在的人民日报前辈做了尽可能细致的采访,获得了他们保存的珍贵文献,包括照片。在前一版鸣谢名单中,记载了接受采访的47位前辈的名字。如今10年过去,这张名单上的大部分前辈已经辞世。如果当年的机会没有抓住,就再也没有了。现在回想起来,如果当时的著述采访再晚5年,甚至是3年,就难以完成这部比较完整的报史著作了。这使我分明感受到新闻和历史的演变。

1948年《人民日报》在平山里庄创刊时,精心设计《人民日报》报头版式的设计者何燕凌前辈，今年96岁，依然步履稳健，思维敏捷，而且熟悉网络世界，与我不时有邮件往来。我阅读再版校样时发邮件告诉他，这部人民日报创刊史著作将再版了。他当天晚上就发来刚刚写下的诗句："时光飞驰七十年，轻舟已过万重山。一路高歌越崎岖，旧貌已然焕新颜。"

对于在第二次世界大战的反法西斯战争中和在人民革命战争中投身人民日报队伍的前辈，我充满敬意，当时访问他们，也出于一种强烈的愿望，是想知道：他们各自出身不同、经历迥异，却是怎样百川汇流一般从四面八方凝聚到一起，怀着共同的信念，在战火中创办了党中央机关报《人民日报》，并使《人民日报》从农村根据地进入国家首都，迅速发展为在世界媒体之林中举足轻重的现代化大型日报，在中国革命和建设中发挥了重要作用。

从这个意义上说，人民日报的历史在其演进过程中成为中共党史、成为新中国国史的组成部分，已经成为人们的共识。看到这一点，今天的人民日报传媒工作者会感到责任重大。希望他们"青出于蓝而胜于蓝"。

钱江

2018 年 4 月 16 日